촛불의 눈으로 3·1운동을 보다

촛불의 눈으로 3·1운동을 보다

초판 1쇄 발행 / 2019년 2월 25일

지은이 / 강경석 김진호 김학재 백영서 오제연 이기훈 장영은
펴낸이 / 강일우
책임편집 / 윤동희 이하림
조판 / 박지현
펴낸곳 / (주)창비
등록 / 1986년 8월 5일 제85호
주소 / 10881 경기도 파주시 회동길 184
전화 / 031-955-3333
팩시밀리 / 영업 031-955-3399 편집 031-955-3400
홈페이지 / www.changbi.com
전자우편 / human@changbi.com

ⓒ 강경석 김진호 김학재 백영서 오제연 이기훈 장영은 2019
ISBN 978-89-364-8635-8 03910

촛불의 눈으로 3·1운동을 보다

강경석 김진호 김학재 백영서 오제연 이기훈 장영은 · 지음

이기훈 · 기획

창비

또다른 세기를 위한 100년의 대화
'만세' 이후 100년의 기억과 현실

3·1운동 100주년이다. 세계가 지금보다 딱 100살 젊었을 때 이 대사건이 일어났다. 그것은 일본 제국주의에 대한 "전민족적 항쟁"이라는 교과서적 서술에 그치는 일이 아니었다. '만세'의 경험은 한국인들의 국가 구성과 사회 운영의 기본원리를 바꿔놓았다. 만세 이후 민주주의와 공화주의, 민족주의는 한국의 사회와 문화를 규정하는 일상적 원리로 부상했다. 이 원리들은 촛불과 미투의 사례들에서 볼 수 있듯이 여전히 진행 중인 고민의 대상이기도 하다.

2018년 1월, 3·1운동 100주년을 앞두고 각 분야 연구자들이 그 현재적 의미를 새롭게 살펴보자는 기획이 제시되었다. 세교연구소가 연구모임을 만들고 출판사 창비가 그 결과를 단행본으로 만들자는 것이 이 책『촛불의 눈으로 3·1운동을 보다』의 출발점이었다. 3·1운동 100주년을 기념하는 수많은 학술대회가 열리고 책들이 쏟아져나오리라 예상되는 와중에, 한국근대사 연구자로서 이 연구모임과 단행본 출간의 총괄기획을 맡게 된 필자는 그 역사적 의미를 현재와의 '대화'라는 측면에서 다루고자 했다. 몇차례 열띤 토론이 진행되었고 원고가 어느정도 완성되었을 때, 좀더 공개적인 학술대회에서 논의하는 것도 좋겠다는 의견이 나왔다. 마침 한국사회사학회가 '3·1운동 및 대한민국임시정부 수립 100주년 기념사업추진위원회'와 공동으로 개최한 학술대회 '3·1운동 100년, 한국 사회전환의 시공간 지평'에 참여해달라는 요청을 받았다. 이 책의 글들은 이 학술대회에서 먼저 발표되고, 그 이후 관련 학술지에 실은 글을 다듬은 것이다.

과거의 현재적 의미를 되새기는 가장 좋은 방법은 '기억'을 추적하고 비교하는 것이다. 이 책의 저자 중 3·1운동 시기인 한국근대사를 전공한 사람은 기획자인 필자뿐이며, 다른 저자들은 문학, 현대사, 종교학, 사회학 등 각 방면의 연구자들이다. 그런데 결과적으로 매우 비슷한 방식으로 접근하게 되었다. 운동의 실제 준비와 실행 과정 그리고 3·1운동을 기억하는 과정을 다양한 매체를 중심으로 구체적으로 이해하고, 이 활동들이 어떻게 특정 민족관념과 정치의식으로 전환하는지 살폈다.

필자의 「3·1운동과 깃발: 만세시위의 미디어」는 태극기를 포함한 깃발을 민족운동 과정에서 중요한 미디어로 이해하고, 시위 과정에서 깃발의 확산이 어떤 정치적·문화적 의미를 가지고 있는지 해석하려 했다.

오제연의 「한국의 민주화운동과 '3·1운동 기억': 4·19혁명에서 6월항쟁까지」는 해방 이후부터 1980년대까지 3·1운동의 기억이 어떻게 정치적으로 전유되는지 살펴보고 있다. 특히 3·1정신을 둘러싸고 벌어지는 정치적·이념적 대립은 기억과 기념의 정치사라는 측면에서 매우 흥미롭다.

장영은의 「3·1운동과 감옥에 갇힌 여성 지식인들: 최은희의 자기서사와 여성사 쓰기」는 운동에 직접 참여한 여성 지식인이 그 경험을 어떻게 기억하고 재현, 확장하며 자기의 삶과 연결시켰는지 살펴보고 있다. 식민지와 해방, 국민국가의 설립 등 정치적 격량 속에서, 여성이 자신의 경험과 기억을 공적 역사로 만들어가는 일련의 투쟁 과정이기도 하다.

김진호의 「3·1절과 태극기 집회: 잃어버린 민중의 기억」은 기독교 근본주의가 3·1절의 기억을 어떻게 공식화하여 반공으로 연결시켜왔는지를 추적하고 있다. 오늘날 태극기 집회의 풍경이 어떻게 형성되었는지 이해할 수 있도록 해주며, 동시에 한국의 기독교가 어떻게 다시 길을 찾을 수 있을지 성찰할 계기가 될 것이다.

강경석의 「민족문학의 '정전 형성'과 3·1운동: 미당 퍼즐」은 한국 근대문학, 민족문학사 서술의 난점을 미당 서정주에 대한 평가를 중심으로 논의하고 있다. 3·1운동 이후 민족적 과제에 대응하는 사회적 모색과 문학 사이의 길항관계를 추적하며 문학이 이 시대에 해야 할 바를 환기시킨다.

김학재의 「3·1운동의 한세기: 20세기의 비전과 한반도 평화」는 세계사적 변화 속에서 3·1운동을 다루고 있다. 민족주의적 자긍심에서가 아니라도 3·1운동은 세계사적 사건이다. 혁명의 세계사라는 중대한 변곡점을 형성하는 데 참여하고 있기 때문이다. 김학재의 글은 20세기라는 장기적 관점에서 3·1운동의 의미와 현재적 과제를 분석하고 있다.

서두의 좌담을 읽어보면 알 수 있겠지만, 이 책의 기획자와 저자들은 3·1운동이나 현실의 문제에 대해 조금씩 다른 관점을 가지고 있다. 함께 그 의미를 살펴보고 토론하는 과정에서 3·1운동과 촛불이 대화할 수 있는 근거를 찾을 수 있지 않을까? 더 나은 미래는 더 많은 상상력에서 가능하기 때문이다.

마지막으로 이 책의 내용을 풍성하게 채워주신 집필진 여러분께 감사드리고, 책의 기획을 주도해주신 백영서 선생님과 홍석률 선생님께도 깊은 사의를 표한다. 기획과 편집 실무를 맡아 책으로 꾸며준 창비의 윤동희, 이하림 편집자께도 감사드린다.

저자들을 대표하여
기획자 이기훈

좌담

3·1운동 100주년이 말하는 것들

사회 백영서   **토론** 김학재 오제연 이기훈 장영은
날짜 2019년 1월 11일   **장소** 창비서교빌딩

3·1운동과 촛불의 마주보기

백영서 아시다시피 올해가 3·1운동 100주년인 까닭에 작년부터 관련 모임이 무척 많죠. 저희도 이 책을 기획하면서 다른 학술활동들과 어떻게 차별화할 것인가 하는 것이 주된 고민거리였습니다. 세교연구소와 출판사 창비가 같이 이 책을 기획하면서 두개의 키워드를 꼽아봤습니다. 하나는 3·1운동이고 다른 하나는 촛불이죠. 1919년과 2019년의 대화 혹은 마주보기, 다른 말로 표현하면 '촛불혁명의 눈으로 본 3·1운동'이 이 기획의 특징이 되지 않을까 생각했어요.

사실 대통령 직속 '100주년 기념사업추진위원회'의 취지도 우리와 비슷합니다만, 그들이 준비하는 행사에서는 3·1운동과 촛불이 따로 논다는 인상을 받습니다. 이 좌담을 통해서 촛불의 눈으로 3·1운동을 다시 보고, 3·1운동의 시야에서 촛불을 다시 볼 수 있으면 좋겠다는 이 기획의 취지가 좀더 분명해지기를 바랍니다.

왜 이런 기획을 하게 되었는지에 대해 좀더 말씀드리면 역사는 '과거와 현재와의 대화'라기보다, 제 용어로 표현하면 '과거와 미래의 대화', 다시 말해 '미래의 프로젝트'라고 생각하기 때문입니다. 앞으로 한국이 한반도 전체에서 어떤 바람직한 미래를 만들어나갈지에 대한 고민을 늘 하고 있고, 또 세교연구소와 창비의 담론체계 속에서는 촛불집회를 일찍부터 촛불혁명이라고 주장해왔기 때문에, 이런 시각에서 3·1운동을 보는 것도 시도해볼 만한 프로젝트라고 생각한 것입니다.

제 이야기가 조금 길어졌습니다만 각자 돌아가면서 전공을 소개하고 어떤 관점에서 이 문제를 보고 계시는지 간단히 문제의식을 말씀해주신 다음 구체적으로 논의하면 좋겠습니다. 3·1운동 100주년을 맞아서 어떤 시각으로 이 문제를 보고 있는지 또는 촛불과 3·1운동의 대화, 1919년과 2019년의 대화에 대해서 어떤 관점을 갖고 있는지 짧게 말씀해주시는 걸로 시작하면 독자에게 도움이 되지 않을까 생각합니다.

우선 제 소개부터 하겠습니다. 저는 중국을 비롯한 동아시아 현대사를 전공했고, 세교연구소와 창비에 깊이 간여하고 있어 제게 사회를 맡긴 것 같습니다. 짐작건대 저는 두가지 역할을 해야 할 거예요. 하나는 사회를 보는 것이고, 다른 하나는 이 논의의 시야를 동아시아로 넓히는 것에 있지 않을까 생각합니다.

이기훈 세교연구소나 창비와는 직접적인 관계가 없지만 이 책의 기획을 맡아 진행하게 되었습니다. 전공은 3·1운동과 가장 가까운 한국근대사인데, 저는 운동 그 자체보다는 문화사에 가까운 입장에서 3·1운동을 바라보고 있습니다. 3·1운동에서 일어난 변화를 지금의 관점이 아닌 3·1운동의 역사 그 자체로 바라보자는 게 기본적인 생각이고요. 그런 면에서 3·1운동과 촛불혁명이 서로 마주보되, 3·1운동을 지금의 관점에서 해석하면 오히려 가치가 줄어들 거라고 생각합니다. 역사의 한 측면을 오늘날의 의례로 해석하지 않는 방식, '어떻게 해야 역사를 의례나 행사로 해석하지 않을 수 있을까?'가 3·1운동 100주년을 맞이하는 역사학자로서 가장 큰 고민입니다.

역사와 진정으로 대면하기 위해서는 당대의 역사적 상황 속에서 의미를 파악해야 한다고 생각합니다. 교과서에 나오는 상투적인 문구가 아닌 방식으로 역사를 이해하고 싶습니다. 당대 사람들의 눈과 문화, 의식 속에서 역사를 해석하고 바라봄으로써 역사의 실체에 접근하고, 그것을 오늘날의 정치와 역사의식의 변화와 대비하면서 이해할 때 진정한 의미를 찾을 수 있지 않을까 생각합니다. 그런 면에서 저는 좀 다른 방식의 접근을 해보고 싶습니다. 예를 들어 미디어나, 제가 이 책에 실은 글에서 다룬 깃발 같은 조금 색다른 소재들이죠. 소재 너머에 있는 의식의 변화 같은 것들을 밝히는 것이 제 연구의 목적입니다.

백영서 제가 밝힌 취지에 바로 도전하는 듯한 발언으로 시작되네요.(웃음)

장영은 한국문학을 전공했고, 성균관대에서 한국학을 가르치고 있습니다. 이 자리에서 제가 여러가지 면으로 이질적인 존재인데요. 우선 문학 전공자라는 점이 그렇고, 또 여성 지식인의 사회적 입지가 제 관심사이자 연구분야이기 때문에 3·1운동에 대해 상당히 비판적인 시각을 가질 수밖에 없는 것 같습니다. 민족대표 33인 가운데 왜 여성은 없는가? 그런 질문을 오랫동안 해왔으니까요.

동시에 저는 3·1운동에 참여했던 수많은 여성 가운데 유관순이 대표자로 표상되는 것에 대해서 의문을 가졌습니다. 물론 유관순의 공헌과 희생을 부정하는 것은 결코 아닙니다. 다만 '어린 나이에 순국한 소녀 이외에도 수많은 여성들이 3·1운동에 참가했고 이제 그들에게도 관심을 가져야 하지 않을까?' 하는 생각을 가지고 있었는데요. 최근에 연구할 기회가 생겨서, 3·1운동에 참여한 이후에도 계속 삶을 살아간 여성들 가운데 3·1운동으로 자신의 사회적 발언권을 확보하려고 했던 여성들에게 주목하게 됐습니다.

저는 3·1운동이든 촛불운동이든 운동 이후에 사람들이 어떻게 역사적 발언권 혹은 시민권을 확보하느냐 하는 문제가 굉장히 중요하다고 봅니다. 그 부분에 있어서 특히나 여성 지식인들, 지금으로 치면 촛불운동 이후의 '영페미'라고 불리는 20~30대 젊은 여성들의 갈등과 문제제기와도 맞닿은 지점이 있다고 생각합니다.

3·1운동과 촛불을 일대일 계승으로 보지는 않지만 운동 이후에 나타나는 여러가지 갈등 내지는 쟁투에 굉장히 관심이 많습니다. 분배와 인정에서 소외되는 집단이 있다면 그들이 3·1운동을 통해 어떻게 자기들의 존재를 입증하려고 했는가에 주목하고 있습니다. 이 책에서는 여성 지식인 내에서도 비주류라고도 볼 수 있는 한 여성, 기자 출신이었고 나중에는 역사 서술가로 자신을 재정립했지만 크게 주목받지 못했던 최은희라는 여성이 3·1운동을 어떻게 자기 것으로 만들려고 노력했는가에 관심을 가지고 작업을 했습니다.

오제연 성균관대에서 한국현대사를 가르치고 있습니다. 제 전공이 한국현대사인 탓에 1945년 해방 이후를 주로 연구해왔습니다. 그래서 저는 식민지기 사건인 3·1운동의 100주년이라는 큰 물결에서 자유롭다고 생각을 했는데, 3·1운동 100주년의 무게감은 저 같은 한국현대사 연구자들까지 다 휩쓸어갈 만큼 대단한 것이더군요. 그래서 저 역시 작년부터 올해까지 3·1운동 100주년과 관련된 많은 행사에 자의 반 타의 반으로 참여해서 계속 발표나 토론을 하고 있습니다.

그 덕분에 3·1운동 100주년과 관련해서 고민해볼 기회를 갖게 되었는데요. 제 고민의 중심지점은 '해방 이후 3·1운동이 사람들에게 역사적으로 어떻게 기억되었고, 3·1운동 관련 담론은 어떻게 만들어져왔는가?' 하는 것입니다. 특히 단일한 것이 아니라 복수의 다양한 3·1운동의 기억과 담론이, 시대와 주체에 따라 서로 통하기도 하고 반면 경합하기도 하는 상황들을 그려보고자 노력하고 있습니다.

제가 작년에 3·1운동 관련 논문을 두편 썼는데, 하나가 이승만 정권 시기의 기억과 담론에 관한 것이고, 다른 하나는 1960년 4·19혁명부터 1987년 6월항쟁까지의 기억과 담론에 관한 것입니다. 그중에 4·19혁명부터 6월항쟁까지의 3·1운동 기억과 담론에 대한 논문을 이 책에 수정·보완하여 싣게 되었습니다. 주제가 이렇다보니, 3·1운동과 촛불의 관계에 대해서 가장 많은 답을 요구받는 사람이 저일 것 같아요. 그런데 유감스럽게도 이 책에 실린 제 글의 결론은 그 관련성에 회의적입니다. 사실은 제 글을 학술지에 먼저 투고했을 때 학술지 논문 심사자 가운데 한분께서 그 글을 읽고 "3·1운동과 촛불의 관계에 대해서 구체적인 이야기가 나올 줄 알았는데 결론에서 그런 이야기가 별로 없어서 실망했다"라는 심사평을 하신 바 있습니다.

그 심사평을 받고 난감했습니다. 이 기획도 그렇지만, 3·1운동과 촛불의 관련성에 대해 사람들이 기대하는 것과 실제 역사를 통해서 답할 수 있는 내용 사이에 괴리가 존재하는 것이 아닌가? 어떻게 보면 이 괴리야 말로 오늘 우리가 좀더 고민해봐야 할 지점이 아닌가? 그런 생각이 들었습니다. 저도 이 좌담을 통해서 좀더 명확한 답을 찾아보고 싶습니다.

김학재 역사사회학을 공부했고 지금은 서울대 통일평화연구원에서 일하고 있습니다. 그래서 그 두가지 배경을 기반으로 3·1운동과 관련된 이 기획을 바라봤습니다. 3·1운동이 일어나던 해 제1차세계대전 이후의 베르사유체제가 성립했고, 그래서 3·1운동과 베르사유체제가 100주년에 돌입하는 게 올해입니다. 3·1운동은 독립운동이었을 뿐만 아니라 평화로운 국제질서, 국가 간의 폭력이나 강압, 위계가 없는 평화로운 질서에 대한 요구를 포함하고 있었기 때문에 재작년부터 전개되고 있는 한반도 평화프로세스의 궁극적인 목적과 겹치는 측면이 있다고 생각합니다.

그리고 우리 삶도 그렇지만 대개의 것들이 1년 혹은 1개월 단위로 반복되고 있는데다가 핸드폰과 SNS의 영향으로 시간의 속도가 너무도 빨라진 요즘, 모처럼 한국사회에서 한세기라는 긴 시간을 생각해볼 수 있다는 점에서 3·1운동 100주년은 굉장히 귀중한 기회가 아닌가 합니다.

3·1운동인가, 3·1혁명인가

백영서 이렇게 전공도 다양하고 연구분야도 서로 다른 분들이 모였습니다. 역사학 전공자가 저를 포함해서 세분 계시지만 말씀을 들어보니 다소 감각의 차이가 있는 것 같아요. 제가 이 기획의 취지로 말씀드린 '3·1운동과 촛불혁명의 대화'에 대해서도 감각이 다른 것 같고요.

활기찬 논의를 위해서 최근 쟁점이 되고 있는 '3·1운동을 혁명으로 볼 것이냐' 하는 문제에 대한 입장부터 말씀해주시면 이야기가 훨씬 선명하게 전달될 것 같습니다. 물론 지금 해주시는 말씀이 선생님들의 최종적인 입장이라고 생각하지는 않습니다. 책이 나온 이후에 입장이 달라질 수도 있겠지만 지금 시점에서 어떻게 생각하시는지 말씀해주세요.

제가 이 좌담도 준비하고, 또 '3·1운동과 동아시아'라는 주제의 글을 쓰려고 공부를 하다보니까, 3·1운동의 이름을 붙이는 데도 오랜 계보가 있다는 걸 알게 됐습니다. 지금도 활발히 논의되고 있죠. 헌법 전문에도 3·1운동으로 들어가 있고 지금은 '운동'으로 많이 굳어졌지만, 거슬러 올라가 조사해보면 3·1운동 당시 일본 법률체계 안에서는 '소요냐 내란이냐'를 가지고 논란이 있었다고 하고, 해외에서 독립운동 하시는 분들은 혁명 또는 대혁명이라고 했다고 하더라고요. 그러나 이런저런 과정을 거쳐서 해방 이후 남쪽에서는 운동이라고 굳어졌죠.

그런데 요즘은 정부 여당에서도 중요한 분들이 '3·1혁명'이라는 발언을 하고, 학계에서도 이미 예전부터 그런 주장을 했던 분들이 계셨죠. 그런데 지금 이 문제가 뜨거운 논쟁이 되어서 각자에게 답을 요구하는 상황이 됐습니다. 사실 이 문제는 아까 이기훈 선생님이 말씀하신 대로 당대의 상황과 맥락 속에서의 3·1운동과 지금 각자의 입장에서 해석하는 3·1운동의 차이와 관련된 근원적인 문제죠. 사실과 가치의 상호작용이라는 것은 역사학의 오래된 쟁점입니다만 각자 이 문제를 중심으로 편하게 이야기를 풀어가면 좋지 않을까 합니다.

그런 점에서 말씀드리면, 오제연 선생님 글을 초고도 읽어보고 수정고도 읽어봤는데, 수정고 받자마자 마지막 결론부터 봤어요. 초고에서 결론이 회의적이더라고요. "촛불혁명 당시, 3·1운동을 기억하며 촛불을 들고 나선 사람이 몇 명이나 있었을까? 촛불혁명 관련 선언과 문건 속에서 3·1운동은 얼마나 또 어떻게 기억되었을까?"라고 둘 사이에 연관이 별로 없는 것처럼 이야기하셨는데요. 수정된 원고에서는 표현을 조금 달리해서 쓰셨더라고요. 직접 인용해보겠습니다. "촛불혁명을 거친 후 3·1운동 100주년을 맞이하는 오늘날, 그 재구성은 우리의 몫이다. 현재 한국사회, 한국 민주주의에 필요한 3·1운동 기억이 무엇인지 성찰하고, 이를 재구성하는 3·1운동 100주년이 되었으면 한다." 이렇게 결론을 내셨어요. 선생님께서 그 글에서 표현하지 않으신 뒷이야기를 들어봤으면 합니다.

오제연 아마 3·1운동과 촛불의 관계에 대해 좀더 구체적인 대안이 있었다면 제 글에서 분명하게 제시를 했을 겁니다. 하지만 결국 성찰과 재구성이 필요하다는 뻔한 결론에 머물고 말았죠. 1948년 정부수립부터 1960년 4·19혁명을 거쳐 1987년 6월항쟁까지 3·1운동이 어떻게 기억되고, 그 기억들이 어떻게 경합하고 또 어떻게 연속하고 단절하는지를 살펴보면서, 저는 정형화된 3·1운동의 역사상은 없다는 결론을 내렸습니다. 자신이 처한 현실에 기반해 이 문제를 고민했던 사람들이 현재의 문제의식 속에서 과거의 3·1운동을 다양하게 소환하고 전유한 거죠. 끊임없이 성찰하고 재구성하면서 자신의 것으로서 3·1운동을 기억했던 겁니다. 그런데 2016년 촛불을 들고 광장에 나왔던 사람들이 과연 3·1운동을 그런 식으로 기억했을까 생각할 때, 그런 게 잘 안 보였기 때문에 글의 결론이 회의적이었던 것입니다.

　더 우려스러운 부분은 이겁니다. 3·1운동 100주년을 맞이해서 최근 갑자기 많은 사람들이 3·1운동에 대한 이야기를 하고 있는데, 이것이 과거처럼 치열한 고민 끝에 나온 성찰과 재구성이라기보다는, 100주년이라는 시간을 맞이해 어떤 면에서는 관제적이고 어떤 면에서는 일회성으로 끝날 우려가 있는 '캘린더 행사'에 머물지 않을까 하는 노파심이 들었습니다. 그래서 다시 한번 성찰과 재구성의 중요성을 강조하는 것으로 제 글을 마무리했던 것입니다.

최근 3·1운동을 '3·1혁명'으로 바꿔 불러야 한다는 주장이 나오고 있는데요. 그것도 마찬가지입니다. 저는 어떤 사건을 어떤 용어로 명명하는가는, 그 용어를 어떻게 정의하느냐에 따라 다양할 수 있다고 생각합니다. 중요한 건 정의죠. 운동이든 혁명이든 특정 용어를 사용하는 사람이 생각하는 정의와 실제 사건의 성격이 부합하면 되는 것이지, 운동이라는 말을 쓰면 3·1운동을 폄하하는 것이고 혁명이라는 말을 쓰면 3·1운동을 높이 평가하는 것이라는 인식에 저는 동의하지 않습니다.

문제는 이런 거겠죠. 100년 전 식민지 조선인들이 대체 어떤 생각으로 만세시위를 벌였는지, 그리고 그들이 목표로 했던 것들이 과연 달성되었는지, 또는 그들이 의식적으로 목표하지 않았더라도 이 사건으로 어떤 큰 역사적인 변동이 일어났는지 등을 따져볼 필요가 있습니다. 만약 100년 전 식민지 조선인들이 만세시위를 벌이면서 정치적인 목표로 내걸었던 대한독립이 이 사건으로 달성되었다면, 또는 의식적으로 목표하지는 않았더라도 이 사건으로 역사적인 대전환이 일어났다면 저는 그것을 혁명이라고 부를 수 있다고 생각합니다. 하지만 주지하다시피 1919년의 만세시위는 목표로 내걸었던 독립이라는 정치적 변혁을 달성하지 못했습니다. 물론 이 사건의 영향으로 '민주공화정' 형태의 대한민국임시정부가 수립된 것은 획기적인 사건이지만, 혁명이라는 용어를 사용하기에는 여러 한계가 있다고 생각합니다. 그런 점에서 저는 여전히 3·1혁명보다 3·1운동이 더 적합한 용어라는 입장입니다. 단 만세시위자들이 의도했든

의도하지 않았든 3·1운동으로 근대민족의 형성이라는 역사적인 대전환이 일어났다는 측면에서는 3·1운동에 담긴 혁명적 성격도 인정할 수 있다고 생각합니다.

백영서 질문을 바꿔 드리면, 역사학에서 어떤 사건에 뭐라고 이름을 붙이냐 하는 것은 굉장히 중요하잖아요. 광주민주화운동이라고 부르는 것과 광주폭동, 광주소요사태라고 부르는 것은 역사를 보는 눈이 다른 거니까요. 제 입장도 나중에 정리하겠습니다만 너무도 익숙하게 3·1운동이라고 써온 것에 대해 다시 한번 생각해보는 것이, 3·1혁명이라는 말을 쓰자는 문제제기의 최소한의 의의가 되지 않을까 해요. 관용적으로 써왔던 3·1운동이라는 표현이 과연 적절한 것인가? 3·1운동이 과연 어떤 운동이었는가를 다시 묻는 계기가 되지 않을까 하는 것이지요.

오제연 그동안 이런 고민을 오랫동안 해왔던 사건이 1960년 4·19입니다. 4·19가 헌법에는 혁명이라고 되어 있지 않지만 1993년 문민정부 출범 이후 공식적으로 혁명으로 불리고 있습니다. 하지만 제가 대학에서 공부할 때만 해도 학계에서 4·19는 혁명이 아니다, 굳이 혁명이라고 한다면 미완의 혁명은 될 수 있겠지만, 여러가지 역사적 사실들을 고려한다면 혁명보다는 항쟁이라고 부르는 게 맞다는 의견이 많았습니다. 그 결과 4·19가 혁명이냐 항쟁이냐를 놓고 한때 치열한 논쟁도 벌어졌지요. 그런데 지금은 학계에서 이 용어에 크게 집착하지 않습니다. 4·19의 실체와 성격을 정확하게 밝히는 것이 중요한 것이지, 그걸 혁명으로 부르든 항쟁으로 부르든, 그 용어는 아까 말씀드린 대로 혁명과 항쟁을 어떻게 정의하느냐에 따라 얼마든지 달라질 수 있거든요. 사건을 명명하는 용어가 그 사건을 역사적으로 평가하는 데 과연 본질적인 부분이냐? 용어에 집착할 경우, 오히려 사건의 실체는 잘 모르면서 자기의 주관적인 입장을 가지고 사건을 재단하는 위험에 빠지지 않을까 하는 우려가 듭니다. 물론 저 역시 3·1혁명이라는 용어가 우리에게 새로운 문제를 제기하고, 그걸 통해서 우리가 그동안 미처 생각하지 못했던 부분들을 생각할 수 있다면 유의미하다고 봅니다. 단 어떤 용어를 쓰면 정당한 것이고 다른 용어를 쓰면 잘못되었다는 식으로 접근하는 것은 받아들이기 힘듭니다.

백영서 그렇죠. 여기 계신 분 중 누구도 일도양단이 좋다든가, 정부 여당의 어떤 분들이 요구하는 것에 부응하기 위해서 3·1혁명을 논한다고 생각하지 않습니다. 이게 3·1운동과 오늘의 촛불을 다시 보는 데 얼마나 유용한 것이냐에 대한 논의인 것이죠.

김학재 4·19는 혁명인데 3·1은 운동이냐 하는 문제에 대해 이야기하려면, 우선 그 사회의 정치운동사에서 차지하는 규모와 영향력을 평가해야 하지 않나 싶습니다. 항상 비교하면서 문제가 생기는 것 같지만, 저는 3·1과 같은 해에 동시다발적으로 발생한 이집트, 인도, 중국의 독립운동과 어쩔 수 없이 비교하게 됩니다. 아시겠지만 중국의 5·4는 '운동'이고 인도의 독립운동은 '사건'이고, 이렇게 그 역사적 위상이 다릅니다. 그 사회의 독립운동사와 정치운동사의 위상이죠. 그런데 1919년 이집트의 독립운동은 분명하게 '이집트혁명'이라고 하거든요. 하지만 그 규모가 3·1보다 작습니다. 제가 보기에는 그 사회의 독립운동사와 정치운동사의 규모를 고려했을 때, 3·1운동의 규모나 전국성, 또는 그 역사적 의미를 생각하면 혁명이라고 부르지 않을 이유는 없는 것 같습니다.

한편 혁명이라고 하면 프랑스혁명이나 러시아혁명, 신해혁명 등을 빼놓을 수 없는데, 이 사건들은 그 자체가 주변국가들로 확산되면서 세계적인 영향력을 가졌을 뿐 아니라 관련 학술연구도 국제화됐죠. 그런 혁명들과 비교해보면, 성공한 혁명이 아니라는 점에서 혁명이라는 단어를 부여하는 데 주저하게 되는 측면이 있지만, 그럼에도 그런 이유로 우리 스스로 3·1운동의 의의를 위축시키고 그것을 재해석해서 재발견하고, 다시 새롭게 만드는 것을 게을리한 것은 아닌가 하는 반성을 하게 됩니다.

이기훈 일단 이것부터 생각해봐야 할 것 같은데요. 역사적 의미가 크면 혁명이라고 불러야 될 것 같으니까 '4·19운동이 아니고 4·19혁명'이라고 하는 것은 잘못되었다고 생각합니다.

민족의 형성은 그것이 근대적 현상이라고 할지라도 대개 긴 시간에 걸치는 것이고, 그 과정에서 3·1운동이 굉장히 중요한 정치적 사건이었던 것은 맞죠. 3·1운동이 민족의 형성에 큰 기여를 했고, 실제로 3·1운동이 민족을 형성했다고 많이들 서술합니다. 1920년대 언론도 3·1운동에 의해 우리가 민족이 됐다고 표현하니까요. 그렇다고 하더라도 그것이 혁명성을 보장해주는 것은 아니라고 생각합니다.

혁명이라는 것은 통상적으로 의식적·정치적 변화를 추구하고, 그 결과로서 시스템 자체의 전면적인 개혁, 정치적인 체제의 변화가 나타났을 때 붙일 수 있는 이름이 아닐까 생각합니다. 3·1운동이냐, 3·1혁명이냐? 이건 꼭 성공이나 실패의 여부로 가름하는 것도 아니고요. 운동이라고 부를 때도 3·1운동은 실패했기 때문에 혁명이 아니고 운동이라고 하는 것은 아닐 겁니다.

저는 3·1운동이라고 부르지만, 목표한 대로 자주독립의 완벽한 성공은 이루지 못했더라도 상당부분에서 성공적일 수 있다고 생각합니다. 그럼에도 불구하고 이다음에 일어나는 역사적 과정을 어떻게 해석하느냐가 문제일 겁니다. 아마도 3·1운동을 둘러싼 논란의 상당부분은 그 결과로서 나타나는 정치체인 대한민국임시정부를 어떻게 해석할 것인가의 문제일 것 같습니다. 학술적인 문제였던 '3·1혁명론'이 최근 정치적 이슈로 전환되고 있는 이유는 그것이 대한민국임시정부의 해석이라는 논점과 만나기 때문이라고 생각합니다. 여기에 제가 우려하는 부분이 있습니다. 3·1혁명론이 대한민국임시정부의 역사적 성과를 강조하는 편이고, 이게 혁명성을 보장한다고 해석한다면 결국 임시정부 정통론으로 연결될 가능성이 있습니다. 3·1운동의 정통이 임시정부로 연결되고 그것이 100년을 이어온다는 논리는 어떤 면에서 볼 때 지난 정권 때 등장했던 건국절 논란, 1948년체제 논란을 반박하는 논리가 될 수는 있습니다. 하지만 그렇다고 해서 100년의 정통성이나 법통론이라는 것이 역사적 해석으로 옳은 것인가? 거기에 대해서는 다시 생각해봐야 한다고 봅니다.

백영서 지금 말씀이 굉장히 중요한 논점인데, 3·1운동을 긍정적으로 보고 혁명으로까지 이야기하는 분들 중 상당수는 3·1운동이 민족운동이었을 뿐 아니라 민주공화에 지향이 있었고, 그것이 결과적으로 임시정부로 이어졌다고 할 뿐 법통론 자체에 매달리는 것은 아닌 것 같아요. 정치하는 분들의 입장은 모르겠지만요.

  그런데 여기서 생각해볼 것은, 혁명이라는 말을 쓸 때 혁명 개념을 어떻게 정의할 것이냐, 번잡하다면 번잡하기도 하지만 혁명에는 '실패한 혁명'도 있고 '미완의 혁명'도 있죠. 예를 들면 강만길 선생님이 5년 전 '3·1혁명 95주년 기념 학술회의'에 제출한 문건에 의하면 작은따옴표를 써서 3·1'혁명'이라고 이야기를 했어요. 이것은 다름 아니라 미완의 혁명이라는 뜻이에요. 3·1운동이 중요한 혁명적 변혁을 제기했는데, 그 변혁은 단기간에 결과를 내거나 성취를 쌓은 게 아니고 계속 그 과제를 이어가고 있다는 거죠. 그래서 미완의 혁명이라는 겁니다. 왜 4·19도 미완의 혁명이라고 부르는 사람들 있잖아요. 그런 식인 거죠.

그러니까 혁명을 어떤 식으로 생각하는가? 소위 혁명에 대한 교과서적인 개념, 정의가 있잖아요. 그런데 그게 딱 맞는가? 거기에 들어맞는 게 세계에 몇개나 있는가? 프랑스대혁명 같은 경우도 그뒤에 바로 반동이 와서 제정으로 가잖아요. 신해혁명만 해도 군주제인 청조를 무너뜨렸고 공화정을 수립했지만, 막간에 위안 스카이(袁世凱)의 복벽도 있었을 뿐만 아니라 실질적인 변화가 없다고 해 혁명임을 부정하는 견해도 만만치 않거든요. 그러니까 어느 시점까지 성취한 것을 혁명이라고 보는가 하는 관점에서 혁명이란 무엇인가도 생각해볼 수 있고, 실패한 혁명과 미완의 혁명과 성공한 혁명 등 혁명의 유형을 나눌 수도 있겠다고 생각합니다. 그런 맥락에서 우리는 어떤 점에서 3·1혁명이라고 부를 수 있는가에 대해서 좀더 깊은 논의가 필요할 것 같습니다.

이기훈 저도 3·1혁명론이 무조건 법통론 등으로 귀결된다고 생각하는 게 아니라, 현실적으로 그런 방식으로 논의가 진행되고 있기 때문에 그 위험성을 우려하는 겁니다.

백영서 네, 물론 충분히 지적하셔야 할 사안입니다.

장영은 저는 먼저 촛불부터 말씀드리겠습니다. 저는 촛불혁명이라는 표현에 동의하지 않습니다. 촛불은 기존의 질서를 전복하거나 체제를 바꾼 것이 아니라, 나라다운 나라를 되찾고자 사람들이 헌법을 다시 한번 되새기면서, 질서를 전혀 벗어나지 않는 방식으로 진행되었습니다. 제가 촛불에서 굉장히 인상적이었던 장면은, 서로 모르는 사람들이 시위가 끝나고 쓰레기도 남겨서는 안 된다며 주위를 청소하는 것, 계속 모범적인 시위운동으로 진행되어야 성공할 수 있다고 생각하는 것이었습니다. 엄청나게 화가 나서 도저히 가만히 있을 수 없는 사람들이 모였는데, 이 사람들이 매우 질서정연하게 잃어버린 가치를 되찾는 방식으로 시위를 진행한 것을 어떻게 받아들여야 할까요? 넓게 보면 한국에서는 과격한 방식, 세계사에서 보아온 혁명의 방식보다는 기존의 가치를 모두가 잘 따랐을 때 혁명이라는 말을 쓰는 것을 더 좋아하는 게 아닌가 하는 생각을 하게 되었습니다. 그렇다고 제가 폭력혁명을 주장하는 건 아닙니다. 그런데도 우리는 왜 혁명이라는 말에 집착할까요? 그것이 운동이면 그 가치가 떨어지는 것일까요? 저는 그에 대해 개인적으로는 비판적인 생각을 갖고 있습니다.

촛불에서 느낀 또 한가지는 이 운동은 축제의 성격을 갖고 있다는 점에서 매우 새로운 가능성을 보여준다는 것입니다. 촛불광장에는 물론 굉장히 선명한 구호가 있었습니다만, 가족들끼리 모이기도 하고, 아이들도 와서 다 같이 역사의 현장에 참여하고, 전혀 연고 없는 사람들이 만나서 대화를 나누고 노래를 부르는 모습에서 '한국에서 보기 드문 공동체적인 축제가 일어나고 있구나'라는 생각도 했습니다.

그런 관점에서 3·1운동도 여성 지식인에 초점을 맞춰 보면 굉장히 역사적인 사건이었던 것은 분명합니다. 여성 혹은 여성 지식인들이 '내가 역사의 지분을 한번 가져보겠다'라고 생각한 것이 중요합니다. 실제로

3·1운동 전에 토오꾜오에서 이 운동을 조직했던 여성 유학생들이 그런 이야기를 하거든요. '역사에 참여하고 싶으면, 의무를 이행해야 권리를 찾을 수 있다.' 그러니까 이것은 민족적인 대의에 참여하는 일이기도 하지만 주인공으로, 시민으로, 국민으로 우리의 이름을 역사에 올리고 싶으면 무임승차하면 안 된다는 의식이 그들에게 있었기 때문에 매우 역사적인 사건이라는 것입니다.

하지만 실제로 3·1은 운동에 가까워 보입니다. 이 여성 지식인들이 기본적으로 조직된 방식을 보면 학교나 기독교 등의 종교공동체 같은 지식인 그룹의 네트워크 속에서 운동에 한번 참여하는 형태로 진행되었기 때문입니다. 이 여성들에게도 물론 식민지라는 현실을 바꿔야 한다는 의식은 분명히 있었지만 그들이 민주공화정을 추구한다거나 혁명을 꿈꾼다거나 하는 차원에서 운동을 한 것은 아니라고 생각합니다. 다만 여성들이 조직화되고 적극적으로 역사에 제 목소리를 낸 첫 경험이라고 해야 할까요? 근대적인 경험, 그런 면에서 보면 혁명적 사건으로 해석할 수도 있지만 운동의 성격이 더 강하지 않았나 싶습니다. 그리고 그것이 여성 독립운동 조직을 해외까지 확장시키는 출발점이었기 때문에 혁명으로 부르는 것은 오히려 그 성격을 축소시키는 의미도 있다고 봅니다. 그래서 굳이 둘 중에 하나를 선택해야 한다면 저는 3·1운동, 촛불운동이라는 입장입니다.

백영서 선생님 말씀을 뒤집으면 그게 혁명적 상황이라고 할 수도 있습니다. 혁명을 프랑스혁명이나 러시아혁명 같은 특정한 개념 혹은 틀로만 인식하는 게 아닐지요. 혁명은 새로운 시대에 대한 지향이나 욕망, 유토피아에 대한 해방감, 그걸 표현하는 과정의 축제라고도 볼 수 있는데, 그런

3·1운동에 참여했다는 이유로 일본경찰에 잡혀가는 여성들

3·1운동은 여성 혹은 여성 지식인들이 3·1운동을 통해 '역사의 지분을 한번 가져보겠다'라고 생각했다는 점에서 한국 여성사에서 굉장히 역사적인 사건이었다. 민족적인 대의에 참여하는 일이기도 했지만 주인공으로, 시민으로, 국민으로 여성의 이름을 역사에 올리고 싶으면 참여해야 한다는 의식이 그들에게 있었기 때문이다. 3·1운동은 조직화된 여성들이 적극적으로 역사에 제 목소리를 낸 첫 경험이었다.

관점에서는 3·1운동도 그렇고 촛불도 그렇지 않았는가 하는 겁니다.

그 과정에서 지난 연말 백낙청 선생님이 발표한 칼럼[1]의 제목의 일부를 빌린다면 "하늘을 본" 사람들이 나타났다고 할 수 있겠지요. 새로운 해방에 대한 가능성을 깨달은, 그러니까 억압적인 기성질서, 부당 통치 지배질서에 꼼짝할 수 없는 상황 속에서 3·1운동이라는 돌발적인 사건으로 해방감을 느낀, 즉 하늘을 본 사람들이 1919년에도 있었고 촛불 때도 있지 않았는가? 물론 일상으로 돌아간 다음 여전히 되풀이되고 다시 좌절도 하겠지만, 그래서 실패냐 아니냐는 이야기는 할 수 있겠지요. 하지만 적어도 혁명적 상황이 생겼고, 그 과정에서 어떤 주체들이 생겼다는 점에서 보면 혁명이라는 개념을 쓸 수 있지 않을까. 운동은 많은 사회운동들 중 하나일 수 있을 텐데, 제가 말하는 방식으로 혁명이라는 말을 쓴다면 좀더 급격한 변화, 새로운 질서를 꿈꾼 어떤 움직임들, 주체들이 등장했고 그들이 그것을 추동해간 사건이 아니었을까요?

오제연 그런 논리라면 혁명이라는 용어를 역사상 굉장히 광범위하게 쓸 수 있을 것 같아요. 왜냐하면 어떠한 저항이든 그 저항 속에는 의식적이든 무의식적이든 또는 운동에서 차지하는 비중이 크든 작든 간에, 정도의 차이가 있을 뿐 새로운 해방에 대한 가능성이 다 있다고 생각되거든요.

여기서 사실과 가치의 관계 문제가 생깁니다. 당대 사람들은 실상 그 새로운 해방의 가능성을 크게 보지 않았을 수도 있는데, 오늘날 우리 입장에서 거기에 큰 의미를 부여해서 혁명적 상황이고 혁명적 사건이라고 규정하는 게 충분히 가능한 거죠. 그렇다면 이러한 혁명적 성격이 조금이라도 있으면 다 혁명이냐? 그러면 역사상 저항에서 혁명이 아닌 게 어디 있느냐고 반문할 수도 있는 거죠.

백영서 그건 조금 다른 것 같아요. 당시 사람들에게 혁명적 차원이라고 할 정도의 해방감, 유토피아에 대한 열망 같은 게 꿈틀거리고 있어야죠. 저는 한국사 전공자는 아니지만 자료나 논문들을 보면 1919년 3~4월 사이에, 그 두달 사이에 지방까지 전국적으로 확산되는 시위의 움직임을 보면, 뭐 이건 대단했다고 봐요. 그리고 많은 사람들이 '3·1운동세대'라는 말을 붙일 정도로 각성한 주체들이 새롭게 성립되었지요. 그런 의미에서 당시에 혁명적 차원은 분명히 있었다고 생각해요.

오제연 그렇게 따지면 수천년 한국역사상 많은 민란들이 있었고, 그 민란 속에는 여러 유토피아적인 지향들이 있었는데, 그것들을 전부 혁명이라고 할 수 있을까요? 제 생각으로는 일관된 개념이 중요할 것 같습니다. 저는 연구자가 사건을 명명할 때 자신의 정의와 기준에 따라 용어를 다양하게 쓸 수 있다고 생각합니다. 용어는 다양하게 쓸 수 있지만 모든 사건에 일관된 개념을 적용해야 한다는 거죠. 즉 혁명의 개념을 해방감이나 유토피아를 중심으로 설정한다면 그걸 일관되게 모든 사건에 적용할 수 있어야 하는데, 물론 선생님께서 지금 말씀하신 혁명의 개념도 그 자체로는 충분히 가능하다고 생각합니다만, 그렇게 되면 역사상 너무 많은 사건에 대해 혁명이라는 규정을 해야 하지 않을까 하는 생각이 듭니다. 이는 한마디로 너무 넓고 느슨한 혁명 개념 같습니다.

백영서 제가 왜 혁명론을 대변하는 역할을 맡게 됐는지 모르겠는데요(웃음), 어쨌든 3·1운동이 가져온 변혁에 대해 좀더 이야기해보죠.

이기훈 선생님께서 말씀하신 개념이 범주적으로 성립하기 어렵다고 생각합니다. 그렇게 따지면 1987년 6월항쟁도 혁명이잖아요.

오제연 왕후장상의 씨를 부정한 만적의 난도 혁명이지요.

이기훈 3·1운동의 결과로 새로운 주체가 형성된 것은 역사적 사건이지만, 해방감이라는 것은 굉장히 주관적인 경험이거든요. 그것의 지속적 영향력은 평가하기가 굉장히 곤란한 문제이지 않습니까?

백영서 사실 3·1운동이 혁명이냐 운동이냐 하는 논의에서 어느 입장을 택할지에 대해서는 저도 아직 고민 중이에요. 다만 혁명이라는 말을 좁은 의미로만, 너무 익숙한 사전적 용어로만 이해하지 말고 혁명적 사안이라는 식으로 의미를 좀더 강하게 부여하는 움직임에 대해서 깊이 생각해보자는 것이죠. 그래서 '2019년과의 대화'라는 말을 한 것이고요. 미완의 혁명이라고 해도 좋고 진행 중인 혁명이라고 해도 좋습니다. 제일 중요한 것은 그 당시에 제기했던 과제, 민족주의와 민주공화정에 대한 과제가 지금도 여전히 진행되고 있다는 점, 1945년 이후에 우리도 그것을 완전히 실현하기 위해서 노력해오고 있다는 점에서 그 과제의 연속성이 중요하다는 겁니다.

또 하나는 활빈당을 비롯한 여러 민란에서 해방에 대한 욕망이 있었다고 했는데, 그게 3·1운동으로 집약되어서 분출됐다는 점이죠. 그 이후에 좌절하고 민중종교로도 가고 흩어지기도 했지만요. 문학적인 표현이지만 "하늘을 본" 사람들의 깨달음, 주체가 형성되는 양상이 그전과는 다릅니다. 근대적인 미디어의 동원, 개념의 동원 등의 측면에서 분명히 다르죠. 그런 점에서 첫째, 과제의 연속성이 있었고, 둘째, 당시 혁명적 차원의 변혁이 있었다는 게 중요한 것이죠. 그것이 제도화되어서 국민국가를 만들었다거나 독립은 이루지 못했지만 사회변화를 일으키는 큰 차원의 변혁이 있었고, 부단히 오랜 시간이 걸렸지만 그것이 4·19로 이어지기도 하고 6월항쟁으로도 이어지면서 누적적으로 성취를 쌓아왔다, 그래서 3·1운동의 과제가 지금까지 이어져왔다고 볼 수 있어요. 말하자면 3·1운동에서 시작된 근원적인 변혁의 움직임이 오늘날까지 그 실질을 꾸준히 채워왔다는 것이 확인된다는 것입니다. 바로 이것이 세번째 기준입니다. 이러한 세가지 기준에서 보면 혁명이라고 부르든 혁명적 상황이라고 부르든 '진행 중인 혁명'이라고 부르든, 한번 논의해볼 수 있지 않는가 하는 생각입니다.

이기훈 실제로 1919년을 한국현대의 기점이라고 생각하는 연구자들도 있지만 그 점에 대해선 논란의 여지가 다소 있습니다. 3·1운동의 그런 역사적 의의를 인정한다 하더라도 그걸 계기로 꼭 혁명이라는 이름을 붙여야 하는지 여전히 의문입니다.

백영서 꼭 혁명이란 명칭을 쓰지 않아도 좋으나, 그 변혁적 의의만은 확인하자는 거지요.

이기훈 혁명적 정세가 있었다, 역사적 상황에 급격한 변화가 있었다, 고로 혁명이라고 불러야 한다. 이런 당위적 명명법이 제게는 설득력이 떨어지게 느껴지고, 더군다나 현실적·정치적 의미나 함의들을 고려하지 않을 수 없다는 점에서도 저어하게 되는 것 같습니다.

3·1운동 당시 서울 종로에서 만세를 외치는 사람들

동학농민전쟁 등 여러 민란에서 움튼 해방에 대한 욕망이 3·1운동으로 집약되어서 분출되었다. 새로운 시대에 대한 지향이나 욕망, 유토피아에 대한 해방감을 깨달은 새로운 주체가 형성된 것이다. 결과적으로 국민국가를 만들거나 독립은 이루지 못했지만 3·1운동에서 시작된 근원적인 변혁의 움직임은 4·19혁명, 6월항쟁으로 이어지면서 누적적으로 성취를 쌓아왔다.

임시정부 100주년의 정치성

백영서 저는 지금으로서는 '현재진행 중인 혁명' 또는 '점증적 성취로서의 혁명' 정도로 생각해보고 있습니다만, '3·1운동인가, 3·1혁명인가'에 대해서는 일단 이 정도로 하고, 이어서 다음 논점으로 옮겨봤으면 합니다. 그럼 왜 현 정부는 3·1운동 및 임시정부 100주년 기념사업을 하는가 또는 정부의 중요한 분들이 왜 3·1혁명이라는 말을 쓰고 싶어하는가? 물론 박근혜 정권 때 건국절 논란을 겪으면서 법통, 즉 현 정권에 역사적 정당성 또는 정통성을 부여하고 싶다는 의지는 파악하겠는데, 그것의 문제 여부는 여기서 더 논의할 필요가 없겠지요. 그럼 그 이상의 무엇을 이야기할 수 있을까요? 단순히 이게 정부의 요인들만이 아니잖아요. 3·1혁명론을 제기한 분이 현재 독립기념관 관장인 이준식 선생님이라든가, 찾아보니까 몇몇 더 있더라고요.

이기훈 네, 3·1혁명론 주장하시는 분들 꽤 있습니다. 강만길 선생님도 그렇고요.

백영서 그러니까 현 정부와 일부 여당의 인사들이 요구하는 것하고, 그전부터 있어왔던 학계 내에서의 3·1혁명론이 어떤 문제점이 있는지는 짚고 넘어갈 필요가 있는 것 같아요. 먼저 현 정부 여당이 추구하는 기념사업의 문제점을 뭐라고 할 수 있을까요? 이 일련의 사업들을 어떻게 해석해야 할까요? 예를 들어 현 정부 대통령 직속하에 있는 기념사업추진위원회가 하는 엄청나게 많은 사업들, 아까 오제연 선생님도 작년 하반기부터

자의 반 타의 반 많이 관여하고 있다고 하셨는데, 중국사 하는 저까지 동원되어서 발표하고 있는 상황이니까요. 이런 움직임이 학계에 미치는 영향이랄까 학계의 참여랄까, 이 상호작용에 대해서 좀 이야기해볼 수 있지 않을까요?

이기훈 일단 지난 정권과의 차별성이라는 문제가 있는 것 같습니다. 지난 정권에서 한국사 교과서 국정화 문제 등이 대두되었고, 그 논란의 핵심 가운데 하나가 건국절 논란, 그러니까 대한민국은 어디서 기원하는가, 대한민국의 정체성에 대한 문제제기가 역사적 쟁점인 동시에 정치적 쟁점이 되었죠.

한국사 교과서 국정화 문제로 싸울 때 젊은 역사학자들과 이런 이야기를 했습니다. 사실 한국사 연구자들 가운데 일련의 학자들이 민족주의적인 역사 서술에 대해 비판적인 관점에서 학문적 실천을 진행해왔는데, 국정화 논쟁의 지점에 서면 그 민족주의자들과 같이 싸우는 하나의 전선이 형성된다는 겁니다. 그러면서 그들이 쌓았던 분리의 선 같은 게 무너져버렸다고 말했거든요. 그런 면에서 본다면 재작년 이전부터 진행되어온 역사전쟁은 역사학이 정치화된 사건이고, 3·1혁명론 역시 그 연장선상에 있는 거죠.

이번 정권에서는 어떤 면에서 보자면 다른 방식의 정치화를 진행하는 게 아닌가 생각합니다. 대한민국의 현실과 기원, 지금의 정권과 대한민국사의 정통성을 일치시키는 방식, 이런 걸 각인시키는 일련의 정치적 행사로 준비하는 듯합니다. 이런 우려가 있지만, 단순한 우려로 그쳤으면 좋겠다는 희망입니다.

백영서 거기에 참여하는 학자들이 다 그 정도 생각은 아니지 않을까 싶은데… 대표적으로 3·1혁명을 이야기한다든가, 3·1운동의 의미를 굉장히 적극적으로 인정하는 분들을 보면, 단순히 민족주의적으로 해석하는 것은 아니더라고요. 민주공화정을 이야기할 때 당시의 글로벌한 차원에서의 보편성이랄까 동시성 같은 것을 염두에 두고 이런 주장을 하는 게 아닌가 싶어요. 그렇다면 그건 좀 다른 차원이 아닐까 하는 거고요.

이기훈 맞습니다. 3·1혁명론과 임시정부 100주년 기념론은 다릅니다. 다르지만 전유되는 거죠.

백영서 그러면 조금만 정리하고 가죠. 임시정부에 대해서 미묘하긴 하지만 조금 더 이야기를 해보자면, 많은 분들이 3·1운동이 민족운동만이 아니고 공화정을 추구한 민주주의운동이었다고 이야기할 때, 그 근거로 임시정부 수립을 들죠. 특히 3·1운동의 정신이 「대한민국 임시헌장」에 반영됐다고 하잖아요. 그런데 임시정부의 문제를 어떻게들 보세요? 역사하는 분들은 특히 임시정부에 대한 평가를 어떻게 하시는지 궁금합니다.

이기훈 임시정부 수립은 역사적 사건이죠. 다만 그것이 가능했던 조건, 즉 어떤 시기와 영역이 있는 것이고, 그 조건 중에는 여러 분파들이 한데 모일 수 있었던 객관적·세계사적 정세가 있었습니다. 그 세계사적 변화가 굉장히 중요하죠. 이를테면 '민족자결'이 그렇지 않을까요? 새로운 원칙으로 나타난 민족자결이나 민족주의는 당시에는 관철되지 못했지만 20세기에 지구사적으로 미친 영향이 지대했고, 그 영향하에서 여러가지 움직임들이 등장했습니다.

그런데 아시다시피 이러한 세계사적 정세는 금방 종료되었습니다. 실제로 존속한 기간이 짧았고 워싱턴체제로 들어가면 거의 붕괴되죠. 당연히 그 상황에서 발생했던 임시정부는 그 기반이 붕괴되었을 때 이전처럼 지속될 수 없었고, 그 결과 임시정부의 분열이나 약화로 이어지죠. 그러니까 그후의 문맥에서는 지속될 수 있는 시스템이 아닌 거죠. 따라서 임시정부를 이해하는 올바른 방식은 그것이 가능했던 역사적 조건과 그것이 어려워지는 역사적 맥락 속에서 살피는 것이지, 정통성이나 법통성을 부여하고 현존하는 국가의 유일무이한 기원으로 보는 건 우려할 만한 상황이라고 봅니다.

오제연 아시다시피 해방 이후의 임정법통론은 전민족을 아우르는 논리라기보다 우익 정치세력에 국한된 논리였습니다. 그리고 이는 단독정부 수립에 앞장섰던 이승만과 한민당 계열, 즉 단정세력에 의해 제헌헌법에 명문화되었습니다. 또한 제헌헌법 전문에 3·1운동이 언급됨으로써 3·1운동의 흐름으로부터 1948년 이승만 정부가 출범했다는 논리가 만들어졌습니다. 그 누구보다 이승만 대통령 자신이 이를 계속 강조했습니다. 물론 이승만 대통령이 강조한 1919년의 임시정부는, 상해임시정부 수립 이전에 이승만을 집정관총재로 하여 발표된 한성정부였습니다. 이승만은 한성정부의 법통으로부터 자신의 권위를 세우고, 그것을 상해임시정부를 거쳐 대한민국 정부까지 연결시켰던 거죠. 이것은 그 자체만 본다면 역사적 사실로 인정할 수 있는 부분입니다. 하지만 역사를 이렇게만 보면, 20세기 역사의 거대한 흐름 속에서 특정 부분을 너무 특화시켜 그것만을 정통으로 보고 그외의 것들을 배척하는 논리에 빠질 위험성이 있습니다.

1919년 대한민국임시정부 직원 일동

3·1운동이 민족운동만이 아니고 공화정을 추구한 민주주의운동이었다고 이야기할 때, 그 근거로 대한민국임시정부 수립을 든다. 임시정부 수립은 역사적으로 중요한 사건이지만 그것이 가능했던 역사적 조건과 세계사적 맥락 속에서 이해해야지, 정통성이나 법통성을 부여하고 현존하는 국가의 유일무이한 기원으로 보는 건 우려할 만한 상황이다.

3·1운동은 남과 북의 공유자원이 될 수 있을까

백영서 맨 처음 이야기했던 것과도 관계가 되는데, 3·1운동의 변혁적 차원을 염두에 두면서 오늘날 그 긍정적인 의미를 찾고자 할 때, 중요한 측면 중 하나가 임정 문제만이 아니고 3·1운동 자체가 미래의 한반도, 분단된 남북한이 공유할 수 있는 역사적 기억일 수 있다는 점입니다. 3·1운동이 남북으로 분열되기 전의 통합적인 가치이고 보편적인 세계사적 흐름과도 접속됐기 때문에 함께 이야기할 수 있을 거라는 기대가 있는 거죠. 강만길 선생님이 작은따옴표 하고 3·1 '혁명'이라고 했을 때도 남북이 공유할 수 있다는 측면, 좌우·남북이 함께하는 것에 관심을 보이셨던 것 같습니다.

물론 그런지 아닌지에 대해 이야기하려면 먼저 북한에서는 3·1운동을 어떻게 봤는지를 생각해봐야 할 것입니다. 동시에 남쪽에서도 그간 3·1운동을 어떻게 봐왔는지를 정리해볼 필요가 있겠죠. 제 개인적인 경험과 관련해서 보면 제가 대학을 다니던 70년대 초에 안병직 선생님의 3·1운동에 관한 글[2]이 기존에 있던 3·1운동관을 완전히 뒤엎었어요. 3·1운동은 민족부르주아 상층이 한 것이고, 기회주의적인 것이라고 노골적으로 비판을 해서 큰 충격을 줬어요. 그러다가 80년대쯤 가면 3·1운동에 대해 민중사관의 입장에서 해석하는 경향이 강해져요. 민중의 민족적·계급적 자각이 크게 고양된 것을 가장 큰 역사적 의의로 평가하거든요. 최근에 정용욱 선생님이 정리한 연구사[3]에 의하면 6월항쟁을 겪고 90년대 이후에 와서야 3·1운동을 좀더 긍정적으로 평가하는, 그리고 다양하게 해석하는 분위기가 나타나더라고요.

그런 점에서 임시정부에 대한 평가가 너무 한쪽으로, 법통으로 가는 것에 대한 우려를 포함해서 북한 쪽의 3·1운동 평가도 궁금하지만 동시에 남한에서 민중사, 민중운동사 하던 한국사 연구자의 흐름과 그분들은 지금 3·1운동을 어떻게 보는지를 곤혹스럽더라도 같이 이야기해봐야 하는 것이 아닌가 생각합니다.

김학재 아까 임정 논의와 연결해보면, 그러니까 이 문제를 정당성의 크기로 생각해보면 한반도를 완전히 두 동강 내고자 했던 단선론, 48년체제가 제일 작은 것이고 임정은 여러 세력들이 같이 있었으니까 그것보다는 좀 크죠. 3·1운동은 더 크고요. 3·1운동의 모든 결과가 임정으로 이어진 게 아니라, 3·1운동 이후 전국의 다양한 세력들의 정치적 발전에 영향을 준 것이기 때문에 크기로 치면 3·1운동이 제일 큽니다. 결국 '3·1운동을 누가 자기 것으로 전유했는가' 하는 문제이기 때문에 단선, 48년체제와 임정, 그리고 3·1운동을 동일한 크기의 어떤 것으로 볼 수는 없는 것 같습니다. 3·1이 가진 가능성이 더 크고, 그 안에서 우리가 적극적으로 재발견하고 차지해야 하는 영역들이 여전히 존재하죠. 그런 측면에서 3·1이 남북 간에 공통의 기반을 찾을 수 있는 지점이라는 것에 공감합니다.

최근에 '남북 역사용어 공동연구'에 관한 기사[4]가 있었는데요, 남북 최초의 공동 역사서에서 주요 독립운동가들에 대한 평가의 차이가 없었다는 내용이었습니다. 남북 모두 안중근, 신채호, 안창호, 홍범도 등 독립운동가 4인을 중요하게 평가했고, 중요한 역사적 사건과 활동에 대해 유사하게 다루고 있었습니다. 다만 차이가 있는 점은 최종적 평가에서 무장투쟁, 외교독립론, 실력양성론 중 무엇을 우월한 것으로 보는가의 문제였던 것 같습니다. 이밖에 '한일합병조약'에 대한 평가나 일제강점기 주요 사건들은 거의 동일하게 기술하고 있었고, 남북 역사학자가 다룬 800여개의 역사용어 중 역사인식의 정치적 차이로 배타적으로 대립해 풀기 어려웠던 부분은 5퍼센트에 불과했다는 것입니다. 어려운 부분을 나중에 다루더라도 우선 공통기반을 확보하고 공감대를 넓히는 작업이 필요하다는 점을 일깨워줍니다.

중국에서도 국민당과 공산당이 신해혁명의 기억을 점유하려고, 그중 더 진보적이고 좋은 기억을 가지려는 모습을 보입니다. 우리가 남과 북으로 분단되고, 분단된 내부에서 또 분파가 갈라진 상황에서, 분파들끼리 서로 배제적으로 대립하거나 한 분파가 전체를 대표하려 하면 문제가 발생하기 때문에 좀 어렵더라도 공통의 뿌리는 인정하면서 같이 이야기를 해야 대화 자체가 가능합니다. 그런 차원에서 분단 이전, 냉전체제로 완전히 갈라지기 전의 것들은 인정해야 우리가 다시 합치는 문제로 갈 수 있는 게 아닌가 하는 생각이 듭니다.

백영서 3·1운동 자체가 남북이 공유할 수 있는 역사기억이 될 수 있는가? 그런 이야기를 검증하려면 북한이 그동안 3·1운동을 어떻게 해석했는지, 남한의 민중운동사 그룹들은 어떻게 해석했는지를 한번 확인해볼 필요가 있을 것 같습니다.

이기훈 북한에서는 3·1운동을 인민봉기로 보는 정의가 상당히 일찍 등장하거든요. 김일성 가계의 역할도 강조하고 있고, 임시정부에 대해서는 매우 부정적으로 보고 있습니다. 남북한이 함께 논의한다고 해도 3·1운동의 무게중심은 많이 다를 수 있을 것 같아요. 북한의 경우에는 북한체제의 성립이 가장 중요한 포인트이기 때문에, 3·1운동을 공통의 역사적 경험으로 본다고 하더라도 그 성격과 영향에 관한 해석에 대해서는 차이가 많이 납니다. 특히 대한민국임시정부나 민족주의운동에 대한 평가에서는 크게 차이가 납니다. 북한의 역사 서술에서 '공화국'의 기원은 항일무장투쟁에 있으니, 아주 민감한 문제입니다. 그런 면에서 지금의 기념사업은 남북 간의 대화를 고려한 패턴은 아니라는 생각입니다.

오제연 북한에서는 기본적으로 3·1운동이 유력한 무산계급과 민주주의 세력에 의해 영도되지 못하고 지도자와 대중이 단결하지 못해 실패했다고 생각합니다. 단 김일성의 아버지 김형직이 다닌 숭실학교 출신들이 1919년 3월 1일 평양에서 먼저 만세시위를 일으킨 후 그것이 전국적으로 확산되었다고 설명합니다. 북한 중심의 3·1운동 인식이라고 할 수 있죠. 반면 북한 역사에서는 3·1운동 직후인 1926년에 김일성이 만들었다고 하는 'ㅌㄷ동맹(타도제국주의동맹)'이 사실상 북한현대사의 기점으로서 훨씬 중요하게 다뤄집니다. 한마디로 북한에서 3·1운동은 김일성의 가계 및 북한의 중심성과 관련해서만 의미를 가질 뿐, 사건 자체에 대한 역사적 평가는 시간이 갈수록 약해지는 편입니다.

백영서 역사인식에 차이가 있더라도 남북이 공존하려면 서로가 변해야 해요. 그런데 그동안의 짧은 남북 역사학자 교류 경험에 비추어 북한의 역사관을 보면, 김일성 가계를 중심으로 한 철저한 반제운동이 아니면 독립운동 연구를 못 하잖아요. 그런데 그게 변할 것인가? 변해야만 남북이 결합할 수 있지 않을까 싶은데, 그럴 때 3·1운동이 공통의 기반으로 가장 낫지 않나 하는 생각으로 드린 질문인데 이 정도로 마무리하죠. 그런데 민중운동사 연구하는 분들은 적어도 민주주의를 매개로 3·1운동을 인정하는 것 아닌지요.

이기훈 남한의 3·1운동사 연구에서 굉장히 중대한 변화가 나타나는 때가 3·1운동 50주년이었던 1969년 무렵입니다. 1967년부터『신동아』가 3·1운동에 대한 회고를 모으기 시작하고요. 그다음 1968년에 동아일보사에서 학술대회를 하고 1969년에 논총을 내면서 학문적 수준에서 다루는 3·1운동론이라는 게 성립하는 것 같습니다. 민족운동으로서 3·1운동의 정의가 내려지고 그 의미가 재발굴되고 재구성되면서, 교과서적 서술의 기본 틀이 완성된 것입니다.

그리고 70주년인 1989년에 한겨레신문사와 한국역사연구회에서 학술대회를 합니다. 어떤 면에서 보면 민중운동사적 해석을 보여주었다고 할 수 있어요. 3·1운동을 부르주아 민족운동으로 서술하되, 민중운동의 역사적 발전을 위한 토대이자 민중세력의 진출, 특히 노동자·농민이 진출하게 된 전제이며 시작점으로 보는 분석이 체계적으로 등장했습니다.

그뒤로 이러한 관점에서 크게 벗어나거나 새로 기념할 만한 연구는 없었고, 그 20년 뒤인 90주년, 지금으로부터 10년 전인 2009년에 성균관대학교출판부에서『1919년 3월 1일에 묻다』를 냈고, 이 책은 새로운 시각을 담은 연구인데 많은 관심을 끌지는 못했습니다.

백영서 그 책이 왜 관심을 끌지 못했나요?

이기훈 2000년 이후 근현대사에 대한 학문적·사회적 관심이 크게 줄었고, 특히 운동사에 대한 연구가 많이 감소했던 것 같습니다. '식민지의 회색지대'론을 둘러싼 논쟁에서 근대 민족운동에 대한 재해석이 논란이 되기는 했지만, 구체적인 운동에 대한 연구가 많이 줄었습니다. 그렇지만 10년이 지난 지금 봐도 매우 뛰어난 연구들이 집약된 책입니다. 정책적인 지원도 부족하고 학문사회의 관심도 부족하다보니 후속 연구가 제대로 진행되지 못한 것이 아쉽죠.

백영서 그런데 70주년의 학술대회 논문집인 『3·1민족해방운동연구』에 담긴 민중사적인 관점, 즉 민족부르주아지 상층의 항거와 민중지향적인 것이 결합하면서 열린 역사를 이야기했던 그 흐름과 90주년에 나온 연구들의 흐름은 좀 다르게 보이거든요. 90주년에 나온 연구성과들을 보면 지방사 연구와 문화사적인 연구가 주였어요. 그동안의 연구를 반영하는 것일 텐데 20년 만에 변화가 있단 말이에요. 그렇다면 이전의 연구 흐름은 90년대 이후의 연구와 어떻게 연결시킬 수 있을까요? 그것을 계승·발전하고 극복한 건지 전혀 다른 차원인 건지, 어떻게 봐야 하나요?

장영은 저는 90년대 이후의 연구도 앞선 연구의 연장선상에 있다고 봅니다. 지방사 연구들도 그렇고 여성, 농민, 기생, 유생, 의병 등의 참가자들을 통해서 3·1운동을 보는 흐름도 그렇고, 그것을 가능하게 했던 기반이 무엇이었는가에 집중하기 때문에 결국은 기존 논의와 완전히 동떨어진 것은 아니라고 생각합니다. 그러니까 역사를 문화사로 접근하자는 게 아니라 그 역사의 저변에 어떤 가능성이 있었는가, 어떤 매체가 영향을 미쳤고 어떤 인식의 변화가 있었으며 어떤 조직이 유무형으로 사람들에게 영향을 미쳤는가를 통해서 3·1운동을 조금 더 크게 생각해보자는 시도이기 때문에 단절은 절대 아니라고 생각합니다.

그렇다고 이걸 꼭 보충사의 개념으로 볼 것인가? 저도 아직 입장이 완전혀 정리되지는 않았는데, 보충사가 꼭 나쁘다거나 수준이 낮다거나 하는 문제는 아닙니다. 제가 글을 쓰면서도 고민한 지점이, 이런 운동사를 서술할 때 공헌을 입증해야 하는 부분이 있잖아요. 그러면 공헌이 명시적으로 드러나지 않는 부분의 의미를 어떤 방식으로 기술할 것인가에 대한 고민이 생기는 거죠. 문학 연구자 내지는 지성사에 관심이 있는 저 같은 사람한테는 중요한 고민이거든요. 역사에 딱 내밀 수 있는 공헌이 입증되지 않을 때, 이 사람들을 어떻게 역사에 올릴 것인가, 어떻게 의미를 부여할 것인가? 그런 관점에서 생각하다보니 문화사나 지성사, 다시 말해 비주류의 주체들을 호명하는 방식으로 가는 게 아닌가 생각합니다.

오제연 3·1운동 90주년에 나왔던 연구들을 검토할 때 눈에 띄는 것은, 기존 연구에 대한 계승과 단절 부분입니다. 계승한 부분은 민중사적인 접근을 좀더 강화했다는 것이죠. 3·1운동에서 민중이 강조된 지는 오래되었지만, 90주년에 들어와서는 집단주체로서의 민중이 아니라 구체적인 시간과 장소를 살아갔던 한 사람 한 사람에 대한 고민이 더 커졌습니다. 그러다보니 연구가 지역적으로 더 작은 단위로 내려가고, 시위 등 저항에서도 더 구체적인 양상을 보고, 또 정치와 경제뿐만 아니라 문화적인 상황들을 고려하게 된 것입니다. 도대체 당시 민중들은 무슨 생각을 가지고 만세를 외치며 시위를 벌였을까? 이런 것들을 끊임없이 질문하고 답을 찾으려고 하는, 거기서 저는 민중사적인 전통이 심화되었다고 보는 것입니다.

단절적인 부분은, 기존의 민중사가 단일주체로서의 민중, 역사적 저항과 변혁의 주체로서의 민중을 미리 상정해놓고 그 주체가 3·1운동에서 어떻게 자신의 역할을 했는가를 확인하는 작업이었다면, 90주년 연구에서는 그런 집단주체, 변혁주체로 환원되기 어려운, 다종다기한 모습을 보이는 민중들의 꿈과 이상, 한계 같은 것들을 다 같이 보여주려고 하는, 그런 새로운 입장이 부각되었다는 점일 것입니다.

저는 이 부분이 중요하다고 생각하는데요. 아까 혁명이냐 운동이냐 했을 때, 혁명론에서 그런 징후를 느끼거든요. 역사를 도식적이고 단일하게 보려고 하는 혐의가 보여요. 혁명론이 아직 그렇게 정교하게 제기된 게 아니기 때문에 일종의 인상 비평에 불과하지만, 만약 혁명론이 1919년 3월 1일 이후의 역사를 일직선으로 쭉 뻗어가는 단일한 것으로 본다면, 혁명의 개념이 사건의 실내용이나 성격과 관련해서 정합적이냐 아니냐를 떠나서, 이것은 결국 역사 속의 다양한 주체들의 다양한 고민과 실천을 혁명이라고 하는 공통의 지점으로 몰아가는 것이 아닌가? 사실 3·1운동 당시에는 다양한 가능성이 열려 있었는데, 이를 혁명이라고 명명함으로써 한 방향만을 강요하는 듯한 느낌이 있다는 거죠. 그런 면에서 최근의 3·1혁명론은 10년 전인 90주년에 나왔던 연구들과는 또 다른, 심하게 말하면 조금은 퇴행적인 모습도 있지 않나 하는 생각도 듭니다.

이기훈 촛불혁명과 3·1운동의 공통점이 있다면 축제입니다. 축제의 장면이 존재한다고 해서, 그 운동이 가볍다거나 무게가 없다는 것은 아닙니다. 오제연 선생님 말씀처럼 혁명이라는 명명법이 과도한 엄숙주의적 해석을 가져올 수도 있겠다는 우려도 들고요. 그리고 공통의 축제라는 데 어떤 역사적·문화적인 의미가 있는지를 해석하면, 그 나름의 정치적 의미도 찾을 수 있겠다는 생각도 듭니다. 그걸 읽어나갈 때 당대인들, 그리고 우리에게 3·1운동이 가지는 의미가 무엇인지에 대해서도 생각해볼 수 있지 않을까 합니다.

오제연 저는 촛불하고 이 문제가 연결될 수 있다고 생각해요. 촛불이 4·19나 5·18, 6월항쟁 같은 기존의 저항과 구별되는 지점은, 아까 3·1운동 90주년 때 연구자들이 강조하고자 했던 것처럼, 수많은 사람들이 각기 다양한 생각들을 가지고 광장에 나왔고, 그것들이 섞여서 거대한 저항의 물결을 만들어냈다는 사실입니다. 그런 면에서 촛불은 3·1운동과 많이 닮아 있습니다. 한국현대사의 수많은 저항들 중에서도 촛불만큼 다양한 입장과 생각을 가진 사람들이 한데 모여서 한목소리로 같은 구호를 외쳤던 경우가 없지 않았는가? 이러한 다양성이 파편화되지 않고 하나로 모인 것이 3·1운동과 촛불이 공유하는 가장 유사한 모습이라고 생각합니다.

한편 100년 전 3·1운동을 오늘날 우리가 다시 성찰할 때, 긍정적인 부분들을 어떻게 살리고, 아쉬운 지점들은 어떻게 극복해나갈 것인가를 고민할 필요가 있다고 봅니다. 이따가 이야기할 기회가 있겠지만 저는 그런 면에서 '공화'라는 개념이, 다양성을 인정하면서도 그것을 묶어주는 개념이 될 수 있지 않을까 생각합니다.

백영서 다양한 목소리만 강조하는 연구경향이 있지 싶은데 그와 함께 공화로 모였다는 사실이 중요한 것 같습니다. 단순히 군주제를 없앤 정치체인 공화정을 의미할 뿐만 아니라 구성원 모두가 주인이 되는 공동체 만들기를 지향하기 때문입니다. 이에 대해서는 뒤에 다시 이야기할 기회가 있을 거예요. 한편 앞의 논의와 연결해서 이야기해보면 혁명이라는 용어를 쓰냐 안 쓰냐를 떠나서 혁명적 차원이라고 할 만큼, 억압에 대한 해방의 욕구도 강렬했다고 봅니다. 권보드래 교수가 쓴 표현을 빌리자면 '역사적 유토피아니즘', 이 책에 실린 김진호 목사님 표현에 의하면 '헤테로토피아'라고 하는 지점들을 좀더 생각해볼 필요가 있다는 생각이 듭니다.

3·1운동의 세계사적 의미에 대하여

백영서 이제 3·1운동의 세계사적 의미라는 게 도대체 무엇인지, 그걸 긍정적으로 평가할 때 근거가 있는 것인지 등을 이야기해보기로 하지요.

김학재 앞서 간단히 말씀드렸지만 3·1운동이 일어난 당시 세계사를 다시 한번 살펴보면, 1917년에 러시아혁명이 일어나고, 1918년 윌슨이 14개조 평화원칙을 발표하고, 1918년 12월에 1차대전이 끝나면서 정전협정이 체결되고, 곧이어 평화협정 체결을 위해 1919년에 빠리에서 평화회담이 몇 개월간 진행되는 등 1917~19년 사이 세계질서의 변화가 굉장히 컸죠.

그리고 그걸 한반도 주변에 있던 여러 단체와 조직들이 모두 지켜본 것이지 않습니까. 그런 것들을 지켜보면서 '아, 세계가 이렇게 변해가고 있구나, 어떤 기회가 주어지는구나'라는 생각들을 하다가 윌슨의 민족자결주의가 회담의 주제이자 전후 처리의 원칙으로 제시되는 걸 보고 이제 독립할 수 있겠다는 기대를 갖게 된 것이죠. 그런 기대감이 세계 각 지역에서 올라오다가 기회를 포착해서 제일 먼저 시작된 게 3·1운동이었기 때문에 많은 주목을 받았죠.

한국의 3·1운동은 그 전해부터 고종의 장례식 날로 택일을 해서 기다리고 있다가 진행했던 것이고, 그다음 3월 중순에 이집트가, 4월에 인도가, 5월에 중국이 따라왔습니다. 그렇게 2월부터 5월까지 동시다발적으로 운동이 일어났습니다. 냉전에도 도미노효과가 있었듯이 독립운동에도 도미노효과가 있었다는 건 부정할 수 없는 사실이고, 그 맨 앞에 3·1운동이 있었기 때문에 3·1운동이 어디에 어떻게 영향을 줬는가에 대한 논쟁들이 이어졌던 것 같습니다.

사실 최근 언론에서 그 증거가 되는 기사나 자료를 찾으려고 많이 노력을 했는데 성과가 별로 없는 것 같습니다. 그 시기에 3·1운동이 중국 5·4운동에 미친 영향을 뒷받침하는 자료들은 많이 나오는데, 이집트나 인도에 어떻게 영향을 줬는지는 확실하게 밝혀지지 않은 것 같아요. 그럼에도 불구하고 3·1운동이 가진 세계사적 의미를 찾자면 그것이 다른 운동들을 직접적으로 촉발했다기보다는 앞서 말한 세계사적 기회, 국면 속에서 제일 앞에서 시작했다는 것, 분명히 세계의 많은 사람들이 그것을 보고 있었을 것이라는 데 있지 않나 싶습니다.

백영서 세계사적 동시성 문제에 대해 말하자면, 미디어 문제를 빼놓을 수가 없죠. 우선 신문이 있죠. 전신이 신문을 통해서 보도되면 신문을 본 사람들이 그 이야기를 전해주니까요. 중국 같은 경우에는 잡지가 그런 역할을 많이 했고요. 전신, 전보로 소식을 전해주면 신문이나 잡지에 실려 증폭되고, 그걸 등사하면 격문이 되기도 했습니다. 촛불혁명을 이야기할 때 SNS의 중요성을 이야기하듯이 미디어의 발달이랄까 과학기술의 발전에 대해 생각해볼 필요가 있을 것 같습니다.

한편으로 김학재 선생님이 말씀하신 부분 중에서 궁금한 것이 있어요. 3·1운동이 다른 운동에 비해 시간적으로 앞섰다, 3·1운동이 먼저고 그게 국제적인 영향을 미쳤는데 그 근거가 아직 별로 안 나왔다고 하셨는데, 사실 근거라는 게 정말로 없어서 못 찾는 건 아닌가 싶어요. 이집트나 인도 등에 있기는 한데 우리가 몰라서 그렇다 하는 논의는 좀 피하자는 겁니다. 오히려 '구조적 동시성'이라는 부분이 중요하지 않을까 싶어요. 산발적으로 일어났는데 역사적인 동시성이 있었다는 것, 구조적으로 같은 처지에 있는 사람 가운데 일부가 저항했다는 게 중요한 것 아닌가 하는 생각이 들어요.

또 중국사 연구하는 사람으로서 꼭 지적하고 싶은 부분이 보통 3·1운동이 5·4운동에 영향을 미쳤다고 하는데, 맞아요. 중국에서 많은 논설들이 나옵니다. 실제로 3·1운동에서 배우자고 해요. 그런데 이 대목을 간과하고 있어요. '한국 같은 작은 나라에서도 민족이 전체로 저항하고 운동하는데 왜 우리는 가만히 있나?' 25년 전 참관한 광저우의 황포군관학교 기념관의 전시물에서도 그런 인식을 보았던 것이 기억나요. 반면교사라 할 수 있는 발상이에요. '한국처럼 작은 나라에서도 저항이 일어나는데, 이렇게 민족운동을 끈질기게 전개하는데 왜 우리는 안 하나?'라는 것은 조선의 독립운동에 대한 중국인들의 일관된 인식이 있었다는 것을 보여주고, 이 지점을 같이 생각해봐야 합니다.

이기훈 제가 생각하는 3·1운동의 세계사적 의미는 이렇습니다. 세계의 변화, 지구사적인 변화와 자신들의 사회적 변화를 일치시키는 사고의 흐름이 나타나고, 마을을 구성하는 방식으로 국가는 어떻게 구성되어야 하는가 같은 문제제기를 하게 된 거죠. 단순히 '우리가 일본으로부터 독립해야 한다'가 아니라는 겁니다.

실제로 「독립선언서」에도 나오지만 굉장히 많은 사람들의 항소이유서에서 그 말을 하거든요. '일본이 정치를 잘 못했지만 일본이 정치를 잘했다고 하더라도 우리는 독립을 해야 한다, 노예가 인간이 되려면 노예 지위에서 해방되어야 하듯이 우리가 나라가 되려면 일본으로부터 독립해야 한다, 이건 자연의 요구다.' 그런데 그 자연의 요구가 발현되고 시행되는 세계사적 정세 또는 변화를 자신의 사회적 변화와 일치시키고 그걸 정

影攝時校近日七生學國愛師高京北之留拘被會大街道界學北日四月五年八國民華中

5·4운동 당시 체포된 베이징대 학생들

1918년 윌슨의 민족자결주의가 전후 처리의 원칙으로 제시되는 걸 보고 세계 각 지역에서 독립에 대한 기대를 갖게 되었고 제일 먼저 시작된 것이 3·1운동이다. 3월 중순에 이집트, 4월에 인도, 5월에 중국에서 독립운동이 일어났으며, 3개월에 걸친 이러한 동시다발적 저항은 '구조적 동시성'을 보여준다. 특히 중국에서는 신문, 잡지 등을 통해 3·1운동의 소식을 접하고 있었고, '한국처럼 작은 나라'에서 일어난 거대한 민족적 저항에 자극을 받았다.

치화하는 방식, 이게 구조적 동일성이었고 그 자체가 굉장히 중대한 세계사적 변화를 보여주는 것입니다. 한국이 그 문맥에 서 있었다는 것이지, 이 흐름을 이끌었다고 하는 건 과장된 해석이라고 봅니다. 5·4운동이 3·1운동의 영향을 받았다는 인식이 지배적인데, 1920년대 『동아일보』에 실린 중국 관련 기사들을 추적하면서 이런 내용을 발견했습니다. 3·1운동 끝나자마자 중국 상해에 망명했던 사람들, 상해 특파원들이 『동아일보』에 기사를 보냅니다. '상해에서 5·4운동이 일어나는 걸 봤는데 그건 명백히 3·1운동의 영향이다'라는 이야기를 써서 보냅니다. 3·1운동을 경험했던 사람들의 이러한 목격담들이 그 이후에도 계속 영향력을 미쳤던 것 같습니다.

백영서 중국에 영향을 미친 건 분명하죠.

이기훈 3·1운동에 참여한 사람들이 중국의 운동을 볼 때는 약간은 과잉된 해석을 하게 마련이니까요. 이런 것들이 영향을 미쳤던 것 같습니다.

김학재 지금 하신 말씀들에 100퍼센트 공감합니다. 제가 운을 뗀 이야기에 중요한 말씀을 보태주셨는데요. 확실한 균형감각을 가지고 봐야 하는 부분이 많습니다. 각 나라의 독립운동사를 보면 인도는 독립운동을 거의 90년 동안 했고, 중국의 5·4운동은 1911년에 신해혁명이 일어난 다음 산둥성에 대한 쟁점에서 촉발되었던 거고요. 이런 식으로 각 나라의 맥락 속에서 살펴야 하는 게 맞습니다. 1919년 2월부터 5월까지만 보면 3·1운동이 제일 앞에 있으니까 그 흐름을 주도한 것 같지만 그렇게만 볼 수도 없는 거죠.

백영서 거기에 조금 더 덧붙이면 저도 구조적인 동시성이랄까 구조적인 연관성이 동아시아 차원에서 연동하는 거라고 생각하지만, 그 발현 형태는 좀 다른 것 같습니다. 세계체제에 속한 동아시아 위계질서 가운데 어떤 위치에 있느냐에 따라 달라요. 그런 운동들이 동시에 나타났다는 것만 강조하는데 좀더 깊이 들여다볼 필요가 있다는 거죠.

예컨대 일본의 쌀 소동이 1918년에 있었잖아요. 그리고 한국에서는 3·1운동이, 중국에서는 5·4운동이 일어나죠. 일본의 연구자 중에서는 당시 지배질서의 억압에 대한 저항이 쌀 소동으로 일어났다고 보고, 쌀 소동이 동아시아에 미친 영향을 말하기도 하지요. 쌀 소동의 세계사적 의미를 탐구하는 것이지요.

그런데 최근에 조경달 교수가 쓴 글[5]을 보면 한국에서는 쌀 소동이 안 일어납니다. 이전부터 쌀이 국내외로 많이 반출되었고 그래서 쌀값이 많이 올랐지만 1918년에 쌀 소동은 일어나지 않았고 작은 소요만 있었을 뿐이거든요. 3·1운동 때 쌀 문제는 쟁점도 아닙니다. 조 교수는 그 원인을 식생활의 변화에서 찾더라고요. 일본에서 쌀 소동이 일어난 것은 제1차세계대전 특수로 경기가 좋아져서 일반 중하층민들도 쌀을 먹게 됐기 때문이라는 겁니다. 일본은 전쟁특수 덕을 참 많이 보더군요. 그때는 1차대전, 나중에는 한국전쟁, 베트남전쟁 특수까지. 아무튼 그렇게 일반 중하층민들도 쌀을 먹기 시작했는데, 1918년에 시베리아 출병으로 투기까지 심해지면서 쌀값이 너무 비싸지니까 쌀 소동이 났다는 겁니다. 반대로 한국은 오래전부터 쌀 반출 등으로 쌀값이 많이 뛰어 있어서 서민층은 쌀을 전보다 더 먹기 힘들었다는 거예요. 잡곡만 먹거나 아예 이민을 가버리니까 쌀 소동이 나지 않았다는 겁니다. 더 열악했다는 거죠. 그러니까 구조적인 연동이라는 게 처해진 위치에 따라 다르다는 것도 고려해봐야 한다는 겁니다.

민족자결과 공화의 정신

백영서 다음 논의로 넘어가면 당시의 세계사적 과제와 조선민족 개개인과 민족적 해방의 욕구가 결합되어 나타나는 것 중에 가장 대표적인 것이 민족자결과 공화에 대한 관심이 아닌가 싶어요. 그래서 민족자결과 공화에 대한 이야기를 하는 게 자연스러울 것 같네요. 그럼 장영은 선생님부터… 아까 공화에 대해서 말씀하실 게 있다고 하지 않으셨나요?

장영은 저는 우선 3·1운동과 여성을 놓고 고민하는 부분에 대해서 말씀드리고 싶어요. 한국역사상 처음으로 여자가 학교를 간 시기가 이때예요. 근대교육기관은 아니지만 남자들에게는 계속 학교라는 게 존재했죠. 관학도 있고 사학도 있고 여러가지 형태로요. 그렇게 교육받은 남성들이 직업을 가지고 공직에 진출하고 공적인 사람으로 살아간 세월이 아주 길었다면 여성이 학교를 가게 된 것은 1886년 이화학당이 문 열고 난 이후의 일이거든요.

　수는 몇명 되지 않지만 여자들이 학교를 가기 시작했는데, 그러면 이 여자들은 어떻게 됐을까? 1919년은 여성으로서 처음 학교에 간 세대가 일정 정도 고등교육을 마치고 사회에 진출할 즈음과 시기적으로 일치합니다. 1890년대생부터 1900년대 초반생까지 이제 막 교육받기 시작한 여성들이 3·1운동에 적극적으로 가담하게 되었는데, 어떻게 보면 이들은 민족자결이나 공화보다는 '우리도 주인공이 될 수 있는 기회가 왔다'라는 생각을 굉장히 강하게 한 것 같아요. 구체적으로 이들이 중점을 둔 것은 민족자결이나 공화보다는 여성들이 조선독립에 확실하게 참여해서 공헌한다는 데 있었다는 것이죠. 3·1운동에 참여한 여성들은 공화나 민족자결 같은 대의 아래 움직인 게 아니라는 겁니다.

어찌됐든 저는 3·1운동이 전국 곳곳, 심지어는 일본과 중국까지 아우르는 거대한 여성 지식인들의 네트워크가 제대로 가동된 첫번째 사건이라는 점에서 주목하고 있습니다. 이후의 행보와 상관없이 거의 모든 여성 지식인들이 참가했다고 봐도 좋을 운동이라는 점에서요. 다만 해방 이후 우파 여성 지식인들이 3·1을 자신의 친일을 지우는 방식으로 활용하죠. 운동에 참가한 여성들이 그 경험을 어떤 식으로 전유하는가를 제일 잘 보여준 사건이 3·1운동인 것 같아요.

3·1운동이라는 게 사상으로 움직인 측면이 분명히 있지만 문화나 소수자, 비주류에 관심을 갖고 살펴보면 개개의 주체들이 참여한 이유가 제각각이고, 그 사건이 그들의 삶에 미친 영향도 다양합니다. 그것들을 보다 보면 오히려 모순들을 발견하게 돼요. 앞서 언급한 최은희 같은 경우에는 자신의 사회적 입지가 약해졌을 때 3·1운동을 이용합니다. 최은희는 장면내각 들어서고 여성입각운동을 굉장히 활발하게 펼치지만 전혀 받아들여지지 않아요. 여성들도 국가의 주요주체로 참여하기를 바랐지만 아무도 들어주지 않았던 거죠. 그렇게 이도저도 안 됐을 때, 국사편찬위원회에서 추진한 3·1운동 관련 응모에 당선됩니다. 3·1운동을 가지고 이야기하면 여성도 역사의 서술자가 될 수 있고, 발언의 주체가 될 수 있고, 역사에서 내 몫을 찾을 수 있다는 걸 처음으로 확인하게 된 거죠.

이렇게 3·1운동을 전유하고 활용하는, 때로는 굉장히 진보적인 모습을 보이지만 때로는 관변 지식인으로 돌변하는 3·1운동 참여자들의 양가성을 오히려 소수자인 여성 지식인이 보여준 거죠. 이렇듯 저는 3·1운동이 굉장히 다양한 방식으로 활용될 수 있다는 점에 집중하고 있습니다. 그렇게 보면 민족자결이나 공화보다 내가 역사의 주인공이 되어보겠다고 등장한 근대주체들에게 3·1운동이 어떤 영향을 미쳐왔는가에 대해 앞으로도 계속 연구해볼 생각입니다.

백영서 근대주체로서의 자각과 자기 몫의 확보, 그것이 공화나 민주와 연결되는 지점이 있다고 생각하는데요. 그 고리의 하나가 이기훈 선생님이 이 책에 실은 글에서 보이는 '내가 국민대표다' '내가 대한민국이다' 등의 언술처럼 당시에도 개개인이 민족을 대표한다는 자각이 있었던 것 같은데, 그 대목을 좀 이야기해주시면 좋겠습니다.

이기훈 엄밀하게 따지면 공화와 민주주의는 다르거든요. 민족자결, 공화, 민주주의가 사실 다 다른 개념인데, 당대인들에게는 그리 크게 분리되지 않았던 것 같습니다. '조선독립만세'가 가장 절실했죠. 당시 기록을 보면 '대한독립만세'보다는 '조선독립만세'를 많이 불렀던 것 같고요. 만세를 부르는 것은 하나의 수행이었으며 당대인들에게는 크게 분리되지 않은 이념적 목표이자 지향이었던 것 같습니다.

　이미 1919년 4월 23일 서울 집회에서는 '공화만세'라는 깃발을 대놓고 걸기도 하고요. 3월 5일 시위에서는 '조선독립'이라는 깃발을 내세우고, 3월 3일에 배포한 『독립신문』에는 조선의 가假정부, 즉 임시정부를 만들겠다는 이야기가 나옵니다. 그 임시정부의 구성원은 어떻게 만드느냐? 대표로 만든다. 이게 굉장히 중요한 변화라고 저는 생각합니다.

　흔히 공식적으로 서술할 때 공화정에 대한 명백한 표방은 1917년 「대동단결선언」이라고 이야기합니다. 「대동단결선언」은 안창호 선생님 유품에서 발견되었는데, 조소앙 선생 등 당시 유력한 독립운동가들이 공유한 선언문의 초안 같은 것이죠. 여기 보면 이런 방식으로 이야기하거든요. "순종이 국가를 포기한 그 순간에 삼보는", 여기서 삼보는 국가를 구성하는 세개의 구성요소들이죠. 영토, 주권, 국민을 의미하는데, 이 삼보를 "우리 동지가 상속한 것"이라고 이야기합니다. 물려받은 것이라는 말이죠.

그런데 일반적인 민주주의의 원칙은 인민이 주권을 행사하는 것이고, 그 형식은 대의정치, 즉 대표를 선출하여 정치를 맡기는 것입니다. 그런데 「대동단결선언」에서는 어떻게 대표를 구성할 것인지에 대해서는 별 관심이 없고, 독립운동에 참여한 운동가 "동지"들이 "상속"하는 것이라고 이해합니다. 독립운동가들이 모여서 임시정부를 구성할 수 있다고 생각했던 것이죠. 이 무렵까지만 하더라도 선거라는 방식으로 공화국을 구성해야 한다는 관념이 별로 없었던 거죠.

그런데 3·1운동 초창기부터 대표로 정부를 구성한다는 생각을 하기 시작하거든요. 그리고 3·1운동 과정에서 '내가 대표다'라는 발언들이 나옵니다. 그런 의미에서 33인의 민족대표를 다르게 해석해볼 필요가 있는 것 같습니다. 실제로 선거에 의해서 구성되지는 않았지만 대표성이라는 것, 공화국을 구성하는 원리를 이해하고 체득하기 시작했다는 점에서 아주 중대한 사건이라고 해석해야 할 것 같습니다.

왜 굳이 대표라고 했을까요? 오늘날처럼 구역을 획정하고 해당 구역의 대표를 선출하는 방식은 아니지만, 각계각층으로 구성되어 있는 민족을 상정하기 시작했고, 그 대표들로부터 뭔가를 해야 한다는 생각을 뚜렷이 하게 된 것이죠. 사실 33인의 대표는 선언만 했지만 그 이후에는 각 도의 대표들이 모여서 정부를 구상한다든가 가정부를 만들어야 된다든가 하는 발상이 굉장히 자연스럽게 나타납니다. 문건상의 정부지만 그뒤에 나타나는 한성정부도 13도 대표로 구성해야 한다고 이야기하고요. 결국 실패합니다만 13도 대표가 나름대로 회합을 하려고도 합니다. 임시정부는 그 반영인 것이죠.

결국 대표성은 국가의 구성원리, 공화국의 구성원리를 이해하고 받아들이기 시작했다는 뜻이고, 그 대표성이 결국 일종의 민주주의라고 이해할 수 있겠죠. 그런 의미에서 3·1운동의 의미는 굉장히 중차대한 것이고, 그 결과가 대한민국임시정부로 실체화되지 않았다고 하더라도 대표를 표방하는 이 시점의 변화, 이 의식과 관념의 변화가 굉장히 중요하다고 생각합니다. 굳이 혁명이라고 하지 않더라도 말입니다.

백영서 저는 국민대표라는 인식의 출현, 나라의 주인으로 나서며 학습해가는 과정을 혁명적 차원의 성취라고 말하는 거죠.

이기훈 네, 그렇게 볼 수도 있겠지만 그게 제도화되지는 못했습니다. 혁명이 결국은 외형이나 제도라고 한다면 저는 운동으로 표방되는 의식 속에서도 이미 그만큼의 중요한 역사적 변화가 등장했고 그걸 읽어올 필요가 있겠다고 생각하는 것이죠.

장영은 선생님 말씀은 여기서의 대표가 단순히 대표성이나 대의제, 이런 문제가 아니고 국민이 대표를 꾸린다는 것이 핵심이라는 것이죠?

이기훈 네, 그런 맥락에서 자기 스스로 대표라고 나서는 사례 중 하나가 안국동에 살던 '이창수'라는 사람인데요. 집안은 담뱃가게를 하는데 본인은 경성공업전문학교에 다니는 학생입니다. 나이 많은 학생이긴 한데

이 사람이 3월 5일에 "조선민족대표"라고 하고 자기 이름을 쓴 깃발을 집 앞에 걸어놓습니다. 스스로 대표라고 표방하는 거죠. 또 3·1운동 지역 사례 중에 영동군 학산면의 '양봉식'이라는 사람은 시위에 모인 군중에게 말합니다. '내가 국민 대표다. 내가 군민의 대표로 발언하고 있다. 지금 있는 사람들은 사진을 찍어라. 아니면 나를 꼭 기억해둬라. 내가 여러분의 대표다.' 이렇게 스스로 대표성을 표방합니다. 이건 선출한 대표보다도 훨씬 더 강력한, 어떤 면에서 보면 인민주권의 원리를 스스로 구현하는 것이죠.

저는 이 대목에서 3·1운동과 촛불혁명의 유사성이 있다고 생각합니다. 촛불시위의 '대한민국은 민주공화국이다'라는 선언과 3·1운동의 '내가 대표다'라는 선언 사이에 100년의 차이가 있지만, 3·1운동은 공화와 주체의 자각이라는 측면에서 시초이고, 촛불은 그 정치원리의 구현이자 정점이라는 점에서 일맥상통한다고 생각합니다.

오제연 그러네요. 깃발의 경우 1980년대까지만 해도 하나의 깃발 아래 단일대오로 뭉쳤다면, 촛불시위의 특징은 개인별로 혹은 소그룹별로 각자 하나씩 들고 나오는 거잖아요. 깃발 이름도 '장수풍뎅이연구회' '얼룩말연구회' 이런 식이고요. 이렇게 다양한 사람들이 각자의 고유성을 유지하면서도 함께 모여 같이 움직이는 것이 인민주권의 공화원리에 더 부합하는 것일 수도 있겠죠.

백영서 그 이야기 들으면서 두가지가 생각나서 말씀드리고 싶습니다. 중국 공부하는 사람 입장에서 말씀드리면 5·4운동도 비슷해요. 그 무렵 중국 천안문광장에서도 국민대회가 열려요. 학생, 노동자, 상인 들이 자발

촛불혁명의 수많은 깃발들

촛불혁명의 '대한민국은 민주공화국이다'라는 선언과 3·1운동의 '내가 대표다'라는 선언 사이에 100년의 차이가 있지만, 3·1운동은 공화와 주체의 자각이라는 측면에서 시초이고, 촛불은 그 정치원리의 구현이자 정점이라는 점에서 일맥상통한다. 촛불시민들은 '장수풍뎅이연구회' '얼룩말연구회' 등 각자의 취향과 정체성을 반영한 깃발 아래 개인별로 혹은 소그룹별로 참여했다. 다양한 사람들이 각자의 고유성을 유지하면서도 함께 움직이는 것은 인민주권의 공화원리에 부합한다.

적으로 모인 건데 이 사람들이 전부 대표예요. 그 회의 이름이 국민대회입니다. 정부는 따로 있는데, 선거 등을 거치지 않은 사람들이 각계 연합이라고 해서 무슨 대학 대표, 무슨 상인 대표, 무슨 공인 대표 깃발을 들고 와요. 개인이 아니라 단체의 대표입니다. 이 대표들이 모여서 국민대회를 열고, 1920년대에 가면 국민당, 공산당과 다른 포괄적인 국민회의 운동이라고 해서 국민회의를 구성해야 한다는 주장도 나오죠. 그런 점에서 저는 이걸 아시아의 독특한 민주주의의 발현 형태로 볼 수 있지 않을까 싶습니다. 독자적인 정치대표체를 꾸리려고 했던 하나의 시도로 보자는 의견입니다.

또 하나는 질문인데요. 지금 이야기 들어보면 이게 다 서구적인 개념인 것처럼 들려요. 그런데 그건 일종의 언어 표현이고 형식이라고 보면, 내용상 혹시 동학과 의병운동 이래의 맥락이 내려온 건 없을까요? 왕정 다음에 새로운 것을 원하는 것 아닙니까. 한국사를 전공한 건 아니지만 동학 때 이미 탈왕정의 분위기가 강하게 나타난 것 아닌가? 그게 좌절되면서 각자가 스스로 대표가 되고 싶은 욕망이 있었던 게 아닐까? 그래서 제가 질문하고 싶은 것은 세계사적인 흐름의 동시성과 더불어 동학이라든지 우리 고유의 역사적 맥락과 연결되는 부분은 없는가 하는 거예요. 특히 왕정에서 다음으로 넘어갈 때, 공화의 정신이 동학이라든가 당시 유행하던 많은 민족종교의 해방에 대한 열망, 유토피아 등과 어떤 관계가 있는지 궁금합니다.

이기훈 사실 공화국 의식의 성장에 관해서 제가 찾은 건, 첫번째는 대표라는 생각이고요. 두번째는 앞서 제가 축제라는 말씀을 드렸는데, 만세라는 수행입니다. 만세는 보통 축하할 때 부르지 않습니까? 그런데 1919년

3월 1일은 고종의 국장 직전이거든요. 3월 3일이 국장일입니다. 다시 생각해보면 이게 상갓집 가서 만세 부르는 겁니다. 황제의 장례식에서 만세를 부르는 거거든요. 이 자체는 굉장히 어울리지 않는, 어색한 일인데 만세 부르는 행위를 굉장히 자연스럽게 합니다. 이게 어떤 의미가 있을까?

어쩌면 날짜를 3월 1일로 잡은 것 자체가 이미 군주정으로부터 이탈했다는 증거가 아닐까. 사실 3·1운동의 지도자들은 이런 우려를 합니다. 태극기는 제국의 깃발이므로 군주정의 향수를 자극하지 않을까 하고요. 그래서 서울의 운동지도부는 태극기를 잘 안 쓰려고 합니다. 실제로 서울의 시위에서는 태극기가 안 나타납니다. 또 평양 같은 다른 지역에서는 먼저 고종의 봉도식, 즉 고종황제의 죽음에 대한 애도식을 하고 그다음에 만세를 불러버립니다. 그런데 만세를 부르는 상황 자체는 축제 분위기입니다. 축하하기 위해서 만세를 불렀다, 사료에는 이런 증언이나 진술이 굉장히 많이 나옵니다. 이미 이 시점에서 만세라는 수행은 사람들의 의식 속에서 군주정의 종식과 새로운 국가 구성원리로서의 공화주의가 싹트고 있음을 보여주는 것이 아닐까요? 완전히 소멸했다고 보기는 어렵겠지만 군주에 대한 절대적 충성의 관념 같은 것은 이미 많이 약해져 있음을 보여주는 것 아닌가 하는 거죠.

백영서 국가가 이미 없어졌기 때문에 그런 건 아닐까요? 저는 이 점도 중요하다고 봐요. 중국은 신해혁명을 통해 공화정의 형식을 확보하고 5·4운동으로 그 실질을 추구했다면, 한국은 아예 식민지화됨으로써 원하든 원치 않든 국가가 없어진 거잖아요. 공화정으로 갈 여건이 마련된 것이에요. 그런데 여기에 동학의 흐름은 관련이 없을까요? 서양 정치이념의 영향만일까요?

1919년 2월 28일 고종의 장례 연습

만세는 보통 축하할 때 부르는 말인데 고종의 국장 직전에 만세운동이 일어났다는 것은 이미 군주정으로부터 이탈했다는 것을 보여준다. 지방의 만세시위에서도 고종의 죽음에 대한 애도식을 먼저 한 뒤 그다음에 만세를 불렀는데 축제의 성격을 띠었다. 만세라는 수행은 사람들의 의식 속에서 군주정의 종식과 새로운 국가 구성원리로서의 공화주의가 싹트고 있었음을 보여준다.

이기훈 동학 이념의 진보성에 대해서는 그 해석의 여지가 다양하기 때문에 그 부분에 대해서는 정확히 알 수 없습니다. 당시의 동학사상이 전통적인 충군애국의 논리는 아니었을 가능성이 상당히 높습니다만 그렇다고 반드시 공화정을 추구한 것이냐, 탈조선왕조를 지향했을 수는 있는데 그게 공화정으로 이어진 건가 하는 문제는 더 생각해봐야 할 것 같습니다.

오제연『민중과 유토피아』(역사비평사 2009)와 같은 조경달 선생님의 연구에 따르면, 동학농민전쟁 당시 핵심 참여자들이 근왕의식도 강했고, 사의식, 즉 민주공화적인 주체라기보다 기존의 조선 지배층, 그러니까 선비로서의 정체성을 가지고 동학농민전쟁에 나섰다고 합니다. 개항 이후의 역사를 지나치게 근대주의적으로 해석하는 것에 대한 반박인 거죠. 근대 이후 민중들의 저항 속에는 여전히 전통적인 요소들이 강하게 남아 있다는 얘깁니다.

같은 맥락에서 조선시대를 연구하는 전공자들 중에는, 3·1운동에서도 조선시대의 왕조적인 맥락을 쉽게 찾아볼 수 있다고 말씀하시는 분들이 있습니다. 3·1운동 90주년 연구들 역시, 3·1운동에 참여한 사람들 가운데 일부는 공화를 지향했지만, 또 일부는 조선왕조의 부활을 생각하며 만세를 불렀다고 설명했습니다. 그 가운데 어떤 것이 정설이라고 단정하기에는 어려움이 있네요.

백영서 제가 제기한 문제는 3·1운동에 참여한 많은 주체들 가운데 여성을 비롯한 소수자 이야기까지 나왔는데, 이 자리에서 농민 이야기는 나오지 않았다는 겁니다. 5·4운동과 비교해보면 5·4운동은 도시에서만 일어나요. 왜냐하면 청년 학생들이 주축이거든요. 거기에 노동자나 상인이 들어오는데 농민은 들어오지 않습니다. 한국은 특이하게 운동이 전국적으로 퍼지고, 방방곡곡 농촌까지 가잖아요. 면 단위까지 간다는 연구도 있는데, 그 현상은 뭘까? 그때의 농민들은 어떻게 봐야 할까? 그들이 원하는 해방, 흔히 식민지 무단통치에 대한 향촌공동체의 저항으로 보는데 동학과 의병의 영향은 없었는지 등이 궁금해서 드린 질문입니다.

이기훈 농촌 지역의 3·1운동에서 전통적인 공동체가 중요한 역할을 하는 것은 맞습니다. 그런데 동학이나 의병과의 직접적인 연계는 쉽게 찾을 수 없습니다. 또 총독부 통치에 대한 불만도 강했지만, 그보다는 오히려 농촌을 포함한 전국적 차원에서 '민족'의식의 성장이라는 점에 주목해야 할 것 같습니다. 극단적으로 만세 안 부르면 사람 취급을 못 받으니까 만세를 불러야 한다는 정서도 있었습니다. 민족이라는 의식이 그만큼 보편화되었다는 뜻입니다. 만세시위 참여는 조선민족으로서 당연히 해야 할 바라는 것, 이것은 이미 민족의식이 굉장히 의미있는 정치적 기제로 작동하게 되었다는 것을 보여줍니다. 3·1운동 이후 한반도의 정치적 운동은 민족의 틀을 떠나서는 어렵다는 걸 확실히 보여주는 것이기도 하죠.

앞서 말씀드린 것처럼 '내가 대표다' 하고 나서기 시작한 것은 농민들도 마찬가지입니다. 그리고 그런 농민들이 시위를 하다가 죽으면 그 사람의 장례식에서 다시 시위가 시작되는 사례들, 장례투쟁이 나타납니다. 만장을 앞세우고, 만장이 깃발 역할을 하는 거죠. 운구 행렬이 바로 시위대로 돌변해버립니다. 공동체 내부를 향한 전통적인 불만이라든가, 생활상의 불만 요인들, 지배정책에 대한 불만 같은 게 작동하겠지만 그것으로만 환원할 수 없는 정치적 각성과 저항성이 작동했다고 봐야 하지 않을까 싶습니다.

3·1운동은 실패인가, 성공인가

장영은 제가 역사 공부하시는 선생님들께 전부터 여쭤보고 싶은 게 있었어요. 3·1운동이 벌어진 시점이 신분제 철폐된 지가 얼마 안 됐을 때잖아요. 그런 의미에서 3·1운동이 신분제 철폐 이후, 지금 말씀하신 농민처럼 비교적 낮은 신분의 사람들이 대표가 될 수 있었던 첫번째 기회라고 봐도 좋을까요?

이기훈 만민공동회 같은 경우가 있지만, 전국적인 현상으로 나타나는 것은 3·1운동이라고 봐야겠죠.

백영서 그렇게 됐던 중요한 이유나 메커니즘은 무엇인가요? 교육인가 아니면 미디어의 발달에 의한 정보의 습득인가, 소식을 빠르게 전달하는 철도의 발달 때문일까요?

이기훈 1890년대부터 1910년대 사이의 한국사회의 변화가 굉장히 급격했습니다. 우리 생각보다 훨씬 더 급격했을 수 있습니다. 그러니까 아마도 1920년 무렵의, 3·1운동 직후의 조선은 수많은 시간들이 중첩되어 있는, 시간의 속도가 굉장히 다양한 사회가 아니었을까 합니다. 일부에서는 급격한 사회주의와 여성해방론이 일어나는 반면, 일부에서는 여전히 백정을 천대하는 등 서로 다른 시간성이 중첩되어 있었죠. 한 개인에게도 다른 시간의 생각과 습관들, 전통적 신분관념과 조선이라는 근대적 민족의식과 공화제 의식이 중첩되고 누적되어 있는 상태가 아니었을까요.

그런 의미에서 앞뒤가 맞고 논리적으로 딱 떨어지는 해석에는 조금 거리를 둬야 하지 않을까요? 제가 혁명론을 저어하는 것도 혁명이라고 이름 붙이는 순간, 그 성격과 기원과 결과를 혁명이라는 이름에 맞춰서 재단하지 않을까 하는 우려가 들기 때문입니다.

백영서 선생님 말씀대로 당시 사회는, 브로델Fernand Braudel식의 용어를 빌리자면 사건과 구조가 있는 중간에 많은 모습이 응결되어 있는 국면, 불어로 꽁종끄뛰르conjoncture라고 하는 국면사를 보여준다는 인상을 받습니다.

그렇다면 이런 질문으로 생각을 다시 한번 정리해보는 게 어떨까요? 맨 처음 제기했던 혁명이냐 아니냐의 논의와도 연관될 수 있겠는데요. 오늘날 3·1운동의 의미를 다시 이야기하고 그것을 2019년의 상황과 연결시키기 위해서, '3·1운동은 실패했는가, 성공했는가?'라는 질문으로 3·1운동의 의의를 재정리해보면 어떨까요? 실패라고 본다면 어떤 기준으로 봤을 때 실패했는지 그 이유가 있겠죠. 미완의 혁명이라고 하면 지금까지도 계속되는 혁명이라고 봐야 하는가, 그건 또 무슨 의미인가?

복잡한 상황을 너무 단순하게 질문하는 게 거친 방식일 수도 있는데, 이런 질문이 오히려 선생님들의 입장을 더 풍부하게 드러낼 수도 있다는 생각에서 묻는 것입니다. 이런 각도에서 3·1운동에 대한 생각을 정리해보시면 어떨까 합니다. 종합적으로 이야기할 수도 있고, 특정 각도에서, 예를 들어 여성의 시각으로만 이야기할 수도 있겠죠.

장영은 그렇게 큰 질문을 주시니 문득 창비에서 저한테 처음 연락을 주셨을 때 요청하셨던 과제가 생각나네요. 제가 올해 초에 나혜석에 관한 책을 냈는데, 사실 나혜석이 3·1운동에 참여해서 5개월간 수감생활을 하거든요. 그래서인지 처음 제게 요청하신 주제는 나혜석을 비롯한, 이른바 신여성이라고 불리는 교육받은 여성들과 3·1운동을 연관시켜서 3·1운동의 주체를 복원하는 것이었습니다.

하지만 당대 여성들의 스펙트럼이 너무 다양했습니다. 계층, 계급, 정치적 이념, 개인의 성향, 이런 게 다 달라요. 다만 공통점이라면 여성들이 3·1운동 때 처음으로 직접 나서서 발언하고, 참여하고, 무언가를 규합하고, 하고 싶은 말을 해보는 체험을 했던 것 같아요. 여성이 학교에 간 것도 큰 사건이었지만, 사실 학교에서는 존재를 뒤흔들 만한 경험이랄 게 거의 없거든요. 물론 이외에도 글을 쓴다거나 종교적 체험을 한다든가 하는 경험은 있습니다. 특히 기독교 쪽에서는 말입니다. 천도교도 마찬가지고요. 정치주체가 된다거나 역사에서 제 몫을 찾을 가능성을 처음 경험했다는 점에서 3·1운동이 혁명적 체험 혹은 혁명적 사건이었던 것은 분명한 것 같아요. 물론 저는 여전히 3·1운동이라고 명명하는 게 맞다고 생각하지만 말입니다.

저는 촛불에 대해서도 그렇게 생각하는데요. 이때도 전국 각지에서 온 여중·여고생들이 마이크를 잡고 자기 생각을 가감 없이 이야기하는 체험을 하죠. 저는 그게 굉장히 중요하다고 보거든요. 제가 아까 촛불운동이 참을 수 없는 사회적 모순에 저항한 것일 뿐 질서를 잘 지킨 운동이었다고 이야기한 것과 별개로 우리가 모르는, 이름 없는, 중요하지 않다고 생각했던 사람들이 연단에 올라가 국민을 대표해서 '내가 국가다'라고 이야기했던 경험이 우리 역사에 몇이나 있을까? 특히 여성에게. 그렇게 보면 3·1운동은 여성들에게 굉장히 큰 시원으로서의 사건임은 분명했던 것 같습니다.

그때 적지 않은 여성들이 세상에 나가 무엇인가를 해야겠다는 강렬한 열망을 가지게 돼요. 김마리아 같은 경우도 감옥에 있으면서 면회 온 지인들에게 '나 어떻게든 나가게 해달라. 내가 감옥에 있으면 죽는다.' 이렇게 말했다고 하는데, 거기에는 두가지 의미가 있습니다. 실제로 고문받아서 죽을 수도 있었고, 여러가지 건강상의 문제를 넘어서 이대로는 못살겠다 하는 말이기도 하지만, 한편으로 나는 뭐라도 하고 살아야겠다는 것이거든요. 3·1운동에 참여한 여성들이 한결같이 지향했던 것은 공적인 영역에서 활동하며 살아야겠다는 마음이었던 것 같아요. 삶의 의미에서 지위, 계급, 계층에서의 변화 못지않게 중요한 것이 사회에서 중요한 발언을 하고 영향력을 줄 수 있는 사람으로 사는 것이잖아요. 그런 면에서 3·1운동은 여성 지식인들에게, 아니 여성에게 매우 많은 용기와 동기를 부여한, 근대의 원점이 아닌가 생각합니다.

백영서 성공, 실패는 슬쩍 피하면서 의미를 다시 짚어주셨네요. 그런데 주로 지식인 여성들만 언급하셨는데, 기생의 역할에 대해 혹시 더 말씀하실 생각은 없나요?

장영은 기생, 간호사, 주부 등 많은 여성들이 3·1운동에 참여했습니다. 특히 '사상기생'이라는 표현이 있을 정도로 당시 기생들의 지적수준과 사회참여도는 매우 높았습니다. 수원 기생조합을 이끌었던 김향화, 진주 기생들의 시위를 주도한 박금향 등의 활동이 당시에도 큰 주목을 받았습니다. 개인적으로는 해주의 김월희, 문월선, 김용성, 문재민, 옥운경 이 다섯 사람의 기생결사대를 높이 평가하고 싶습니다. 이들은 "남자의 힘을 빌지 않고 서로 합심동체가 되어 독립운동의 투사가 되자"는 다짐으로 기생결사대를 조직했고, 직접 선언문을 쓰고 배포하며 해주, 평양 일대의 독립운동을 확산시키는 데 큰 역할을 했습니다. "남자의 힘을 빌지 않고"라는 부분이 기생들의 문제의식을 잘 나타내고 있다고 생각합니다. 1919년 9월에 경성 치안책임자로 부임한 치바 료오千葉了는 "경성의 8백명 기생들이 모두 독립투사와도 같다"라는 기록을 남기기도 했습니다. 최은희 또한 자신의 저서인 『한국근대여성사』에서 기생들의 3·1운동 참여를 높이 평가했습니다. 앞으로 기회가 되면 기생을 비롯한 다양한 직업군의 여성운동가들을 연구해보고 싶습니다.

오제연 3·1운동이 실패인가 성공인가는, 어려운 질문이라 명확하게 말씀 드리기가 어렵습니다. 뉘앙스에 따라 의미가 다르게 전달될 수도 있을 것 같고요. 혁명이냐 운동이냐 하는 용어 문제와 결부시켜서 이야기한다면, 저는 여전히 운동 쪽입니다. 혁명론이 갖고 있는 여러가지 문제에 대해서는 이미 말씀드렸죠. 제가 생각하는 혁명의 정의는 이기훈 선생님이 말씀 하신 것과 비슷한데요, 변혁적인 지향과 그 지향이 실제로 성취된 결과를 중시해야 한다는 겁니다.

그런 입장에서 저는, 3·1운동을 혁명이라고 한다면 실패했다고 평가할 수밖에 없을 것 같습니다. 반면 3·1운동이 지닌 여러가지 가능성과 이후 전개되는 새로운 국면들을 보면, 3·1운동은 운동이라는 측면에서는 성공한 것이 아닌가 싶습니다. 그렇다면 운동이라는 측면에서 왜 성공했다고 보는가? 3·1운동은 한국 근대민족의 형성에 있어서 결정적인 사건이고, 우리에게 민주공화라는 새로운 정체와 정치원리를 제시했습니다. 하지만 이보다 더 중요한 점은 3·1운동이 하나의 사건으로 완결되지 않고 역사 속에서 계속 살아 움직였다는 사실입니다. 3·1운동은 그 변혁적 지향의 실현 여부와 상관없이 그 직후인 1920년대는 물론 지금까지 100년 동안 끊임없이 소환되고 기억되었습니다. 이렇듯 한국인들이 개별주체이자 공동체의 일원으로서 더 나은 세상을 만들 수 있는 기회와 가능성, 방향과 지향을 제시하고 이를 위해 분투할 수 있는 근거를 마련해줬다는 측면에서, 저는 혁명으로 부르는 것보다 장기지속적인 운동이라고 부르는 것이 3·1운동의 가치를 더 높여주고 더 정확하게 드러내는 것이 아닌가 생각합니다.

저는 촛불에 대해서도 똑같이 생각합니다. 촛불은 어쨌든 정권을 바꿨기 때문에 3·1운동보다 혁명의 성격이 더 강하다고 볼 수 있습니다. 하지만 촛불이 우리 역사에서 더 유의미해지기 위해서는 촛불이 지금 이 시점에서 혁명인가 아닌가를 따지기보다, 앞으로 한국사회를 더 나은 세상으로 만들기 위해 성찰하고 재구성해야 할 촛불의 정신이 무엇인지를 더 치열하게 고민할 필요가 있습니다.

저는 이 책에 실린 제 글의 결론에서 다음과 같은 질문을 던졌습니다. 촛불 때 3·1운동을 생각하면서 광장에 나선 사람이 몇명이나 되겠느냐? 명시적으로 3·1운동을 떠올렸느냐 아니냐가 중요한 것이 아닙니다. 사람들이 3·1운동을 직접 생각하지는 않았더라도, 더 나은 세상을 만들기 위해 3·1운동 당시 민중들이 제기한 문제들이 100년 후 촛불을 든 시민들의 고민과 통하는 지점이 있다면, 그건 3·1운동이 촛불에 준 영향이자 자산일 수 있다고 생각합니다. 그러나 그 연결지점이 촛불 때 제대로 드러나지 않았기 때문에 이같은 질문을 던진 것입니다.

이는 '세대' 문제와도 관련이 있습니다. 3·1운동을 직접 경험한 세대는 당연히 3·1운동을 제일 중요하게 여기겠지만, 그뒤에 4·19, 5·18, 6월 항쟁을 직접 경험한 반면 3·1운동은 배워서 아는 세대에게는 3·1운동의 의미가 그들이 직접 경험한 사건들만큼 클 수가 없겠죠. 촛불도 마찬가지입니다. 지금 촛불세대에게 3·1운동에 대해 '진짜 중요하고 혁명적인 사건이니까 너희들이 이걸 꼭 가슴 깊이 새겨야 해'라고 이야기하는 것이 얼마나 설득력을 가질 수 있을까요? 촛불세대에게 3·1운동이 의미가 있으려면, 3·1운동을 성찰하고 촛불의 정신과 연결될 수 있는 지점들을 중심으로 그 기억을 재구성해야 합니다. 촛불 때 제대로 드러나지 않았던 3·1운동과의 연결지점을 이렇게 다시 확인할 필요가 있습니다. 저는 촛불과 연결된 3·1운동 기억의 재구성이 가능하다고 생각하며, 최근에는 이와 관련하여 '공화'에 주목하고 있습니다.

김학재 제 생각을 조금만 보태면요. 아까 말씀드린 것처럼 프랑스혁명이나 러시아혁명과 비교하면 3·1운동은 명백한 실패죠. 비교의 수준을 거기로 잡으면 3·1운동이 너무 초라해지는 거죠. 그리고 이런 식의 역사 서술은 프랑스혁명과 러시아혁명의 역사만을 특권화하는 측면이 있습니다. 세계역사에 수많은 학살이 있고 제노사이드가 있는데, 유대인의 홀로코스트만 비교가 금기시되는 유일무이한 학살이 되는 역사 서술처럼, 프랑스와 러시아의 역사만 특권화될 수 있습니다. 비록 그것이 학문적으로는 명확하게 차이가 나는 역사적 사건이라 하더라도 우리 안에서 역사에 대한 서술을 만들어낼 때 그 기준을 계속 적용하는 것이 현명한 방식일까? 이게 계속 고민되더라고요. 저는 엄밀하게 판단하자는 주의였는데, 최근에는 우리 안에 있는 다양한 상처들을 보듬지 않고서는 다음으로 나아가지 못한다는 측면에서, 또 사회가 건강하면 아무리 엄밀하게 판단하더라도 문제가 없는데 최근의 정세가 그렇지 못하다는 판단에서, 이런 비교의 상대성 문제가 항상 고민이 됩니다.

그런 측면에서 저는 미완의 혁명이라는 입장을 지지하는데요. 민주화와 관련된 혁명은 굉장히 뚜렷하게 혁명이라고 이야기할 수 있는 성과가 있지만 동학을 포함한 실패한 시도들 역시 긍정할 수 있을 때 우리가 정말 좋은 사회가 됐다고 이야기할 수 있을 것 같습니다. 그런 걸 좋은 역사적 자산으로 삼자면 3·1에서 이야기했던 공화주의, 평화주의, 균등주의가 한반도 차원에서 구현되었을 때 비로소 완성되는 것 아닐까요? 다소 순진한 이야기일지 모르겠지만 그게 구현되지 않았으니까 아직 이뤄지지 않은 것, 미완이라고 봅니다. 공화주의, 평화주의, 균등주의가 남한에서도 안 이뤄졌고 북에서도 어렵고 한반도 차원은 더 어려운 상황이기 때문에 미완의 혁명이라고 말할 수 있다고 생각합니다.

백영서 어느덧 마무리할 시간이 되었습니다. 끝으로 좌담을 진행하면서 갖게 된 저의 생각을 말씀드리며 논의를 매듭짓고자 합니다. 우선 저는 중국사 전공자로서 3·1운동을 공부하면서 아주 재미있었어요. 단순히 지식에 대한 충족에서 오는 기쁨이 아니라 어떤 것에 대한 제 나름대로의 답을 찾은 것 같아서 좋았어요. 이 말이 어떻게 들릴지 모르겠는데, 사실 제가 작년 여름에 외국에 가 있어서 「미스터 션샤인」이라는 드라마를 못 봤어요. 그러다가 10월 한국에 돌아와서 몰아 봤는데 막판에 못 보겠더라고요. 결과를 뻔히 알겠어요. 국내 의병운동은 1907년 즈음 처참하게 깨지잖아요. 만주 가서도 얼마나 힘들겠어요. 그걸 아는 입장에서 처참할 게 뻔한 결말은 도저히 못 보겠더라고요. 그런데 주변에서 그렇게 처참하지 않게, 아름답게 끝을 맺었다고 해서 봤어요. 그래서 위안은 좀 됐죠. 그래도 매일매일 깨지는 싸움에서, 그것도 강제병합되고 마는 싸움에서 당시 사람들이 얼마나 힘들었을까 하는 생각은 지울 수 없었습니다.

그런데 그후에 3·1운동 관련 글들을 읽고 공부하면서 '그래, 3·1운동이 있지 않았는가!' 하고 생각하게 됐습니다. 아까 제가 '하늘을 본 사람들'이라는 표현을 썼는데 신동엽의 시 「누가 하늘을 보았다 하는가」에 나온 표현이죠. 식민지 된 지 9년 만에 3·1운동이 났고, 이때 많은 사람들이 하늘을 보면서 강력한 깨달음, 솟구치는 희망, 벅찬 자신감 같은 걸 느꼈을 거예요. 물론 1923년에 들어가면 달라지지만 1919~21년에 쓰인 글들을 보면 그런 이야기가 나오더라고요. 사람들에게 엄청난 자부심, 자신감, 자존감을 키워준 3·1운동은 주체 형성이라는 점에서 계속 주목해야 한다고 봅니다.

그건 물론 3·1운동 후의 세대론으로 이어질 수도 있죠. 그 점은 동아시아와 비교해보면 더 드러나는데, 일본은 메이지유신 이래로 역사의 변혁에 성공한 적이 없어요. 그 사람들은 러일전쟁이나 메이지유신까지 올라가야만 자신감이 생겨요. 그런데 우리에게는 최근의 촛불혁명까지 그런 경험들이 몇번 있어요. 주체 형성과 관련해서 역사적 성취의 누적에 대한 자신감을 일시적이나마 갖는다는 것은 곧이어 좌절되더라도 오랫동안 집단기억으로 남고 또다시 역사를 바꾸는 동력으로 작동합니다. 그런 점을 강조하고 싶은 게 첫째고요.

두번째는, 이 자리에서는 전혀 이야기하지 못했는데, 당시는 문명론적인 전환의 시기였다고 봅니다. 1차대전의 영향 속에 진화론이 개조론으로 바뀌고 서양문명에 대한 회의가 풍미하며 아나키즘과 사회주의가 도입되는 등 크게 변하잖아요. 문명론적 혹은 문명사적인 전환의 시기였는데 지금도 그런 면이 있지 않을까요? 지금도 자본주의 이후를 생각하는, 큰 전환의 시기가 아닐까요? 그런 문명론적인 전환의 징후들을 좀더 이야기해볼 필요가 있습니다. 좁은 시야에서 제도적으로 공화정이 됐냐, 독립이 됐냐 안 됐냐 등만 따질 게 아니고, 주체의 자각과 경험이 중요하다는 것, 문명론적인 전환에 대한 의미 부여 같은 것에 대해서도 이야기할 필요가 있는데 제대로 진행하지 못했습니다.

　마지막으로 이야기하고 싶은 것은 김학재 선생님은 미완의 혁명이라고 이야기했는데, 제 경우에는 혁명이라는 용어를 붙인다면, '계속 학습되는 혁명'이나 '현재진행 중인 혁명'이라고 말하고 싶습니다. 미완이라고 하면 아직 안 됐다는 것만 강조하는데, 당시의 과제들 중에 특히 식민이나 냉전과 중첩되어 있는 과제들은 지금도 이어지고 있지만, 분단된 상황에서도 그걸 극복하려는 노력 또한 계속되어왔습니다. 이런 면에서 보면 우리 민족사의 자신감을 갖게 한 역사적 성취는 점진적으로 누적되고 있고, 3·1운동이 조금씩 쌓여서 눈덩이처럼 커져가는 누적적 성취의 중요한 단계인 것은 분명하지 않을까요? 그리고 이후에도 계속 연결되고 있다는 점에서 의의를 인정할 수 있다는 점은 확인한 것이 아닐까요? 오랜 시간 열띤 토론에 감사드립니다.

3·1운동과 깃발

만세시위의 미디어

이기훈

1

3·1운동 풍경의 역사적 의미

청년들이 거리를 가득 메운 군중들 앞에서 선언서를 낭독하고 전단을 마구 뿌린다. 모여든 사람들이 저마다 손에 태극기를 들고 있으니, 만세를 부를 때 태극기가 물결을 이루어 시내를 뒤덮는다. 요즘 3·1운동 재현 행사에서 흔히 볼 수 있는 풍경이다. 그런데 1919년 3월 초 서울의 시위 현장에서는 그런 모습을 찾아보기 어렵다. 80면의 사진은 3월 1일 현장을 포착한 몇 안 되는 사진들 중 하나인데, 만세를 부르는 군중만 등장하고 태극기나 깃발을 손에 든 모습은 보이지 않는다.[1] 태극기는 왜 등장하지 않는 것일까? 그런데 같은 시점에 다른 지방에서는 태극기가 대규모로 등장하는 시위가 벌어진다. 3월 1일 평양·선천·신창·진남포 등 평안도 지역의 시위, 대구 시위, 3월 10일 광주 시위 등 큰 도읍의 시위에서는 태극기 수백개를 준비해 물결을 이루기도 했다.

3·1운동 당시 만세를 부르며 행진하는 여성들

1919년 3월 1일의 시위 사진은 서울에 특파원을 파견했던 『오오사까아사히신문(大阪朝日新聞)』 3월 5일 (석간 2면)과 3월 6일(석간 1면)에 게재된 세장의 사진이 대표적이다. 이 사진들에서 만세를 부르는 군중들은 어떤 깃발도 들고 있지 않다.

일반적으로 3·1운동의 전개 과정에서 '태극기의 물결'은 자주 등장하지 못했다. 태극기를 만들고 배포하는 일이 결코 쉽지 않았기 때문이다. 제법 조직적으로 시위를 준비한 경우에도, 주동자들이 밤새워 만든 깃발이 100여개가 고작이었다.[2] 따라서 많은 시위에서 우리가 생각한 것보다 훨씬 적은 깃발들이 사용되었다. 깃발만이 아니라 선언서, 격문도 공중에 마구 뿌려질 정도로 많이 배포할 수 없었다. 서울에서 내려온 「독립선언서」는 귀한 것이었고, 격문 수백장을 만들기 위해 주동자들은 감시를 피해 밤을 새워 등사기를 밀어야 했다. 힘들게 만들어진 깃발들은 시위의 현장에서 더욱 중요한 미디어이며 상징으로 작용했다. 다양한 인쇄물과 전단이 난무하는 오늘날의 시위현장과 달리, 3·1운동의 현장에서 태극기를 비롯한 깃발들은 '만세'의 현장을 준비하고 구성하는 미디어로서, 운동의 역사적 현실을 반영하고 있었다.

이 글은 3·1운동에서 등장한 '깃발'들을 탐구해보고자 한다. 태극기를 비롯한 다양한 깃발들이 운동의 전개 과정에서 어떻게 만들어지고 사용되었으며, 어떤 사회·문화적 의미를 지니고 있었는지 살펴볼 것이다. 특히 미디어로서의 깃발들이 다른 여러 종류의 미디어들과 맺는 관계 속에서 이를 파악해볼 것이다.

3·1운동의 미디어에 대한 연구는 어느정도 축적되어 있다. 이 시기 선언문, 지하신문, 격문 등 자료들이 수집·정리되어 있으며, 미디어에 대한 분석도 어느정도 축적되었다.[3] 그러나 3·1운동 시기의 태극기를 비롯한 깃발에 대한 연구는 거의 없다.

개항기, 일제하의 태극기에 대한 연구도 적지 않다. 특히 목수현, 윤선자, 전우용 등은 국기의 제도사라는 차원을 넘어, 한국인들 사이에서 태극기의 의미와 역할의 변화를 다각적으로 구명했다.[4] 하지만 운동의 미

디어로서 태극기와 깃발이 실제 어떻게 작동하는지에 대해서는 본격적인 연구가 없었다.[5]

이 글에서는 태극기를 포함한 깃발이 상징체계의 한 부분일 뿐만 아니라 미디어라는 점에 주목하고자 한다. 이 점에서 천정환과 권보드래의 연구는 많은 시사점을 준다. 천정환은 본격적으로 문자 및 비문자 미디어들이 3·1운동 과정에서 어떤 역할을 했으며, 참여자들이 이 미디어들을 통해 어떤 정보들을 어떻게 수용했는지에 대한 구체적인 연구를 수행했다. 권보드래는 3·1운동에 대한 다각적인 연구를 진행하면서, 3·1운동 초기 서울에서 태극기의 부재에 주목했다. 1919년 3월 1일에서 5일 사이에 적어도 서울에서는 '태극기'가 거의 출현하지 않았으며, 운동이 전국화되는 과정에서 대세가 되었고, 이후 독립만세 등의 구호가 포함된 깃발들이 태극기를 수정·보충하려 했다는 것이다. 또 3·1운동에서 수많은 신문·격문·경고문 등 '선언'의 문자 텍스트가 확산되는 것을, 언어를 통해 근대적 (민족) 주체가 수행자들의 내면 속에서 확립되는 과정으로 보았다.[6]

이 연구들은 3·1운동 과정에서 민족과 독립이라는 '사상'의 확산을 설명하는 데 중요한 단서가 될 수 있다. 그런데 3·1운동의 과정에서 급속도로 깃발들이 확산되는 현상과, 이 깃발들이 수행한 중대한 역할에 대해서는 충분히 설명하지 못하고 있다. 3·1운동은 상징과 미디어의 역사에서도 중대한 의미를 지닌다. 역으로 당시 미디어와 상징체계의 성격을 밝히는 것은, 3·1운동을 더 깊이 이해하기 위해 꼭 필요한 일이다.[7]

이 글에서는 태극기가 언제, 어떤 방식으로 시위에 등장하고 사용되었으며, 다른 매체들과 어떤 관계를 맺었는지 살펴볼 것이다. 태극기는 선언문이나 격문 등 다른 미디어와 어떤 관계를 맺고 있는가? 태극기가 아닌 다른 깃발들은 또 어떤 의미를 지니고 있는가? 그리고 이런 특징들은 당대 사회와 운동의 어떤 특성들을 반영하는 것인가? 구체적인 사례 속에서 살펴보고자 한다.

선언서 네트워크와 깃발/격문 네트워크[8]

3·1운동의 전개 과정에서 미디어의 제작과 유통이 실제 운동의 조직화와 확산에 매우 밀접하게 관련되어 있다는 점은 이미 많이 알려져 있다. 그런데 운동의 확산 과정을 세심하게 따져보면, 「독립선언서」의 제작·배포를 담당한 사람들과, 태극기를 비롯한 깃발이나 격문을 제작·배포한 사람들의 네트워크가 상당히 겹치면서도 다른 반경을 가지며 작동한다.

황해도 곡산의 사례를 보자. 천도교도들이 주도한 곡산 시위에서 가장 유력한 인물은 이경섭李景燮이었다. 이경섭은 천도교 전체의 3·1운동 준비에 참여하여, 황해도 지역의 「독립선언서」 배포를 책임지고 있었다. 그는 2월 26일 서울의 천도교중앙총부에서 선언서 제작과 배포를 책임진 이종일李鍾一로부터 1천장의 「독립선언서」를 받았다. 황해도로 떠난 이경섭은 2월 27일 서흥군의 천도교도들에게 750장을 맡겨 인근 지역에 배포하도록 하고, 3월 1일에는 수안읍 천도교도들에게 120장을 배포했으며, 나머지 100여장은 수안의 천도교도인 홍석정洪錫貞에게 맡겨 곡산으로 보냈다.[9] 서울의 만세운동 지도부의 시각에서 보자면 여기까지가 천도교·기독교 또는 학생 세력들이 자신들의 조직을 통해 운동을 전국화하는 과정이고, 여기에서 핵심적인 매개역할을 한 것은 「독립선언서」였다. 대량 인쇄된 선언서가 근대적 교통망을 통해 퍼지는 전국적 네트워크가 운동의 확산을 촉발한 것이다. 이경섭은 이렇게 황해도 지역의 선언서 배포를 마무리하고 3월 4일 곡산에 가서 만세시위에 참여한다. 그러나 곡산의 시위 준비에는 직접 관여하지 않는다.

곡산 지역에서 시위를 직접 준비한 천도교도들은 운동의 준비 과정을 좀 다르게 기억한다. 곡산의 천도교도 김희룡의 입장에서 보자. 53세의 천도교도 김희룡은 3월 2일 밤 천도교 전교실에 모이라는 연락을 받고 나갔다. 수안에서 온 홍석정이 가져온 「독립선언서」를 전달하면서 만세를 부르면 조선이 독립할 것이라고 설명하고 돌아갔다.[10] 이 자리에서 김희룡, 이재경, 이문종 등 곡산의 천도교도 10여명은 3월 4일 시위를 하기로 하고 준비를 시작했다. 이들은 우선 「독립선언서」를 읍내 요소에 붙여 사람들이 보도록 해야 한다는 데 의견을 모았다. 더 중요한 것은 현지에서 만세시위를 어떻게 이끌 것인가 하는 문제였다. 이들은 대열을 이끌 깃발을 만들어야 한다고 생각했다. 김희룡이 명주천을 내고 김두삼이 실제 깃발 제작을 담당하여 "조선독립"이라고 크게 쓴 깃발을 만들었다. 다음 날 전교실에 곡산의 천도교도들이 모여 행진을 시작했다.[11] 이 대열에는 수안에서 온 스물네살의 청년 한병익도 있었다. 3월 3일 수안에서 만세시위에 참여했던 한병익은 시위 중에 총격으로 자신의 아버지를 비롯한 많은 사람들이 죽고 다치자 곧 시위가 벌어질 곡산에 와서 그 소식을 전했다.[12]

1919년 3월 4일 황해도 곡산읍에서 "조선독립"이라고 크게 쓴 깃발을 앞세운 군중들이 만세를 부르며 시내를 행진하는 시위를 벌였다고 정리하면 간단한 일이다. 그러나 이 시위는, 「독립선언서」를 전달하며 서울과 지방의 시위를 연결하는 네트워크, 지역단위에서 깃발을 제작하고 선언서를 게시하는 네트워크, 그리고 자신의 경험을 직접 전달하고자 했던 개인의 활동이 결합하며 이루어진 것이었다. 이 각각의 준비 과정과 여기에서 작동하는 사회적 네트워크는 밀접히 관련되어 있지만, 다른 연결망이다.

평안북도 의주의 3월 1일 시위도 두가지 네트워크가 연계되지만 독자적으로 작동할 수 있음을 보여준다. 의주의 시위는 민족대표 33인 중 한 사람인 유여대劉如大가 주도했다.[13] 유여대는 1919년 2월 10일 평안북도 선천에서 열린 평북노회의 마지막 날, 양전백梁甸伯의 집에서 양전백, 이승훈李昇薰, 이명룡李明龍 등 서북 지역 기독교 지도자들과 만나 독립선언에 민족대표로 참가하기로 했다. 유여대는 이 자리에서 독립선언과 시위운동은 서울과 전국에서 조직적으로 진행하기로 되어 있다는 사실을 알게 되었고, 양전백이 서울에서 활동하고 자신은 의주에 남아 지역의 운동을 전담하기로 역할을 분담했다.

유여대에게 운동의 방침은 교회 인사들을 통해 전달되었고, 그 핵심은 「독립선언서」였다. 유여대는 곧 선천교회 지도자 도형균都衡均을 통해 서울에서 「독립선언서」를 보낼 테니, 3월 1일 전국적으로 동일하게 이를 낭독하고 배포하며 만세시위를 벌이라는 지침을 전달받았다.

학생과 신도들을 조직적으로 동원하고 태극기를 만드는 일까지 착착 진행했으나 2월 28일까지 정작 선언서가 도착하지 않았다. 2월 28일 의주 양실학교에 20여명의 주동자들이 모여 다음 날 시위의 준비상황을 점검하던 중, 선언서 문제가 제기되자 누군가가 "동경東京이었는지 어디인지 다른 곳에서 발표된 선언서가 있다"라고 하면서 선언서를 하나 내놓았다. 「2·8독립선언서」였는데, 이날 회의에서는 만약 끝까지 서울에서 문건이 도착하지 않으면 이 선언서를 배포하기로 하고 미리 등사해놓았다. 오후까지 선언서가 도착하지 않자 주동자들은 「2·8독립선언서」 등사본을 배포했으나, 이후 200장의 선언서가 도착하자 그것을 나눠 주고 낭독한 후 만세시위에 돌입했다.[14] 인쇄한 「독립선언서」가 배포되는 네트워크가 운동의 전국적 조직이며, 지역의 미디어 연결망은 따로 작동하고 있었던 것이다.

「독립선언서」 배포의 네트워크는 기독교, 천도교 혹은 학생들의 연계처럼 근대적인 정치이념과 주체의식, 균일하고 조직적인 구성을 특징으로 한다. 이들 사이에서 유포되는 매체들도 「독립선언서」나 『독립신문』처럼 동질적이고 근대화된 인쇄 출판물들이다.[15] 일제의 허가를 받지 않은 "지하신문"이기는 하지만, 『조선독립신문』의 경우 발행자와 인쇄소까지 밝히고 있다.[16] 이들이 담고 있는 언설들도 정의·인도의 세계정세 변화에 대한 인식과 공화주의 등을 전제로 한다. 서울의 경우처럼 「독립선언서」 네트워크가 실제 운동의 현장과 직접 겹쳐 있는 지역에서는 깃발의 네트워크와 큰 차이를 발견할 수 없다.

그러나 대부분의 지역에서 실제 시위운동을 준비하기 위해서는 새로운 네트워크가 작동해야 했다. 깃발과 격문은 이 과정에서 핵심적으로 등장하는 매체들이다. 이 과정에서 깃발들은 지역의 구체적인 상황과 민중의 현실을 반영하며 차이를 드러낸다. 특히 선언서 네트워크에서 시공간적으로 주변부에 있는 현장일수록 더 다양한 변이가 등장할 가능성이 높다. 선언서 네트워크에서 「독립선언서」를 배포하는 사람은 단순한 전달자가 아니다. 「독립선언서」의 이념을 전달하는 역할도 같이 수행한다. 곡산에 선언서를 전달한 홍석정이 "「독립선언서」를 일동에게 보여주고 조선독립만세를 부르면 독립이 되니 그렇게 하라"고 했다는 식의 서술은, 다른 지역에서도 빈번하게 나타난다.[17]

그런데 조선은 독립해야 하며 만세를 부르면 조선이 독립될 것이라거나, 조선이 독립되었으므로 만세를 불러야 한다는 인식이 확산되면서, 깃발과 격문의 네트워크 수준에서 「독립선언서」의 중요성은 점점 감소한다. '독립'의 이념은 선언서의 언설을 다 이해하는 것이 아니다. '태극기'가 대표적이지만, '독립'이라는 문자가 포함된 깃발들은 민중의 차원에서 선언서가 표방하는 이념들을 압축적으로 환기하고 제시하는 미디어의 역할을 수행한다. 따라서 만세가 지역으로 확산될수록 선언서에서 깃발과 격문으로 중심이 이동하게 된다. 깃발의 네트워크는 지역적 차원에서 다양한 '독립' 이념의 수용 양상과 현실적 차이를 반영하며 드러내는 것이다. 실제 시위의 양상과 선언문/깃발의 결합유형을 살펴보자.

만세시위의 양상과 미디어의 유형

문자매체 주도의 시위 1: 초기의 '독립선언식' 형식

서두에서도 잠깐 살펴보았지만, 서울 지역의 조직적 시위에서는 태극기가 그렇게 많이 사용되지 않는다. 3월 1일의 시위에는 깃발을 목격했다는 기록이 거의 없고, 3월 5일의 남대문역 앞 시위, 3월 22일의 노동자대회나 4월의 국민대회에서도 태극기보다는 "조선독립"이나 "공화만세" 등의 구호가 적힌 깃발이 더 중요한 시위의 수단이 된다. 그런데 같은 3월 1일의 시위라도 평양이나 선천, 신창, 진남포, 대구에서는 태극기를 사전에 다수 제작하여 사용한다.

서울에서 「독립선언서」를 대량으로 인쇄하고 전국에 배포하는 것만으로도 힘들었기 때문일 수도 있겠지만, 공화주의를 표방한 운동지도부의 입장에서는 제국의 깃발인 '태극기'의 상징성을 민중이 운동 과정에서 어떻게 수용할지 예측하기 어려웠던 점도 영향을 미쳤을 것이다. 1914년 간도의 광성중학교에서 발간한 『최신창가집 부악곡 最新唱歌集 附樂曲』에는

"우리 임금 폐하 하나님 도우소서" 하는 가사의 노래 '국민'이 실려 있었다. 이 창가집의 두번째 수록곡이 '국기가'였는데, 군주를 직접적으로 언급하지는 않지만 "충효절의"와 "보국안민"을 내세우는 대한제국기의 전형적인 가사로 이루어져 있었다.[18]

실제로 지역의 만세시위 중에 독립을 제국의 부활로, 그리고 태극기를 그 상징으로 이해하는 사례들이 나타난다. 1919년 4월 1일 경남 통영군 이운면二運面의 윤택근, 이주근, 이인수 등은 서당에 모여서 "대한제국 독립만세"라고 쓴 10장의 격문을 만들었다. 이날 밤 이들은 격문을 주변 집 대문에 붙이거나 큰길가에 뿌렸고, 4월 3일 장날에 "대한국 독립만세"라고 쓴 깃발을 휘두르며 만세시위를 벌였다.[19]

따라서 서울의 운동지도부는 제국의 기억을 직접적으로 불러일으키는 태극기를 조직적으로 동원하지 않았던 듯하다. 독립의 주체로서 민족의 호칭도 '대한'이나 '한국'보다는 '조선'을 선호했다. 「2·8독립선언서」와 「3·1독립선언서」 모두 '우리'를 "조선"으로 지칭하고 있다. 33인 중 한 사람인 이종일을 주간으로 하고 천도교월보사 편집원인 이종린이 제작을 주도했던 지하신문의 제호도 '조선독립신문'이었다.[20]

그러나 서울을 제외한 다른 도시에서는 태극기가 적극적으로 사용되었다. 다른 지역에서 대한제국이나 고종에 대한 정치적 향수가 작용했다기보다는, 1900년대 이래 널리 퍼졌던 국가적 의례의 기억을 독립선언에도 그대로 적용하려고 했기 때문이었다. 많은 지역에서 3월 1일 전후의 시위는 '독립선언식'의 형태로 전개되었다. 평양 숭덕학교나 선천의 신성학교는 모두 고종의 봉도식 이후 독립선언식을 거행했다. 공식적인 봉도식이 끝나자 바로 주동자들이 등단해 연설을 하고, 대형 태극기를 앞세우고 작은 태극기를 나눠 줬다. 참여한 군중들에게 「독립선언서」를 배포하고 낭독했으며, '독립가'·찬송가 등의 창가 가사도 사전에 배포하고 제창했다. 끝으로 "조선독립만세"를 부르고 시가로 진출하여 만세행진을 시작했다.[21] 진남포의 3월 1일 시위도 비슷한 양상으로 전개되었다.[22] 많은 도시에서는 관공리의 퇴직과 상인들에 대해 철시를 요구하는 경고문, 협박문 등이 살포되기도 했다.[23]

이런 독립선언식 형태를 띤 만세시위의 경우 다양한 형태의 문자매체들이 주도했다. 「독립선언서」가 중심이었지만, 참여를 촉구하는 「경고아 이천만동포」 등의 경고문과 함께 '독립가' '애국가' 등 창가 가사도 함께 배포되었다. 시위 준비 과정에서 「2·8독립선언서」 및 「3·1독립선언서」 등의 등사나 배포가 핵심적인 과정이었다. 시위 과정에서도 문자매체의 낭독 및 연설이 핵심이었다. 문자매체의 내용을 언어를 통해 전달하고 확산하면, 군중들은 그 이념을 만세로 수행하는 과정이었던 것이다.

선언식 형태의 시위는 도시 지역의 대규모 시위에서 자주 등장한다. 대구, 광주, 목포 지역의 시위도 선언문, 가사, 경고문과 신문 등 문자매체와 태극기가 함께 등장했고, 이런 매체들은 대개 학교의 교사들과 학생들이 조직적으로 준비했다. 이것은 도시 지역의 학생과 교사 등 근대적 의례에 익숙한 계층들이 주도한 결과로 보아야 할 것이다. 농촌 지역이지만 전남 강진에서는 토오꾜오와 서울의 유학생들이 시위를 준비하다 실패하고 체포되었는데, 태극기를 제작하고 「독립선언서」와 '독립가'를 등사하는 등 다양한 문자매체들을 활용하려는 양상을 보인다.[24] 3월 12일 함경남도 성진 학동면의 만세시위도 면서기, 구장 등이 협력하여 「독립선언서」 및 『독립신문』 2호를 등사하여 준비했다.[25] 참여자들의 근대적 경험이 깃발/격문의 네트워크 차원에서도 다양한 차이를 드러내는 한 요인이 될 수 있음을 보여준다.

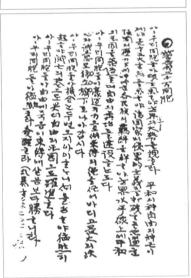

정명여학교의 '독립가'와 격문

1983년 목포 정명여중 천정 수리 공사 중에 독립가, 격문, 「2·8독립선언서」 등이 발견되었다. 1919년 4월 8일 목포의 만세운동과 관련된 것으로 추정된다. 목포, 광주, 대구 등 도시 지역의 대규모 시위에서는 가사, 선언문, 경고문 등의 문자매체와 태극기가 함께 등장했고 이런 매체들은 대개 학교의 교사들과 학생들이 조직적으로 준비했다.

문자매체 주도의 시위 2: 등사판 선언서가 확산되다

시위가 확산되면서 '선언식' 혹은 '선포식' 형식을 계속 수행하기는 어려웠다. 일제의 감시도 심해졌고, 초기에 대량 인쇄했던 선언서도 초기 단계에서 거의 소진되었다. 선언서도 깃발/격문 네트워크 수준에서 등사해서 마련해야 했다. 시위가 지방으로 확산되는 과정에서 조직적으로 시위를 준비한 그룹들은 태극기와 선언문을 함께 많이 만들기도 했지만, 쉽지 않았고 사전에 발각될 위험도 커졌다. 귀향한 유학생을 중심으로 한 강진의 청년들이 태극기 500장을 만들기로 계획을 세우고 밤새 만들다 경찰에 발각된 일이 대표적이다.[26] 태극기를 제대로 만들려면 목판을 만들거나 등사로 하더라도 채색을 다시 해야 했다.[27] 이러다보니 시위에 사용하려고 천이나 종이에 그리기는 했는데, 채색이나 형상이 정확하지 못한 태극기들이 자주 등장했던 모양이다. 일제 측 기록 중 "구한국 국기를 본뜬 깃발"[28]이라든지 "구한국 태극기를 모방한 깃발"[29]이라고 한 것은 이런 깃발들을 지칭한 것일 테다.

이렇듯 태극기를 대량으로 만들기 어려웠으므로 태극기 없이, 또는 선두에 내세울 태극기만을 만들고 선언서를 등사해서 시위에 나서는 사례들이 나타난다. 그렇지만 이들은 선언서를 재구성하거나 격문으로 만들지 않고, 내용을 그대로 복제해서 등사하는 데 주력했다. 선언서 자체에 중요한 의미를 부여하고 깃발 등 상징보다는 계몽적 내용을 전파하는 데 주력한 것이다. 이런 시위들은 대체로 서울에서 내려온 학생들이 중심이 된 경우가 많았다. 선언서가 워낙 장문이라 등사로 다 만들기 힘들었으므로 대체로 소수의 주동자들이 수십장 정도의 「독립선언서」를 등사해서 나눠 주며 만세를 유도한 경우들이다.[30]

한 지역에서 두 그룹이 만세를 준비할 때 각각 선언서와 깃발을 선택한 함경남도 북청군 신창면의 사례는, 깃발/격문 네트워크 수준에서 시위 준비의 전술적 선택 과정을 보여준다. 신창면에서 황하운 등의 기독교도들은 등사판으로 「독립선언서」 약 300장을 준비하여 3월 12일 신창리 주재소 앞에서 시위를 벌였다.[31] 그런데 천도교도 조인환과 안용운은 다음 날인 3월 13일 신창 장날 군중을 모아 시위를 벌였는데, 이들은 "조선국 자주독립 만만세"라고 쓴 깃발을 준비해 이 깃발을 휘두르며 "조선독립 만세"를 불렀다.[32] 각자 준비한 것인지, 함께 준비하다 불발한 것인지 알 수는 없으나, '기독교도 — 선언문'과 '천도교도 — 깃발'의 조합 또한 미디어의 근대성과 관련하여 매우 흥미롭다.

깃발과 격문이 주도하는 시위

신창면의 사례처럼 선언서를 주요한 매체로 활용한다고 해도, 등사로 복제한 선언문들은 깃발/격문 네트워크 수준에서 제작된 것이다. 그러나 「독립선언서」를 그대로 복제하는 것이 아니라 자기 방식으로 재구성하는 경우가 많았다. 깃발/격문 네트워크는 시위를 준비하는 과정에서 선언서를 격문화했던 것이다.

우선 서울에서도 「독립선언서」 외의 다양한 격문들이 등장한다. 서울 또한 하나의 지역으로 선언서 네트워크와 연동되지만 별도로 작동하는 작은 규모의 격문 네트워크들이 운동을 활발히 전개하고 있었던 것이다. 남대문역 앞 시위 다음 날인 3월 6일 당시 경성공업전문학교 학생 김세룡 金世龍과 경성고등보통학교 학생 박노영朴老英은 자신들이 격문을 만들어 살포할 계획을 세웠다. 우선 경성의학전문학교 학생 한위건韓偉鍵에게서 '동포여 일어나라'라는 제목의 원고를 받아 왔다. 일본조합교회를 다니고 있던 김세룡이 교회 전도사에게서 등사기를 빌려 왔다. 등사용 원지,

잉크, 백지를 구입한 이들은 3월 7일 하루 종일 "조선독립단"이라는 단체 명의의 격문을 800장 만들어 관훈동, 소격동, 가회동 등 서울 시내의 조선인 민가에 돌렸다.[33] 염상섭도 매일 여관을 전전하면서 낮에는 격문을 만들었고 밤이 되면 조선인 거주 지역에 남몰래 격문 및 붉은 천을 배포했다.[34]

지역으로 갈수록 문자매체들도 지역적 특수성이나 민중의 이해에 맞춰 재구성된다. 「독립선언서」를 그대로 활용하는 경우는 점점 줄어든다. 주동자들은 「독립선언서」를 구하더라도 읽는 것에 그치고 만세시위를 촉구하는 간단한 경고문이나 격문을 따로 만들었다.[35] 반면 태극기의 상징성과 중요성이 점점 커졌다. '독립'을 외치는 것은 언어적 수행이지만, 이를 선도하는 것은 깃발, 특히 태극기의 상징성이었다. 대형 태극기만을 앞세운 시위[36]나 태극기와 '대한독립' '대한독립만세' '조선독립만세' 등 이른바 '독립기'를 앞세운 시위가 급격히 늘어났다.[37] 격문이나 경고문도 시위에 참여하기를 촉구하는 용도로 사용되면서, 정작 시위현장에서는 격문조차 없는 시위가 늘어났다. 3월 19~20일 일어났던 경남 함안군 함안면과 군북면의 시위와 4월 초 충남 청양군 정산면의 사례를 비교해보자.

함안면의 시위는 국장에 참여하러 상경했다가 만세시위를 목격하고 3월 5일 귀향한 인물들이 주도했다. 함안면 서당의 한문교사 조한휘 등은 지역의 교사, 학생 등과 연락하여 「독립선언서」를 축약하여 개작하고 '대한독립가'라는 노래도 만들었다. 이들은 또 태극기를 제작하고 사람들을 모았다. 2주 정도 시위를 준비한 이들은, 3월 19일 함안장에서 「독립선언서」를 배포하고 태극기를 게양하며 군중에게 시위참여를 독려했다. 「독립선언서」를 낭독한 이후 3천여 군중이 태극기를 흔들고 독립만세를 외치며 행진을 벌였고, 함안 경찰주재소를 습격하여 체포되었던 사람들을 탈환했다. 일본경찰을 구타하고 군수에게 만세를 부르게 했으며, 군청을 공격하는 등 대규모 시위였다.

군북면에서도 지역 지식인들이 시위를 준비했다. 이들은 3월 10일 서산서당에 모여 20일 군북장에서 정오에 시위를 벌이기로 하고 준비에 들어갔다. 서산서당을 일종의 준비본부로 삼고, 한문 강학을 핑계로 모여 준비를 진행했다. 우선 선언서를 만들되, 원래 「독립선언서」가 워낙 긴데다 어려웠으므로 몇몇 사람들이 쉽게 고친 축약본을 만들어 등사했다. 태극기 제작도 오래 걸렸다. 지역의 사립학교인 신창학교 등사기로 모양을 만들고 나서, 일부 사람들이 산속 암자에서 빨강과 파랑 물감으로 채색했으며 깃대를 만들어 완성했다.

1919년 3월 20일 오후 1시 수천명이 몰려들어 장터가 좁아 만세를 못 부를 지경이 되자 냇가로 장소를 옮겼다. 지도부는 태극기와 「독립선언서」를 나눠 준 후, 축약한 「독립선언서」를 낭독하고, 만세를 선창하며 시위 행진을 시작했다. 시위대는 면사무소와 주재소를 포위하고 공격했으며, 일제헌병의 사격으로 20명이 현장에서 목숨을 잃는 참사가 발생했다.[38]

함안면이나 군북면 모두 지역의 지식인들이 주도하여 「독립선언서」, 태극기, 기타 문서들을 제작했다. 단순히 복제하는 것이 아니라 지역민들에게 읽어줬을 때 쉽게 이해할 수 있도록 내용을 줄이고 평이하게 만드는 작업까지 수행했다. 또 태극기도 채색까지 하며 대량으로 만들었다. 지역에서 깃발과 격문을 제작하는 과정의 자율성과 독자성을 확인할 수 있다. 그런데 지역 지식인과 유력 가문이 주도한 함안 지역 시위의 출발이 된 것은, 의례와 유사한 집회였다. 군중의 집합, 태극기의 게양, 선언서 배포, 낭독과 만세삼창 등 초기의 선언식과 유사한 형태로 진행되었다. 또 선언서의 내용을 이해하기 쉽고 짧게 만들었다는 사실에서, 주동자들이 대중에게 운동의 대의와 목적을 명확하게 이해시키겠다는 계몽적인 목적의식을 강하게 가지고 있었음을 알 수 있다. 이런 계몽적 의식은 시위 양상과 미디어의 활용에도 반영되었던 것이다. 그러나 시위가 격렬하게 진행되고 만세가 확장될수록 계몽적 의식이나 의례는 축약되거나 사라지는 경향을 보인다. 선언서의 낭독이나 연설은 사라지고, 태극기를 앞세우고 만세를 부르는 행동으로 집중되는 것이다.

충남 청양군 정산면 백곡리의 홍범섭 등 10여명은 4월 5일 아침 이날 열리는 정산시장에서 독립만세를 부르기로 했다. 이들은 그 자리에서 태극기 10여장을 만들어 오후 3시쯤 정산시장으로 갔다. 처음에는 헌병들이 몰려나와 일부가 체포되면서 쫓겨났지만, 다시 독립만세를 외치며 군중들에게 함께 만세를 부르자고 하니 700여명이 참여하는 대규모 시위로 발전했다. 군중은 체포된 사람들을 탈환하려고 헌병주재소를 공격했고 헌병의 발포로 두 사람이 사망했다.[39] 시위는 다음 날도 이어졌는데, 특이한 방식을 택했다. 일본군의 발포로 희생된 권흥규의 장례식을 독립만세 시위로 치른 것이다. 4월 6일 저녁 "대한국 독립만세"와 "배일사 권흥규지구排日士 權興圭之柩"라고 쓴 깃발을 앞세웠다고 하니, "일본을 배격한 선비"가 명정銘旌이고 "대한국 독립만세"가 만장이었던 셈이다. 전성순 등 장례를 준비한 사람들은 권흥규의 관을 따른 수백명의 사람들에게 "독립만세"라고 쓴 50여개의 종이깃발을 나눠 주고 격렬하게 만세를 부르며 시위를 벌였다.[40]

정산면의 시위에는 선언문도 없었고 특별한 주동자도 없었으며 격문도 없었다. 시위를 주도한 사람들도 주도면밀하게 계획하고 준비하지 못했으며, 참여자들도 대부분 장에 온 사람들이 그 자리에서 참여한 것이었다. 이들을 움직인 장치들은 태극기 10여장이 거의 전부였고, 이후 "만세"가 연쇄되면서 대규모 시위와 가혹한 탄압으로 이어졌다. 다음 날은 장례식의 만장과 명정을 시위의 도구로 사용하는 양상을 보이는데, 이는 상례를 정치적으로 활용했다는 점에서 매우 특이하다. 예(禮)를 정치적 행동에 동원할 수 있다는 것은, 민족독립의 정치적 가치가 유교적 의례와 윤리를 앞서기 시작했다는 점에서 매우 흥미롭다.

태극기는 또한 깃발 자체로 강력한 저항의 상징성을 지니게 되었다. 자신의 피로 태극문양을 만드는 사례도 등장했다. 창덕궁경찰서 파출소의 순사보 정호석은 혈서로 무명천에 태극문양을 그리고 "대한국 독립만세"라고 쓴 깃발을 만들었다. 이 깃발을 앞세운 정호석은 딸이 다니던 학교의 교사들과 학생들을 이끌고 만세시위를 벌였다.[41] 3월 15일 함경남도 정편군 장원면 초원장 시위에서 태극기를 휘두르며 시위를 주도하던 조문환은 경찰에 끌려가자 태극기를 군중에게 던졌다.[42] 깃발을 넘겨주는 행위로 투쟁을 이어가는 양상들이 나타나기 시작했던 것이다. 함안면의 시위를 준비하다 일본경찰에 체포되었다가 군중에 의해 구출된 안지호는 피신하는 대신, 태극기를 들고 맨 앞에서 군중을 지휘했다.[43]

전통적인 노래를 적극적으로 활용하는 사례도 나타난다. 전남 영광군 영광읍에서는 『유년필독幼年必讀』 속 단구短句를 발췌하여 조선독립사상을 고취하는 장가長歌를 지은 후 사본 20여장을 작성해 거리에 살포했다고 한다.[44] 충남 서산군에서는 면서기와 면장이 참여한 시위의 주동자들이 '애국가'를 만들어 400여장을 등사하여 만세시위에 사용했다. 1919년 4월 2일 저녁 서산군 대호지면大湖芝面 면장 이인정李寅正의 명의로 '도로보수 및 가로수 정리의 건'이라는 제목의 문서가 각 구장들에게 발송되었다. 4월 4일 아침부터 각 마을은 담당구역 도로를 보수하기 위해 면사

진관사에서 발견된 태극기

2009년 진관사 칠성각 해체 공사 중에 발견된 태극기. 『독립신문』 『조선독립신문』 『자유신종보』 「경고문」 등의 신문, 문건과 함께 발견되었으며 1919년 3·1운동 당시 사용되었거나 이후 대한민국임시정부의 활동 과 관계된 것으로 추정된다. 3·1운동이 확산되면서 태극기는 강력한 저항의 상징성을 지니게 되었다. 태극기를 휘두르고 만세를 부르는 시위행위를 직접 수행함으로써 민중들은 감성과 의식 깊숙이 '민족'을 각인하게 된다.

무소에 집합하라는 내용이었다. 면사무소에서는 미리 작사를 부탁해둔 '애국가'를 400여장 등사하고, 대형 태극기도 제작했다. 4월 4일 아침에 500여명이 대호지면사무소 앞에 집합하자, 면장이 독립만세를 위한 연설을 한 후 태극기를 선두에 세우고 '애국가'를 배포했다. 오전 11시경 정미면貞美面 천의장에서 독립만세를 부르자 사람들이 더 모여들었고, 이들은 다시 경찰주재소와 면사무소까지 행진하며 격렬한 시위를 벌였다.[45]

천정환은 운동의 확산 과정에서 「독립선언서」의 추상적인 지식과 정보를 민중에게 전달하기 위해 이를 간략하고 쉬운 형태로 만드는 노력들이 전개되었으며, 격문이나 통지서, 삐라 등에서 작성주체들의 노력이 드러난다고 보았다.[46] 여기에서도 「독립선언서」의 내용을 알기 쉽게 쓰고 이것을 지식인들이 읽어주는 과정이 필요하다. 그런데 운동이 점점 확산되면서 낭독이나 연설을 통해 지식을 전달하는 계몽적 과정조차 생략된 시위들이 점점 늘어났다. 태극기를 휘두르고 만세를 부르는 시위행위를 직접 수행함으로써 민중들은 감성과 의식 깊숙이 '민족'을 각인하게 되었다. 태극기는 자연스럽게 제국이나 황제보다는 '독립'의 강력한 상징으로 의미를 부여받게 되었다. 더구나 운동이 점점 격렬한 양상을 보이면서 시위는 점차 전투의 양상으로 변해갔다. 그렇다면 동학농민운동에서 등장했던 수많은 깃발들처럼 전투의 현장을 이끌 깃발들이 필요하게 될 터였다.

운동자들과 정체성의 구현: 깃발의 선언성

3·1운동에서 가장 많이 등장한 것은 태극기지만, 이른바 '독립기'라고 하는 깃발들도 많이 등장한다. 독립을 주장하는 문자를 써서 깃발로 만든 것인데, 태극기 중에도 이런 글자가 들어간 깃발들이 많으니 확실히 구분되는 것은 아니다. 현대적인 시위에서 현수막의 역할을 깃발이 대신하고 있는 것인데, 군중의 선두에서 시위를 이끄는 역할을 함께 하고 있으니 현수막 대용이라고 볼 수는 없다.

제일 먼저 독립기가 등장하는 것은 3월 5일 남대문역 앞 시위였다. 강기덕과 김원벽은 "조선독립" 깃발을 흔들면서 이날 시위를 이끌었고, 학생들이 중심이 된 시위군중들은 남대문역에서 출발해 서울 시내를 휩쓸었다.[47] 3월 22일의 노동자대회에서도 "한국독립만세"라는 깃발이 대열의 선두에서 시위를 이끌었다.[48] 4월 23일의 국민대회에서는 "국민대회"와 "공화만세"의 깃발까지 준비했다.[49] 이후에도 "독립" "조선독립" "대한독립" 등을 주장하는 깃발들은 종종 등장했다.

깃발에 구호를 적는 것은 예전부터 있던 일이다. 그런데 3·1운동에서는 깃발에 정치적 구호와 함께 자신 혹은 자신이 속한 공동체의 명의를 밝히는 사례들이 종종 나타난다. 사례에 따라서는 상소와 유사한 유림의 의사표현으로 볼 수 있는 경우도 있다.

경북 영천의 홍종현은 1919년 4월 11일 붉은 목면지에 태극장을 그려 넣고 "대한독립만세군위 양곡 홍종현大韓獨立萬歲軍威 良谷 洪鍾顯"[50]이라고 쓴 깃발을 만들었다. 그는 다음 날 영천시장에 가서 이 깃발을 흔들며 만세를 외쳤다. 그는 상고이유서에서 "국민의 애국 사상에 따라 기뻐서 축하의 만세를 부른 것이 왜 보안법 위반의 범죄행위가 되는가"라고 따졌다.[51] 김낙헌金洛憲도 붉은 목면에 태극기를 만들고 한쪽에는 "대한국독립만세", 반대쪽에는 "영천군 임곡면 양평동 김영헌(김낙헌이 본명이며 김영헌은 개명 — 인용자)"이라고 쓴 깃발을 만들어 만세를 부르려다 경찰에 체포되었다.[52]

개인이 아니라 단체나 향촌공동체의 의사를 표방한 경우도 있었다. 1919년 3월 18일 강화도 시위를 주도한 유봉진은 강화 읍내를 말을 타고 질주한 후 종각에 올라 종을 치고 "결사대 유봉진決死隊 劉鳳鎭"이라고 적은 태극기를 흔들며 군중을 이끌었다. 유봉진은 기독교인이며 대한제국기 진위대 군인 출신으로 그의 가족이 모두 만세운동에 참여했다.[53] 전북 남원의 이형기는 자기 문중 사람들을 중심으로 동지를 규합하여 남원장에서 만세시위를 벌였는데, "대한독립기 사매면巳梅面"이라고 쓴 태극기를 만들어 공동체의 운동임을 밝혔다.[54]

전남 순천군 동초면 신기리 마을 사람들은 위친계를 만들어 만세를 부르도록 결의했다. 이들은 서약서를 만들고 종이에 태극문양을 그리고 밑에 "대한독립기, 순천군 동초면 신기리 입大韓獨立旗, 順川郡 東草面 新基里 立"이라고 쓴 깃발을 만들었다. 이들은 이 깃발을 들고 1919년 4월 9일 벌교장에서 만세시위를 벌였다.[55]

개인이나 공동체의 신념을 표명했다는 점에서 이런 깃발들은 각자의 선언서 역할을 했다고 볼 수 있을 것이다. 다만 남원 이형기나 순천 신기리 마을의 경우 개인들의 정치적 의사표현이라기보다는 전통적인 공동체의 선언이라는 성격이 강하다. 그러나 유봉진의 결사대는 근대적 개인의 정치적 결단을 표명한 것이다.

만세시위 가운데 경험한 민족적 정체성과 소속감은 우리가 상상할 수 있는 것보다 훨씬 더 강렬했다. 그리고 이 감각은 새롭고 공공연한 표방으로 나타났다. 1919년 3월 5일 경성공업전문학교 1학년 이창수는 안국동 대로에 있는 자기 집 처마에 깃발을 달았다. 그 깃발에는 "조선독립만세 전＾국민대표 이창수"라고 쓰여 있었다.[56] 근대국민국가의 완성된 제도 차원에서 본다면 어이없는 선언이다. 그러나 대표를 구성할 현실적 방법이 없는 식민지에서 이런 선언은 그 자체로 정치적 의미를 지닌다. '민족대표' 33인까지 포함하여 3·1운동을 계기로 등장한 '대표'들은 실질적 선출의 과정을 거친 것이 아니라 스스로 대표를 선언하는 행동을 통해 정치적 의사를 표현했다.[57] '대표'라는 선언이 새로운 정치를 구현하는 혁명적 실천이었던 셈이다. 이창수의 선언은 공화주의와 민족자결주의를 직접 실천하는 정치적 의지이며 선언이었고, 깃발은 이를 실행하는 수단이었던 것이다.

농민들 중에서도 지역인민의 정치적 대표성을 강조하는 국민대표를 자처하는 사람이 나타났다. 1919년 4월 3일 충북 영동군 학산면 서산리장에서 만세시위를 주도한 양봉식은 38세의 농민이었다. 양봉식과 시위군중들은 오후 4시부터 장에서 조선독립만세를 부르며 면사무소로 행진했다. 이들은 면장이 나오자 독립만세를 외치라고 요구했고, 양봉식이 면장을 설득하여 만세를 부르게 했다. 저녁 7시에 다시 면사무소 앞에 모인 200여 명의 군중들은 연설을 하며 일제의 통치를 비판했다. 이 자리에서 양봉식은 군중에게 자신을 "전라북도 군산에 거주하는 국민대표자"라고 하면서, 민중이 좁쌀조차 사 먹기 힘든 상황에서 군에서 농민들에게 비싼 뽕나무 묘목을 강제로 배부하는 것이 부당하다고 주장했다. 뽕나무를 심을 밭조차 없으니 묘목들을 처분하자고 외쳤다. 양봉식과 군중은 뽕나무 묘목을 모두 뽑아 면사무소 앞 도로에서 불태워버렸다. 이 자리에서 양봉식은 자신이 "군민을 대표하여 이 소요를 감행하려 하니 여러분은 내 얼굴을 익혀두거나 혹은 사진을 촬영하라"라고 소리쳐 그 자리의 군중들이 더욱 환호하며 격렬한 시위를 이어갔다.[58] 이는 정치적 주권의식의 대중적 확산을 보여주는 좋은 사례다. 이런 의식들은 이후 임시정부의 구성은 물론이거니와, 민족운동의 이념에도 중대한 영향을 미치게 된다. 대표는 민중의 이익을 대변해야 하는 것이다.

3·1운동과 미디어

사회운동의 경험은 다양한 미디어와 결합하여 상징체계를 구성하는 한편, 대중들에게 새로운 시대와 주체의 감각을 부여한다. 3·1운동은 근대 한국의 미디어체계에 중대한 변화를 일으킨 사건이었다. 운동이 전개되는 동안 다양한 미디어들이 등장하여 근대성과 전근대성, 개인과 공동체를 매개하는 기능을 수행했다.

운동의 대표적인 미디어는 「독립선언서」와 깃발이었다. 그런데 이 두 미디어의 제작과 배포는 일부 겹치지만, 분명히 다른 네트워크 속에서 작동했다. 「독립선언서」 배포의 네트워크는 기독교, 천도교 혹은 학생들의 연계처럼 근대적인 정치이념과 균일한 특징으로 한다. 이들 사이에서 유포되는 매체들도 「독립선언서」나 『독립신문』처럼 동질적이고 근대화된 인쇄 출판물들이다. 그러나 대부분의 지역에서 실제 시위운동을 준비하기 위해서는 새로운 네트워크가 작동해야 했다. 깃발과 격문은 이 과정에서 핵심적으로 등장한 매체들이다. 깃발들은 지역의 구체적인 상황과 민중의 현실을 반영한 시위의 도구였다.

만세가 지역으로 확산될수록 선언서에서 깃발과 격문으로 중심이 이동하게 된다. 격문과 깃발의 네트워크는 지역적 차원에서 다양한 '독립' 이념의 수용 양상을 반영하는 것이기도 했다. 또 이런 깃발들은 일종의 정치적 선언으로 3·1운동에 참여하는 사람들의 정치의식을 반영했다. 그 중에서도 '대표'의 의식이 성장한 것은, 공화국을 실질적으로 어떻게 구성해야 하는가에 대한 답으로서 매우 중요한 의미를 지닌다.

3·1운동 이후 깃발과 선언문들은 근대적 정치성을 표방하는 수단이 되기 시작했다. 민족적 저항과 독립의 상징으로서 태극기의 성격이 확고해졌으며, 민족의 정치적 상징으로 고착되었다. 근대적 정치투쟁으로서 시위가 민중의 정치적 감각 속에 자리 잡게 되었고, 이를 위한 미디어들도 3·1운동 이후 점점 확산되었다. 깃발과 선언문, 격문과 현수막, 집회와 시위가 정치적 투쟁의 중심이 된 것이다.

한국의 민주화운동과 '3·1운동 기억'

4·19혁명에서 6월항쟁까지

오제연

기억을 통한 3·1운동의 현재화

1919년, 일본의 식민지배를 받고 있던 한반도에서 3·1운동이 일어났다. 1919년 3월 1일부터 시작한 식민지 조선인들의 만세시위는 약 두달 동안 한반도 전역으로 확산되었고 수많은 민중들이 이에 동참했다. 비록 3·1운동이 한국의 독립을 곧바로 가져오지는 못했지만, 이 시위의 대열에서 '독립만세'를 외침으로써 민중들은 식민통치에 대한 분노를 표출하는 동시에 같은 민족으로서의 일체감을 확인했다.[1] 3·1운동을 '거족적 항일투쟁'이라고 평가하는 이유가 여기에 있다.

3·1운동 후 100년의 시간이 흘렀다. 그사이 한반도는 일본의 식민지배에서 벗어났으나 대신 분단과 독재를 경험했다. 남한에서는 1960년 4·19혁명을 기점으로 독재에 맞선 민주화운동이 본격적으로 전개되었다. 그리고 장시간에 걸친 민주화운동은 1987년 6월항쟁에서 큰 결실을

맺었다.[2] 식민지기 3·1운동처럼 해방 이후에도 이 땅에서는 부정한 권력에 맞선 민중들의 저항이 끊이지 않았고, 그 결과 오늘날 일정한 수준의 민주화를 이뤄낼 수 있었던 것이다.

그렇다면 100년 전 '거족적 항일투쟁'으로 전개된 3·1운동과 해방 이후 분단과 독재하에서 장기간 지속한 민주화운동 사이에는 어떤 관계가 있을까? 3·1운동 100주년을 맞아 이 물음에 답하는 것이 이 글의 궁극적인 목적이다. 그리고 이 물음에 답하기 위해서 한국 민주화운동에서 3·1운동이 어떻게 소환·기억되었는지를 집중적으로 살펴보고자 한다. '기억'이란 한 주체가 자신의 과거를 자신의 현재와 관련짓는 정신적 행위 및 과정이다. 기억은 과거를 한편으로는 지나가버린 것으로 확정하면서도 동시에 현재화함으로써 과거의 시간적 지위를 변화시킨다.[3] 해방후 민주화운동에서 3·1운동은 분명 '과거'의 사건이었지만, 민주화운동과 관련한 여러 주체들에 의해 지속적으로 소환·기억됨으로써 '현재화'되었다.

1945년 해방 직후 열린 '해방공간'에서 좌우익으로 나뉜 정치주체들이 자신들의 정치적 입장에 따라 3·1운동을 소환·기억했던 모습에 대해서는 이미 많은 연구가 진행되었다. 하지만 그 이후 민주화운동에서 3·1운동이 소환·기억되었던 것에 대해서는 연구가 거의 이루어지지 않았다. 이에 이 글은 1960년 4·19혁명부터 1987년 6월항쟁까지 한국 민주화운동에서 3·1운동이 소환·기억되는 양상을 정리·분석할 것이다. 특별히 기억의 주체로 민주화운동 세력과 더불어 민주화운동의 투쟁대상이었던 정권까지 포함시켜, 주요 정치국면에 따라 정권과 민주화운동 세력이 각각 비슷하지만 다른 방식으로 3·1운동을 전유하고 경합하는 모습에 초점을 맞출 것이다. 이는 최근 촛불혁명을 거치면서 민주주의의 질적 도약을 고민하는 한국사회가 100년 전 3·1운동을 어떻게 기억해야 할지에 대한 학문적 모색의 일환이기도 하다.

4·19혁명과 '3·1운동 기억'

4·19혁명에서의 3·1운동 소환

1960년 3월 15일의 정부통령선거는 수많은 부정에 의해 '사상 최대의 부정선거'라는 오명을 들었다. 덕분에 여당인 자유당의 대통령 후보 이승만과 부통령 후보 이기붕이 동반 당선되었으나, 국민들은 더이상 이러한 부정을 용납하지 않았다. 2월 28일 대구의 고등학생 시위를 시작으로 선거 전부터 크고 작은 시위가 여러곳에서 산발적으로 전개되었다. 선거 당일인 3월 15일에는 전국 곳곳에서 부정선거에 대한 항의가 터져나왔는데, 그중 마산에서 경찰 발포로 다수의 희생자가 발생했다. 이때 고등학교 입학 예정이던 학생 김주열이 실종됐다. 실종된 김주열은 약 한달 뒤 최루탄이 눈에 박힌 처참한 모습으로 마산 앞바다에 떠올랐다. 김주열 시신의 발견은 마산에서 다시 항쟁을 촉발했고 동시에 항쟁을 전국적으로 확산시켰다. 4월 19일 전국적인 대규모 항쟁 과정에서 100명이 넘는 사람들이 사망했지만(피의 화요일), 4월 26일 다시 한번 대규모 항쟁이 일어나면서 결국 이승만 정권은 무너지고 말았다(승리의 화요일).

4·19혁명의 전개 과정을 들여다보면 곳곳에서 3·1운동의 흔적을 발견할 수 있다. 먼저 선거 직전에 맞이한 1960년 3·1절 기념식에서는 참가 학생 중 일부가 전격적으로 "3·1정신으로 공명선거를 추진하자"라고 외치며 '공명선거'를 호소하는 전단을 살포했다.[4] 시위에 나선 학생들 중에

는 자신의 저항을 3·1운동 때의 독립운동과 동일시하는 경우가 있었다. 대표적인 사례가 부정선거 직전 문경고 학생들이 시도한 부정선거 규탄 시위였다. 문경에서 거행된 1960년 3·1절 기념식이 노골적으로 정부 여당의 선거운동에 이용되자 문경고 학생들은 이를 "숭고한 33인의 거룩한 정신"에 대한 "모독"으로 간주하고, 3·1운동 당시 「독립선언서」에 서명한 '민족대표' 33인처럼 33명의 학생들이 모여 시위를 결의한 후 선언문을 작성하여 서명했다.[5] 4월 19일 서울에서 대규모 시위의 서막을 연 대광고 학생들도 「결의문」을 통해 "3·1정신은 결코 죽지 않았다. 우리 조국은 어디까지나 민주공화국이요, 결단코 독재국가, 경찰국가는 아니다"라고 외치며 대한민국 모든 학생들의 동참을 호소했다.[6]

시위에 참여한 여학생들은 특히 '유관순'을 많이 떠올렸다. 유관순은 해방 이후 비로소 그 존재와 순국 사실이 알려지기 시작했는데, 여기에는 유관순의 모교인 '이화' 출신 동문들의 역할이 컸다. 각종 전기와 영화에서 유관순은 애국심과 기독교정신이 혼연일치된 '조선의 잔 다르끄'로 표상되었고, 교과서에서는 애국, 건국, 반공과 연결된 '구국의 영웅'으로 그려졌다.[7] 1960년 4·19혁명 당시 학생들은 전기로, 영화로, 그리고 교과서로 이미 오랫동안 유관순을 만난 상황이었다. 따라서 학생들이, 그중에서도 여학생들이 4·19혁명 과정에서 유관순으로부터 저항의 당위성을 떠올리는 것은 자연스러운 일이었다.

김주열 시신 발견 직후 발생한 마산의 두번째 항쟁에서 여학생들은 "삼월 하늘 가만히 우러러보며 유관순 누나를 생각합니다. 옥 속에 갇혀서도 만세 부르니…"라는 가사의 '유관순 노래'를 부르며 시위에 참여했다.[8] 서울에서 4·19혁명에 적극적으로 가담한 한 여고생 역시 4월 18일 자신의 일기장에 다음과 같이 기록했다.

비록 내가 어린 나이의 소녀이지만 잘못되어가고 있는 나라의 운명을 보고 그저 바라만 보고 있을 수만은 없다는 생각이 자꾸 나를 일깨우고 있다. 이럴 때마다 유관순 열사도 16세의 어린 나이에 독립만세를 부르다가 감옥에 갇혀 결국 이 나라를 위해 목숨을 바치지 않았는가 하는 생각이 나를 엄습하여오면 정신이 번쩍 든다.[9]

시위에 나선 학생들만 스스로를 3·1운동의 주역들과 동일시한 것이 아니었다. 1960년 4월 19일 대규모 항쟁 때 경찰의 발포로 사망한 여중생 진영숙의 경우 언론에서 그를 '제2의 유관순'으로 명명했다.[10] 4월 19일 시위에 참여한 연세대 학생들이 학교로 돌아오자 백낙준 연세대 총장은 "3·1운동 때의 여러분의 선배인 김원벽[11] 군의 혼이 살아서 다시 돌아온 줄로 안다"라며 이 의거가 "정의, 인도, 생존, 존영을 위하는 민족적 요구이니 오직 자유적 정신을 발휘할 것이요 결코 배타적 정신으로 일주하지 말라고 한 삼일정신을 그대로 표현한 줄로 알고 있다"라고 치하했다.[12]

4·19혁명 당시 학생들은 시위 과정에서 특히 '삼일절 노래'를 많이 불렀다. 앞서 여학생들이 '유관순 노래'를 부르며 시위했던 모습을 확인한 바 있다. '삼일절 노래'는 남녀 모든 학생들이 '애국가' '학도호국단가'와 더불어 시위 때 가장 많이 부른 노래였다. 일례로 4월 19일 시위 당시 수송국민학교 6학년 정한승이 경찰의 총에 맞아 숨지자, 일주일 뒤 "부모 형제들에게 총부리를 대지 말라"라는 현수막을 들고 같은 학교 국민학생들이 시위를 벌이면서 "악쓰다시피" 부르던 노래가 바로 "기미년 3월 1일 정오"로 시작하는 '삼일절 노래'였다.[13] '삼일절 노래'는 4·19혁명 이후 1964~65년 '6·3항쟁'을 비롯한 한일협정반대운동 국면에서도 학생

4·19혁명에 참가한 수송국민학교 학생들

4·19혁명 당시 학생들은 시위 과정에서 특히 '삼일절 노래'를 많이 불렀다. 4월 19일 시위에서 수송국민
학교 6학년 정한승이 경찰의 총에 맞아 숨지자, 일주일 뒤 "부모 형제들에게 총부리를 대지 말라"라는 현
수막을 들고 같은 학교 국민학생들이 시위를 벌이면서 "악쓰다시피" 부르던 노래가 바로 "기미년 3월 1일
정오"로 시작하는 '삼일절 노래'였다.

시위에 자주 등장했다. 이 노래는 대한민국 정부 수립 직후 이승만 정권이 3·1운동 기념행사를 독점하는 과정에서, 해방 직후 등장한 여타 3·1절 관련 노래들을 모두 추방하고 일방적으로 강요한 것이었다.[14] 이승만 정권이 독점적으로 활용했던 3·1운동의 주요한 기억수단이 이제 그 칼끝을 이승만 정권으로 향했던 것이다.

사실 4·19혁명은 여러가지 면에서 그 자체가 이승만 정권기의 '역설'이었다. 이승만 정권이 공산주의를 비판하면서 강조했던 자유와 민주주의가 오히려 이승만 정권을 비판하는 근거로 쓰였고, 이승만 정권이 학생들을 통제·동원하기 위해 만든 학도호국단과 이를 이용한 관제데모는 학생들이 조직적으로 결집하여 대규모 시위를 전개할 수 있는 기반이자 경험·훈련이 되었다. 3·1운동도 마찬가지였다. 이승만 정권은 집권 내내 '반공통일' '반일'과 같은 지배담론을 합리화하기 위해 3·1운동을 계속 소환했다. 그 결과 한국사회는 오랫동안 이승만 정권이 주조한 3·1운동 기억을 공유했다. 하지만 그것이 전부는 아니었다. 이승만 정권의 독재와 부정에 맞섰던 사람들 역시 3·1운동을 '민주주의'와 결합시켜 저항의 역사적 근거로 삼았다.[15] 즉 이승만 정권은 3·1운동 기억을 지배를 위한 수단으로 이용하고자 했으나, 3·1운동 기억은 4·19혁명 과정에서 전유되어 이승만 정권의 정당성과 기반을 흔드는 역할을 했던 것이다.

3·1운동과 4·19혁명의 계보화

4·19혁명은 시위 단계부터 많은 면에서 3·1운동과 연관되어 인식되었다.[16] 몇가지 사례를 들어보면, 경북대 교수단은 1960년 4월 26일 시위에서 낭독한 선언문을 통해, 4·19혁명에서 학생들이 뿌린 의혈을 '거룩한 3·1정신'을 이어받은 것으로 규정했다.[17] 부산에서 4·19혁명을 취재

한 기자 역시 4·19혁명 당시의 시위를 "3·1독립운동 때 세계적 침략의 원흉 일제에 항거한 순국선열로부터 물려받은 거룩한 전통"이라고 평가했다.[18] 반면 시위대를 향한 경찰의 무차별 발포는 3·1운동 당시 일본경찰도 하지 않았던 폭압으로 비난받았다.[19]

3·1운동과 4·19혁명을 연관시키는 전형적인 논리는, 민족해방을 추구한 3·1운동과 민주회복을 추구한 4·19혁명을 '민족사의 연속성' 속에서 파악하는 것이었다. 4·19혁명 직후 나온 다음의 글은 이러한 논리를 잘 보여준다.

'삼일정신'이 자취를 감추어감을 통탄한 것은 나의 잘못 본 기우였다. 이제 통쾌함을 느끼게 되었다. 왜? '삼일정신'은 죽지 않고 씩씩하게 살아 있음을 보았기 때문이다. 3·15부정·협잡의 선거에 의분을 참지 못하여 전 국민의 의분을 대표하여 4·19 민주주의를 위한 혁명적 시위운동을 일으킨 것이다. (…) 민주주의를 찾기 위한 시위운동을 나는 '민주주의 혁명운동'이라 부르고 싶다. 삼일운동으로 자유독립을 찾고 민주주의 혁명운동으로 민주주의를 찾게 한 쌍벽이라 하겠다.[20]

한국인들이 '3·1운동으로 자유독립을 찾고 4·19혁명으로 민주주의를 찾았다'는 논리는 이후에도 "3·1운동은 민족해방운동으로서 그리고 4·19는 민주해방운동으로서 길이 우리 민족사상에 빛나는 역사적 사건이었다"[21]라든지, "3·1운동이 민족적인 자각과 함께 독립정신을 고취시키는 데 있어 커다란 전환기를 가져왔다면 11년 전 오늘에 있었던 4·19혁명은 이 나라의 민주주의를 부활시키고 이를 번영시키기 위해 불가피한 시련을 겪었고 또 이를 성공의 문턱으로 채찍질했던 이정표라고 말할 수 있겠다"[22]라든지, "3·1운동과 4·19가 역사적 적합성과 도덕적 정통성에 있어서 가장 항구적 가치를 지니고 있다고 주장할 수 있는 까닭은 3·1운동이 민족주의를 위한 민족의 주체적 투쟁이었고, 4·19는 자유와 민주주의를 위한 혁명이었기 때문이다"[23]라는 식으로 꾸준히 변주되었다.

또한 3·1운동과 4·19혁명이 공유하는 동일한 가치를 부각시켜 양자의 민족사적 연속성을 더 분명하게 드러내기도 했다. 4·19혁명 후 처음 맞이한 1961년 3·1절 기념식 당시 장면 국무총리는 기념사를 통해 "40여년의 간극을 두고 자연발생적으로 폭발한 3·1운동과 4·19혁명이라는 두 민중봉기는 우리나라 사람이 얼마나 독립적이고 또 얼마나 민권수호에 용감하였는가를 실증해주는 민족혼의 찬연한 발로요 정화인 점에서 길이 청사에 빛날 것"[24]이라고 언급했다. '민권수호'라는 관점에서 3·1운동과 4·19혁명을 연결시킨 것이었다. 10여년 뒤 반유신 민주화운동 과정에서 '민주회복국민회의'가 1975년 3·1절을 맞아 발표한 「국민에게 보내는 메시지」에서는 "3·1만세운동과 4·19혁명은 우리 국민의 민주적 위대성을 보여준 획기적인 역사의 현장"[25]이라며 '민주주의'의 관점에서 두 사건을 연결시켰다. 반면 4·19혁명의 기본정신을 "민족의 행복 번영을 목적으로 한" '민족주의'로 규정한 후 이 관점에서 3·1운동과 4·19혁명이 일맥상통한다고 주장하는 경우도 있었다.[26]

하지만 3·1운동과 4·19혁명의 연속성을 정면으로 부정하는 경우도 있었다. 4·19혁명 직후 대학생들이 직접 만든 『기적과 환상: 사일구학생운동기』는 3·1운동을 "민족의 자유와 독립을 위한 투쟁"으로, 3·1정신을 "대외적인 독립정신"으로 규정하고, 그것이 결코 "개인의 자유와 기본권의 보장과 정치참여를 위한 투쟁은 아니었던 것"이며 "자유민주주의 기본질서하에서 대내적인 민주투쟁을 뜻하지는 않는다"[27]라는 점을 분명히 했다. 그러면서 3·1운동의 환상에 빠져 있는 '기성세대'를 강하게 질타했다.

봉건적 잠재의식과 식민지 교육을 받아온 그들(기성세대 ─ 인용자)은 본능적으로 3·1정신의 환상에 사로잡혀 맹종하여 민족정신의 본바탕을 삼고 그러한 근시안近視眼으로서 사적史的 관찰을 해온 것이다. 우리는 너무 지나치게 근시近視인 것을 싫어하듯 너무 지나친 원시안을 더욱 싫어한다. 우리는 거시적 관찰도 중시하지만 미시적 관찰에 다대한 흥미를 느끼는 것이다. 이러한 논리는 차치하고라도, 여하간 젊은 세대에게 3·1정신을 맹종하라고 요구할 수는 없다. (…) 우리가 3·1정신에서 바라는 것도 그 대외적 실질 외에 대내적 실질을 부여하여 이 대내·대외 양면에서 충실한 민족정신을 후손에게 전해주자는 것이다.[28]

『기적과 환상』을 쓴 대학생에게 3·1운동과 3·1정신은 과거의 '거시적' '원시적' '대외적'인 것에 불과했다. 젊은 세대들은 새 시대에 걸맞은 구체적이고 대내외 양면에서 충실한 민족정신을 원했다. 그들에게 3·1운동은 4·19혁명이 극복해야 할 구세대의 유산이었다.

그러나 『기적과 환상』의 파격적인 주장은 이례적인 것이었다. 3·1운동과 4·19혁명을 민족사적 연속성 차원에서 연관시키는 인식이 이후 오랫동안 한국사회에서 군건하게 견지되었다. 그중에서도 3·1운동과 4·19혁명을 두 축으로 하여 그 앞뒤와 사이에 한국 근현대사의 중요 사건들을 연결시키는 '계보학적 역사인식'이 강조되었다.[29]

먼저 근대 민족민주운동 차원에서 1894년 '동학농민전쟁'이 3·1운동─4·19혁명의 계보와 연결되었다. 동학농민전쟁을 3·1운동과 하나의 계보로 연결하는 인식은, 3·1운동과 '갑오혁명'이 모두 생존권을 주장한 민중운동이었다고 본 1920년대 문일평 이래 지속된 것이었다.[30] 해방 직후에는 조선공산당 당수 박헌영이 동학농민전쟁과 3·1운동의 계보학 속에 1946년 '10월인민항쟁'을 연결하기도 했다.[31] 대한민국 정부 수립 직후 한동안 동학농민전쟁은 역사인식의 대상에서 사라졌다. 그러다가 1950년대 후반 이승만 정권의 독재가 심화되자 야당이나 야당계 신문들은 독재를 비판하고 자유와 민주를 주장하면서 그 역사적 근거로 동학농민전쟁과 3·1운동을 함께 언급하기 시작했다. 4·19혁명 이후 3·1운동은 물론 동학농민전쟁에 대한 관심이 더욱 높아졌다. 그 결과 '동학농민전쟁—3·1운동—4·19혁명'으로 이어지는 계보학적 역사인식이 자리를 잡았다.[32] 1966년에 발표된 신동엽의 대하서사시 『금강』에 대한 "동학운동의 자기발견, 3·1운동의 자기확인, 그리고 4·19의 자기주장"[33]이라는 평가나, 4·19혁명 10년 뒤에 나온 "동학혁명에서 싹튼 민권정신, 그 사상은 3·1독립운동을 필두로 하는 일제하 구국운동을 몰고 갔으며 그것이 면면히 겨레의 가슴속 깊이 샘물로 흐르다 4·19의 찬란한 꽃을 피웠다"[34]라는 규정은 이러한 계보학적 역사인식의 정착을 단적으로 보여준다.

'학생운동' 차원에서는 3·1운동—4·19혁명 사이에 1929년 '광주학생항일운동'이 연결되었다. "삼일운동에서 첫 싹이 튼 그 염염炎炎한 조국애의 정신은 광주학생사건에서 '가지'가 뻗었고, (…) 이번(1960년 — 인용자) 대구, 마산, 광주, 서울 등지를 일괄한 학생의거사건에서 그 결실을 보았다"[35]라는 평가나, "4·19사건은 학생들의 의거다. (…) 이리하여 우리나라에는 학생운동의 전통이 확립되었다. 왜정하의 기미년 3·1운동도 최전선의 활동은 학생들이 담당하였고, 광주사건은 학생들만의 일제에 항거하는 민족운동이었다. 이에 또 4·19의거가 있었다는 것은 비단 학생운동뿐 아니라, 우리 민족운동사상에 빛나는 광휘光輝와 혁혁한 공훈의 흐뭇한 페이지를 남긴 것이 아닐 수 없다"[36]라는 주장이 '3·1운동-광주학생항일운동-4·19혁명'의 계보학적 역사인식을 잘 설명해주고 있다.

5·16쿠데타 이후 '3·1운동 기억'의 경합

계보학 전유의 정치

3·1운동-4·19혁명의 계보는 동학농민전쟁이나 광주학생항일운동 이외에도, 맥락에 따라 갑신정변, 의병투쟁, 6·10만세운동, 반공학생시위, 6·25전쟁 등 한국 근현대사의 여러 굵직한 사건들과 다양한 방식으로 조합·연결되었다. 이러한 '3·1운동의 계보학'은 특히 1961년 5·16쿠데타 이후 복잡한 양상으로 전개되었다. 쿠데타로 권력을 잡은 군사정권은 자신들의 헌정 파괴와 권력 찬탈을 합리화하기 위해 스스로 5·16을 '혁명'으로 규정했다. 그리고 5·16의 '혁명'적 성격을 강조하고자 4·19혁명 이후 확립된 '동학농민전쟁-3·1운동-4·19혁명'의 계보 속에 '한국민주혁명'이라는 관점을 앞세워 5·16을 포함시켰다.[37] 군사정권의 이런 방식의 계보화 시도는 1962년 12월 헌법개정에 영향을 주었다. 민정 이양을 위해 군사정권이 만든 새로운 헌법의 전문은 "유구한 역사와 전통에 빛나는 우리 대한국민은 3·1운동의 숭고한 독립정신을 계승하고 4·19의거와 5·16혁명의 이념에 입각하여 새로운 민주공화국을 건설함에 있어서…"로 시작했다. 3·1운동의 계보학은 이렇게 헌법에까지 반영되었으나, 이 과정에서 5·16 역시 그 속에 자리를 잡았다. 특히 군사정권은 5·16을 '혁명'으로 규정한 반면 4·19는 '의거'로 규정하여, 상대적으로

5·16의 역사적 의미를 더 부각했다.

군사정권, 그리고 민정 이양 후 박정희 정권이 3·1운동의 계보학에 편승하면서도 이를 교묘하게 뒤틀어 5·16을 비롯한 자신들의 행위를 합리화하는 모습은 이후에도 쉽게 발견할 수 있다. 박정희 정권은 1963년 12월 대통령 취임사를 통해 "3·1정신을 받들어 4·19와 5·16의 혁명이념을 계승"하겠다는 점을 분명히 하는 등 집권 초부터 3·1운동의 계보학을 강조했다.[38] 하지만 구체적으로 살펴보면 이러한 계보학을 매우 독특한 방식으로 설명해나갔음을 알 수 있다. 박정희는 민정 이양을 위한 1963년 대통령선거 직전 간행한 『국가와 혁명과 나』에서 동학농민전쟁－3·1운동－4·19혁명의 계보를 언급하며 "그 어느 한 몸부림이 제대로 열매 맺은 일이 있어왔던가. 이 중 단 하나라도 온전히 결실되었더라면 우리의 비극은 그만큼 단축되었을 일이었다"라고 한탄했다. 반면 "5·16군사혁명은 이같은 우리의 역사에서 처음으로 찾아낸 성공이다"라고 주장했다.[39] 대통령선거 직후 여당인 공화당도, 동학농민전쟁－3·1운동－4·19혁명은 '근대화 운동'이라는 점에서 5·16과 연결되지만 지도세력과 지도자의 부재로 결국 근대화에 실패한 역사였으며, 5·16으로 등장한 박정희 정권이 비로소 그 한계를 극복하고 근대화에 나섰다고 선전했다.[40] 일면 3·1운동의 계보학을 수용한 듯하지만, 사실은 쿠데타를 합리화하기 위해 박정희 정권은 이를 완전히 거꾸로 전유했던 것이다.[41]

박정희 정권의 3·1운동 계보학 전유는 1972년 '10월유신'에서 정점을 찍었다. 계엄령 선포를 통한 군동원을 배경으로 단행된 10월유신은 초법적인 친위 쿠데타였다. 박정희 정권은 한창 진행 중이던 남북대화를 10월유신의 명분으로 내세웠는데, 이 명분을 합리화하는 과정에서 3·1운동의 계보학이 다시 동원되었다. '통일문제'에 대처할 수 있는 견고한 대내체제 구축을 위해서는, 과거 "혁신의 혁명적 시도"였으나 결실을 맺지 못한 동학농민전쟁─3·1운동─4·19혁명의 불운을 극복하고 "5·16혁명에서 시작된 조국중흥의 역사 혁신"을 성취할 새 헌법, 즉 유신헌법이 필요하다는 것이었다.[42] 이렇게 해서 '혁신의 혁명적 시도'로서 '동학농민전쟁─3·1운동─4·19혁명─5·16─10월유신'으로 이어지는 계보가 등장했다. 물론 여기서도 '동학농민전쟁─3·1운동─4·19혁명'은 결실을 맺지 못한 불운의 계보이며 '5·16─10월유신'은 이를 극복한 '민족중흥'의 계보였다. 이렇듯 10월유신의 합리화에 3·1운동의 계보학이 여전히 쓸모가 있었기 때문에, 유신헌법의 전문에는 '3·1운동'과 '4·19의거'가 '5·16혁명'과 함께 계속 들어갈 수 있었다. 한마디로 박정희 정권은 집권 내내 3·1운동의 계보학을 정치적으로 전유하여 적극 활용했다.

그렇다면 1960~70년대 민주화운동을 전개했던 세력들은 3·1운동을 어떻게 소환하고 기억했을까? 이들 역시 3·1운동의 계보학을 적극 활용하여 박정희 정권의 독재에 맞섰다. 특히 4·19혁명 이후 학생운동의 각종 선언과 문건 속에는 3·1운동의 계보학이 끊임없이 등장했다. 5·16쿠데타 직후 일시적으로 위축되었던 학생운동은 1964~65년 6·3항쟁을 비롯한 한일협정반대운동 과정에서 급속히 고양되었다. 그 시작점은 1964년 3월 24일 박정희 정권의 굴욕외교를 비판하는 대학생들의 시위였다. 이날 시위에 나선 연세대 학생들은 「결의문」을 통해 "우리에게는 3·1정신을 이어받은 4·19의 젊은 혼이 알알이 살아 있다"라며 과감한 행동을 다짐했다.[43] 같은 날 시위를 벌인 서울대 학생들도 명시적으로 3·1운동을 언급하지는 않으나 "조국해방투쟁의 영웅스러운 전통을 계승하기 위하여" 굴욕외교에 반대하는 시위를 전개한다는 사실을 대내외에 천명했다.[44]

1965년에도 한일협정반대운동에 나선 학생들은 스스로를 "3·1운동을

한일협정반대 시위를 벌이고 있는 서울대 학생들

4·19혁명 이후 학생운동의 각종 선언과 문건 속에는 3·1운동의 계보학이 끊임없이 등장했다. 5·16쿠데타 직후 일시적으로 위축되었던 학생운동은 1964~65년 6·3항쟁을 비롯한 한일협정반대운동 과정에서 급속히 고양되었다. 그 시작점은 1964년 3월 24일 박정희 정권의 굴욕외교를 비판하는 대학생들의 시위였다. 이날 시위에 나선 서울대 학생들은 명시적으로 3·1운동을 언급하지는 않았으나 "조국해방투쟁의 영웅스러운 전통을 계승하기 위하여" 굴욕외교에 반대하는 시위를 전개한다는 사실을 대내외에 천명했다.

감행하고 광주학생의 분노를 간직하고 6·10만세를 부르짖고 4·19항거를 선도하고 6·3의 의거를 터트린 한국의 백만학도"로 호명했고,[45] 6월 22일 끝내 한일협정이 체결되자 '삼일절 노래'를 부르거나(이화여대),[46] "되찾자 3·1정신"(연세대) "유관순은 살아 있다"(동덕여대) 등의 구호를 외치며 격렬한 시위를 전개했다.[47] 반면 1964년 5월 20일 '민족적 민주주의 장례식'에서 학생들이 "4월 항쟁의 참다운 가치성은 반외압세력, 반매판, 반봉건에 있으며 민족민주의 참된 길로 나가기 위한 도정이었다. 5월 쿠데타는 이러한 민족민주이념에 대한 정면적인 도전이었으며 노골적인 대중탄압의 시작이었다"라고 선언한 것에서 드러나듯,[48] 학생운동이 강조한 3·1운동─4·19혁명의 계보에서 5·16은 철저하게 배제되었다.

1970년대에는 3·1운동의 계보학이 학생운동의 정통성, 당위성, 자신감 등을 표현하는 일종의 관용구가 되어 각종 선언과 문건 속에 빈번하게 언급되었다. 몇 가지 사례를 소개하면 다음과 같다. "우리는 민족사를 판가름 짓는 70년대의 절박한 상황에서 더욱 공고하게 성장할 것이며 동학혁명과 3·1운동을 거쳐 4·19로 면면히 이어져온 민권의 혁명을 완수하고야 말 것이다."[49] "우리는 동학혁명투쟁, 3·1운동, 4월혁명 등의 면면히 이어 내려오는 반봉건, 반제, 반독재 투쟁의 역사를 지니고 있다."[50] "우리의 혈맥에는 3·1운동과 광주학생운동, 4·19혁명으로 면면히 이어지는 민권투쟁의 뜨거운 원동력이 흐르고 있는 것이다."[51] "3·1운동 때 민족의 해방을 위해 싸웠던 학우여, 이승만 독재정권에 항거하여 싸웠던 학우여, 이제 우리는 또다시 역사의 부름을 받고 있다."[52] "각처에서 들려오는 민중의 신음소리를 정의와 사랑으로 바꾸기 위해 소리 높여 외쳐온 우리의 함성은 민권을 부르짖은 동학혁명과 민족을 부르짖은 3·1운동과 민주를 부르짖은 4·19혁명과 그 맥을 같이한다."[53]

1970년대 학생운동 관련 각종 선언과 문건 속에서 3·1운동의 계보학이 학생운동의 정통성, 당위성, 자신감 등을 표현하는 일종의 관용구로 자리 잡은 것에는 두가지 상반된 의미가 있다. 하나는 그것이 3·1운동 기억을 둘러싼 지배와 저항의 경합을 잘 보여준다는 점이다. 앞서 살펴본 대로 박정희 정권의 3·1운동 계보학은 실상 '동학농민전쟁―3·1운동―4·19혁명'의 한계에 주목하고 그 극복으로서 '5·16―10월유신'을 강조한 것이었다. 반면 학생운동의 3·1운동 계보학은 자랑스럽고 성공적인 역사이며 무엇보다 반드시 계승·발전시켜야 할 자산으로서 '동학농민전쟁―3·1운동―광주학생항일운동―4·19혁명'을 위치시키고, 여기서 '5·16―10월유신'은 완전히 부정·배제했다. 따라서 박정희 정권과 학생운동 세력은 민족사의 연속성에 입각한 계보학적 역사인식을 공유하면서도 각자의 입장과 지향에 따라 3·1운동을 소환·전유하여 끊임없이 경합했음을 알 수 있다.

다른 하나는 3·1운동을 학생운동의 집회나 시위현장에서 활용하는 방식에 일정한 변화가 보인다는 점이다. 학생운동에서 3·1운동과 4·19혁명은 하나의 계보로 엮여 소환되었지만 두 사건의 역사적 의미가 균질한 것은 아니었다. 젊은 대학생들에게는, 비교적 최근에 벌어졌으며 학생이 주도하여 독재를 무너트리는 데 성공한 4·19혁명의 역사적 무게가, 훨씬 오래전에 벌어졌으며 거족적으로 저항했으나 독립 달성에 실패한 3·1운동의 그것보다 무거울 수밖에 없었다. 때문에 학생운동에서 4·19혁명이 다양한 방식으로 빈번하게 소환된 반면, 3·1운동은 시간이 지날수록 4·19혁명과 연관된 계보학의 방식으로만 기억되는 경향을 보였다. 그리고 3·1운동의 계보학마저도 학생운동의 각종 선언이나 문건 속에 등장하는 관용적인 어구로 그 역할이 점점 제한되어갔다. 3·1운동의 이러한 위상 축소는 1980년대 학생운동에서 더욱 가속화된다.

기억투쟁의 장, 3·1절

유신체제기에는 민주화운동에 대학생들 외에도 재야세력과 종교계가 적극 참여했다. 그들 역시 민주화운동 과정에서 3·1운동과 4·19혁명을 하나의 계보로 엮어 행동의 근거로 삼았다. 1973년 '남산부활절연합예배 사건'의 피의자 박형규 목사가 재판 과정에서 "학생들이 나라를 위해 움직인 것은 3·1정신과 4·19정신이 움직인 것이지 남의 선동에 의해서 움직인 것은 아니다"[54]라고 일갈한 것이나, 1978년 전남대 교수 11명이 발표한 「우리의 교육지표」의 가장 마지막 부분에 "3·1정신과 4·19정신을 충실히 계승하여 겨레의 숙원인 자주평화통일을 위한 민족역량을 함양하는 교육을 한다"[55]라는 교육지침이 명기된 것 등이 그 대표적 사례다. 단 학생들이 3·1운동보다 4·19혁명을 중시했다면 재야세력과 종교계는 3·1운동을 더 중시하는 편이었다. 특히 재야세력과 종교계는 1975년부터 매년 3·1절에 각종 선언서를 발표하여 유신체제의 암흑에 맞서 민주화의 횃불을 이어나갔다.

그 시작은 1975년 2월 28일 민주회복국민회의가 명동성당에서 발표한 「민주구국헌장」과 「국민에게 보내는 메시지」였다.[56] "민주회복투쟁의 지침서로 선언된" 「민주구국헌장」은 3·1절을 계기로 발표한 민주화 선언답게 3·1운동 「독립선언서」의 '공약삼장'처럼 마지막에 '강령삼장'을 따로 담았다.[57] 민주회복국민회의의 인사 대부분이 '한복' 차림으로 나와 「민주구국헌장」을 발표한 덕분에 이날 명동성당의 분위기는 마치 3·1운동 당시 「독립선언서」 발표가 재현된 것 같았다.[58] 「민주구국헌장」과 함께 발표된 「국민에게 보내는 메시지」는 유신체제하 3·1절과 3·1운동의 의미를 다음과 같이 설명했다.

오늘은 56번째 맞는 3·1절입니다. (…) 3·1정신은 곧 민족주의와 민주주의의 정신입니다. "위력의 시대는 가고 도의의 시대가 온다"고 선언하였던 3·1독립선언문은 오늘에도 의연히 그 정신을 일깨워주고 있습니다. 무수한 선열들의 피의 순국으로 조국은 해방되었습니다. 그 선열들이 애타게 절규했던 민주주의는 아직도 정치권력에 의하여 짓밟히고 있습니다. (…) 그토록 선열들이 외쳤던 국민의 기본적 자유는 이민족이 아닌 동족의 독재정권에 의하여 무참히 짓밟히고 있습니다.

3·1만세운동과 4·19혁명은 우리 국민의 민주적 위대성을 보여준 획기적인 역사의 현장이었습니다. 이제 우리는 '민주국민헌장'의 정신에 따라 민주주의 실현을 향한 우리의 결의와 신념을 집약하고 모든 민주국민과 대동단결하여 민주구국투쟁을 전개합시다.[59]

「국민에게 보내는 메시지」는 "3·1정신이 곧 민족주의와 민주주의의 정신"이며 "3·1만세운동과 4·19혁명은 우리 국민의 민주적 위대성을 보여준 획기적인 역사의 현장"이라는 점을 분명히 하면서, 일본의 식민통치와 유신체제의 독재, 그리고 반식민 투쟁과 반유신 투쟁을 끊임없이 비교했다. 이는 한국 민주화운동에서 3·1운동을 소환하는 가장 일반적인 방식이었다.

1975년 3·1절에는 「민주구국헌장」과 「국민에게 보내는 메시지」 발표 외에도 한국의 민주화를 염원하는 각계각층의 의사표현과 직접행동이 곳곳에서 일어났다. 먼저 야당인 신민당의 김영삼 총재와 재야의 윤보선 전 대통령이 각각 3·1절 성명서를 발표하여 온 민족과 국민이 민주회복운동에 힘을 모아 나가자고 호소했다.[60]

종교계는 1975년 3·1절을 맞아 더 직접적으로 행동했다. 서울 새문안교회에서는 대한예수교장로회 평신도회 서울노회연합회 주최 '3·1절민 족항거기념 평신도 연합구국기도회'가 열렸다. 이 기도회에서 설교를 맡 은 조남기 목사는 "민족의 저항정신이 평민들 속에 성숙되어 나타난 것 이 바로 3·1운동이고 진실만은 빼앗기지 않으려는 저항이 3·1정신"이며, "신앙의 자유를 위해서 평신도들이 목숨을 내걸고 무엇인가 행동으로 표 현해야 하는 것이 오늘의 현실"이라고 역설했다.[61] 이날 새문안교회에서 는 민주화운동으로 투옥되었다가 출옥한 두 해직교수의 환영예배도 함 께 열렸는데, 여기서는 1973년 10월 중앙정보부에서 의문사한 최종길 교 수의 사인을 밝히라는 성명이 발표되었다.[62] 목포 남부교회에서는 3·1절 기념예배에서 "교회는 3·1정신의 뜻을 받들어 진정한 민주주의를 이룩 하는 데 역사적 사명을 가져야 한다"라는 메시지가 나왔고, 예배 후에는 교역자 15명이 "대한민국 만세, 민주회복 만세" 등을 외치며 잠시나마 가 두시위를 벌였다.[63] 전남 강진에서도 이미 2월 23일부터 '3·1정신구현 민 주회복기도회'가 시작되어 3월 2일까지 8일 동안 계속 이어졌다.[64]

　1975년 3·1절을 전후로 재야세력과 종교계를 중심으로 활발한 반유 신 민주화운동이 일어날 수 있었던 것은 두가지 이유 때문이었다. 하나 는 당시 정세가 유신체제하에서 이례적인 유화국면이었다는 사실이다. 1972년 10월유신 직후 움츠러들었던 민주화운동은 1973년 10월 대학생 들의 시위를 계기로 고조되기 시작했다. 하지만 박정희 정권이 1974년 1월 긴급조치 1호를 선포하면서 민주화운동은 다시 위축될 수밖에 없었 다. 여기에 1974년 4월 민청학련사건과 인혁당재건위사건이 맞물려 긴급 조치 4호가 선포되어 정국은 더 얼어붙었다. 자신감을 되찾은 박정희 정 권은 1974년 8월 긴급조치 1호와 4호 해제, 1975년 2월 유신헌법에 대한 찬반 여부를 묻는 국민투표 실시, 민청학련사건 관련 구속학생 석방 등을 단행하여 일종의 유화국면을 조성했다. 1974년 말부터 시작된 『동아일보』 백지광고사태나 야당의 반대를 무시한 국민투표 강행 등이 보여주듯이 유화국면의 한계는 분명했지만, 그래도 1975년 초에 모처럼 민주화운동을 전개할 수 있는 여지가 생겼던 것이다. 그리고 3·1절이 그 좋은 계기가 되었다.

다른 하나의 이유는 종교계가 민주화운동에 적극적, 조직적으로 참여하기 시작했다는 사실이다. 그 분기점은 개신교의 경우 1973년 4월의 '남산부활절연합예배사건', 천주교의 경우 1974년 7월 '지학순주교구속사건'이었다. 개신교·천주교 모두 교회에 대한 국가의 과도한 억압과 폭력에 크게 반발했다.[65] 종교계는 자신들이 3·1운동을 주도했다는 자부심을 갖고 있었기 때문에, 3·1절을 맞아 더 활발한 움직임을 보였다. 무엇보다 정치적 성격의 집회가 쉽지 않았던 유신체제하에서 종교계가 연례적으로 거행하던 3·1절 기념행사는 민주화운동 인사들이 결집할 수 있는 가장 좋은 기회였다.

상황은 곧 반전되었다. 1975년 3월 이후 대학생들의 시위가 격화되자 박정희 정권은 4월 긴급조치 7호를 선포하는 한편 인혁당재건위사건 관련자 여덟명을 대법원 선고 직후 곧바로 사형시켜버렸다. 5월에는 베트남 공산화를 명분으로 긴급조치 9호를 선포하여 민주화운동을 다시 철저하게 봉쇄했다. 그러나 1975년 3·1절을 계기로 분출한 민주화에 대한 열망은 쉽게 사그라들지 않았다. 1년 뒤 1976년 3·1절을 앞두고 재야세력과 종교계는 민권회복과 민주화를 요구하는 집회 및 성명을 다시 한번 준비했다. 처음에는 천주교정의구현사제단을 중심으로 한 천주교 사제들, 문익환 목사를 비롯한 개신교 목사와 지식인들, 그리고 김대중·윤보선 등 재야 정치인들이 각기 비밀리에 준비를 하다가, 상호 교류·협력·조율

을 통해 3·1절 직전에 하나의 흐름으로 결집했다.[66]

그 결과 1976년 명동성당에서 열린 3·1절 기념미사에서 「3·1민주구국선언」이 발표되었다. 긴급조치가 발동 중이었기 때문에 이 사실은 며칠 동안 언론 등을 통해 외부로 알려지지 않았다. 하지만 3월 10일 검찰이 관련자 중 김대중·문익환 등 11명을 구속하고 함석헌·윤보선 등 아홉명을 불구속 입건하면서 큰 파문이 일어났다. 실제 「3·1민주구국선언」은 "민주주의는 대한민국의 국시"이고 "승공의 길, 민족통일의 첩경은 민주역량을 기르는 일"이며 이것이야말로 "3·1운동과 4·19 때 쳐들었던 아시아의 횃불을 다시 쳐드는 일"이라는 정도의 내용을 담고 있었다.[67] 그럼에도 박정희 정권은 조용히 넘어갈 수 있었던 이 사건을 크게 확대하여 가혹하게 탄압했다. 이는 3·1절 다음 날 아침 국무회의에서 박정희 대통령이 이 선언의 서명자 가운데 김대중이 있는 것을 보고 노발대발하며 엄중 처벌을 지시했기 때문이라고 한다.[68]

흔히 '3·1민주구국선언사건' 혹은 '명동사건'으로 불리는 이 사건은 박정희 정권에 의해 크게 확대된 덕분에 반유신 민주화운동 과정에서 중요한 의미를 갖게 되었다. 대학가에서는 학생들이 집회나 시위에서 「3·1민주구국선언」을 배포하거나 낭독했고, 종교계는 관련자들의 법정투쟁에 동참하면서 더 적극적으로 반유신 민주화운동에 뛰어들었다. 국제적으로도 3·1민주구국선언사건은 큰 주목을 받았다. 일례로 『뉴욕타임즈』 『워싱턴포스트』 등 미국의 주요 언론과 유명 종교계 잡지들이 사건의 내용과 재판 과정을 계속 보도했으며, 미국의회는 3·1운동, 4·19혁명, 김대중납치사건 등 한국 근현대사 주요 사건 및 현재의 정치·경제적 상황을 함께 살피면서 이 사건을 상세하게 논했다.[69] 유신체제의 위신과 입지는 그만큼 줄어들 수밖에 없었다.

3·1민주구국선언사건 당시 법정 투쟁 모습

1976년 명동성당에서 열린 3·1절 기념미사에서 「3·1민주구국선언」이 발표되었다. 3월 10일 검찰이 관련자 중 김대중·문익환 등 11명을 구속하고 함석헌·윤보선 등 9명을 불구속 입건하면서 큰 파문이 일어났다. 실제 「3·1민주구국선언」은 "민주주의는 대한민국의 국시"이고 "승공의 길, 민족통일의 첩경은 민주역량을 기르는 일"이며 이것이야말로 "3·1운동과 4·19 때 쳐들었던 아시아의 횃불을 다시 쳐드는 일"이라는 정도의 내용을 담고 있었다. 박정희 정권은 조용히 넘어갈 수 있었던 이 사건을 크게 확대하여 가혹하게 탄압했고, 이에 맞선 민주화운동 세력의 저항 역시 치열했다.

이후 3·1절 관련 행사가 공권력에 의해 철저히 통제된 가운데서도 1977년 3월 재야인사 10인 명의의 「민주구국헌장」이 발표되었고, 1978년 3·1절에는 재야인사 66인 명의로 「3·1민주선언」이 발표되었다.[70] 그리고 1979년 3·1절에는 재야 민주화운동의 구심점으로 새롭게 '민주주의와 민족통일을 위한 국민연합'이 출범하면서 대표자 3인의 명의로 「민주구국선언」이 발표되었다. 1979년에 발표된 「민주구국선언」은 3·1운동의 기본이념으로 "민족주의, 민주주의, 평화주의"를 제시하고, "민주주의 회복만이 민족, 민주, 평화의 3·1정신을 선양할 수 있는 길임을 엄숙히 선포" 했다.[71] 이렇듯 3·1절과 3·1운동은 재야세력과 종교계를 중심으로 반유신 민주화운동이 주기적으로 분출할 수 있는 계기를 마련해줬다.

반면 박정희 정권은 정부 차원에서 거행하는 '3·1절 기념식'의 규모나 위상을 계속 축소했다. 이승만 정권기에는 정부 차원의 3·1절 기념식이 서울운동장에서, 수만명의 시민과 학생들이 참가한 가운데 거행되었다. 특히 일본의 재일한인 북송 문제로 반일감정이 고조되었던 1959년과 1960년에는 공식적인 3·1절 기념식 외에도 당일 밤 서울 시내에서 대규모 '봉화행렬'이 등장하고 남산 등 아홉개 산봉에서 '횃불점화'가 행해져, 이를 구경하기 위해 수많은 시민들이 몰려들기도 했다. 하지만 1960년대 박정희 정권기의 3·1절 기념식은 그 장소가 협소한 중앙청광장으로 바뀌었고 참가인원도 1만명 남짓으로 대폭 줄어들었다. 특히 10월 유신이 일어난 1972년부터는 3·1절 기념식 장소가 아예 '실내'로 이동됐다. 또 1974년 8·15광복절 기념식 당시 '저격사건'의 여파 때문인지 1975년부터는 대통령이 3·1절 기념식에 직접 참석하지 않았다.[72] 이는 1970년대 중후반 이후 3·1절을 민주화운동의 계기로 삼으려 했던 재야세력 및 종교계의 태도와 극명하게 대비되는 것이었다. 박정희 정권에

3·1운동은 궁극적으로 그 계보학을 통해 5·16이나 10월유신을 합리화해주는 수준에서만 의미가 있었다.

3·1절 기념식의 규모 및 위상 축소와 상관없이, 박정희 대통령의 '3·1절 기념사'는 당대 지배담론이 3·1운동과 결합하는 방식을 잘 보여준다. 1960년대의 경우 대통령의 3·1절 기념사는 대체로 '민족단결'을 통한 '민족중흥'과 '조국근대화'를 강조했다.[73] 일례로 1967년 3·1절 기념사에서 박정희 대통령은 다음과 같이 주장했다.

비록 그날의 민족적 목표가 투쟁을 통한 독립의 쟁취였다는 점에서 건설에 의한 조국의 근대화라는 오늘의 우리의 국가목표와 다르기는 합니다만 3·1운동이 민족의 활로와 국가의 진로를 밝히려 하였다는 점에서 그것은 조국의 근대화운동과 그 정신면에서 일치하고 있는 것입니다. 따라서 우리는 그날의 정신과 그 단결된 민족의 힘을 다시 발휘하여 이미 제2단계에 들어선 근대화 작업에 박차를 가해야 하겠습니다.[74]

'민족단결'을 통한 '민족중흥' '조국근대화'라는 지배담론과 3·1운동의 결합 시도는 1970년대에도 계속 이어졌다. 단, 이때가 되면 '민족사' '민족사관' '국난극복'이란 용어가 대통령의 3·1절 기념사에 본격적으로 등장하게 되는데, 이는 유신체제의 '한국적 민주주의' 강조 및 국사교과서 국정화 시행과 맞물린 것이었다.[75] 무엇보다 박정희 대통령은 1970년대 3·1절 기념사에서 '국민총화' '총화단결'을 최우선으로 강조했다. 이와 관련하여 박정희 대통령의 1975년과 1976년 3·1절 기념사를 살펴보면 다음과 같다.

지금 이때야말로 우리가 다 같이 3·1정신을 실천에 옮겨서 당리당략과 신분·종파를 감연히 초월하여 국민총화를 더욱 굳게 다지고 민족중흥을 위해 합심협력해나가야 할 때라고 확신합니다.[76]

3·1정신은 자주독립과 총화단결, 그리고 평화의지로 집약되는 우리 민족정신의 표상입니다. 우리가 일찍이 국민적 슬기를 모아 '10월유신'을 단행했던 것도 총화의 바탕 위에서 자주 자립의 국력을 시급히 배양하여 민족의 난국을 우리 힘으로 타개해나감으로써 조국의 번영과 평화적 통일을 앞당기자는 데 그 기본정신이 있었던 것입니다. 이처럼 '10월유신'의 정신은 3·1정신과 그 근본이념을 같이하고 있습니다.[77]

"3·1정신을 실천에 옮겨서 당리당략과 신분·종파를 감연히 초월하여 국민총화"로 합심협력하자거나, "총화의 바탕" 위에서 3·1운동과 10월 유신이 근본이념을 같이하고 있다는 주장은 유신체제 당시 지배담론과 3·1운동이 결합하는 가장 일반적인 방식이었다. 특히 '거족적 항일투쟁'이라는 3·1운동의 역사적 성격은 지배담론이 3·1운동을 소환하여 '국민 총화' '총화단결'을 강조하는 근거가 되었다. 또한 '국민총화' '총화단결' 담론은 반유신 민주화운동을 '분열'된 행동으로 비난하는 근거가 되었다. 1976년 3·1민주구국선언사건이 일어났을 때 『경향신문』이 이 사건을 "결과적으로 안정 대신 혼란을, 총화 대신에 분열을 가져오고 국력의 약화를 초래함으로써 적의 남침야욕을 부채질할 수 있는 위험성을 내포하고 있다"[78]라며 비난한 것이 그 한 사례다.

여기서 특기할 점은 저항담론 역시 3·1운동의 '거족적 항일투쟁'이라는 특성을 소환하여 반유신 민주화운동의 단합과 결집을 강조했다는 사실이다. 일례로 앞서 살펴본 1975년 3·1절을 맞아 발표된 민주회복국민회의의 「국민에게 보내는 메시지」는 민주주의 실현을 향한 결의와 신념을 "집약"하고 모든 민주국민과 "대동단결"하여 민주구국투쟁을 전개하자고 호소했다. 같은 날 김영삼 신민당 총재는 오늘의 3·1운동을 '민족회복투쟁'으로 규정하고 3·1운동 당시 우리 선열들이 했던 것처럼 전국민 각계각층이 "혼연일체가" 되어야 한다고 주장했다.[79] 윤보선 전 대통령도 이날, 모든 민주세력은 3·1독립선언의 정신을 되살려 "한 덩어리로 뭉쳐서 민족적 대단합운동"으로 일로매진하자고 호소했다.[80]

'구국'도 3·1운동 기억에서 지배담론과 저항담론이 공유하는 가치였다. 1975년 이래 재야세력과 종교계가 3·1절마다 선포한 각종 '민주구국헌장'과 '민주구국선언'에서 알 수 있듯이, 반유신 민주화운동에 있어 중요한 명분 중 하나가 독재로 신음하는 나라를 구하자는 '구국'이었다. 그런데 박정희 대통령 역시 3·1절 기념사를 통해 "10월유신은 3·1정신을 계승한 또 하나의 위대한 구국운동"[81]이라거나, "3·1운동은 외세의 압제에 시달리던 우리 겨레가 국권을 되찾고자 감연히 궐기하여 민족자결의 열화 같은 의지를 만천하에 천명했던 구국의 투쟁"[82]이라거나, "외세에 빼앗겼던 나라의 자주독립을 되찾고자 온 겨레가 하나로 뭉쳐 궐기했던 숭고한 구국정신"[83]이라 하여 역시 '구국'을 강조했다. 민주화운동 세력에게 구국이 부당한 국가권력을 바로잡는 것을 의미했다면, 정권에 구국은 국가권력에 대한 충성과 헌신을 의미했다.

이렇듯 박정희 정권기에 3·1운동과 각각 결합한 지배담론과 저항담론은, 한편으로는 거족적 항일투쟁과 구국의 기억을 공유하면서도 다른 한편으로는 "민족단결, 국민총화, 민족중흥, 조국근대화, 국가에 대한 충성과 헌신" 대 "자유, 민권, 반독재, 민주화, 단합된 저항"의 담론 경합을 벌여나갔다. 이는 5·16쿠데타 이후 3·1운동을 둘러싸고 벌어진 지배와 저항의 복잡하고 지난한 '기억투쟁'이었다.

1980년대 '3·1운동 기억'의 연속과 단절

1980년대에 들어와 한국사회의 3·1운동 기억은 1960~70년대와 비교했을 때 연속과 단절의 양면성을 보였다. 우선 1980년대는 두가지 측면에서 1960~70년대의 3·1운동 기억, 특히 3·1운동의 계보학을 계속 이어나갔다.

첫째, 헌법개정 논의 과정에서 3·1운동의 계보학이 여전히 중시되었다. 1979년 10·26사태로 유신체제가 사실상 붕괴하자, 정치권은 1979년 말부터 헌법개정 논의를 활발하게 진행했다. 1979년 12월 27일에 열린 신민당의 헌법개정 공청회에서 한완상은 개정헌법의 전문에 "3·1운동, 4·19와 함께 '동학혁명정신'이라는 문구를 삽입해야 한다"라고 주장했다.[84] 1980년 1월 11일 신민당의 2차 공청회에서도 다른 토론자가 같은 주장을 되풀이했다.[85] 2월에 만들어진 신민당의 개헌 시안을 보면, 그 전문에 비록 동학농민전쟁이 제외되었지만 "우리들 대한국민은 기미3·1운동의 숭고한 독립정신과 4·19민주의거의 이념을 계승"한다는 문구가 들어갔다.[86] 반면 공화당은 헌법 전문에 박정희 정권 때와 똑같이 3·1운동, 4·19혁명과 함께 5·16을 계속 넣자고 주장했다. 헌법 전문에 5·16을 넣을 것인지 말 것인지를 둘러싼 논쟁은, 1980년 4월 말 공화당과 신민당이 헌법개정안에 대해 극히 일부분을 제외하고 구체적인 조문까지 합의한 상황에서도 여전히 결론이 나지 않았다.[87] 이 때문에 공화당 일각에서

5·16을 빼는 대신 4·19혁명도 함께 빼자는 주장이 나오거나,[88] "과거 사실들을 현재와 미래를 위해 제정하는 헌법에 전문으로 넣는다는 것은 난센스"이므로 헌법 전문에 이런 식의 계보학적 역사인식을 더이상 반영하지 말자는 주장이 나오기도 했다.[89]

이 논쟁은 1980년 5·17쿠데타와 5·18항쟁 진압을 통해 전두환이 권력을 잡으면서 일순간에 종식되었다. 전두환 정권은 제5공화국 헌법을 만들면서 헌법 전문에 3·1운동만 남겨 놓고 4·19와 5·16을 모두 삭제했다. 대신 "제5공화국의 출발"이라는 어구를 넣어 3·1운동의 계보 속에 스스로를 직접 편입시켰다. 과거 박정희가 그랬듯이 전두환도 3·1운동을 통해 취약한 정권의 정통성을 보완하려 했던 것이다.

1987년 6월항쟁으로 직선제 개헌이 현실화되자 3·1운동의 계보학이 다시 소환되었다. 여당인 민정당과 야당인 민주당은 3·1운동-대한민국임시정부-4·19혁명을 헌법 전문에 삽입하는 것에는 쉽게 합의했다. 민주당 내에서는 이외에도 동학농민전쟁과 5·18항쟁을 헌법 전문에 삽입하자는 주장이 나왔다. 민주당의 개헌 시안에는 이 중 5·18항쟁이 반영되었다.[90] 반면 민정당은 헌법 전문에 기존의 3·1운동과 제5공화국을 그대로 유지하고, 여기에 임시정부, 4·19 등 가치관의 합의가 이루어진 것만 추가하자고 주장했다. 국민적 합의가 아직 이뤄지지 않은 역사적 사건들을 나열하는 것은 헌법의 품위를 떨어트린다는 논리였다.[91] 결국 헌법 전문에 들어갈 3·1운동의 계보학에 제5공화국을 포함시킬 것인지 아니면 5·18항쟁을 포함시킬 것인지를 둘러싼 논쟁이 발생했다. 이는 여야 협상 과정에서 마지막까지 쟁점으로 남았다가 둘 다 빼는 것으로 결론이 났다. 그 결과 1987년에 개정된 헌법, 즉 현행헌법의 전문에는 "우리 대한국민은 3·1운동으로 건립된 대한민국임시정부의 법통과 불의에 항거한

4·19민주이념을 계승"한다고 명시하여, 3·1운동－대한민국임시정부－
4·19혁명의 계보가 오늘날의 헌법정신으로 자리 잡았다.

둘째, 3·1운동의 계보학은 1980년대 민주화운동 과정에서도 운동
주체들에 의해 지속적으로 소환되고 기억되었다. 3·1운동－4·19혁명
의 계보에 현실의 민주화운동을 연결하고 운동주체의 결의를 다지는,
1960~70년대 이래의 3·1운동 기억 방식이 계속 이어졌던 것이다. 일례로
1980년 5월 '서울의 봄' 국면에서 비상계엄 해제, 해고근로자 복직 등을
주장하며 연일 교내시위를 벌이던 연세대 학생 2천여명은, 5월 8일 밤 도
서관 앞뜰에서 54개 서클연합회 주최로 '민족통일로 가는 길'이란 주제
의 토론회를 가진 후 11개 단과대학별로 동학운동, 3·1운동, 4·19혁명 등
시대의 흐름에 따른 운동사를 풍자한 촌극대회를 가진 바 있었다.[92]

1987년 6월항쟁에서도 3·1운동의 계보학이 활용되는 모습을 쉽게 확
인할 수 있다. 대표적인 사례가 1987년 6월항쟁에서 핵심적인 역할을 수
행한 '민주헌법쟁취 국민운동본부(국본)'가 만들어낸 다수의 선언과 문
건들이다. 1987년 5월 27일 국본이 결성되면서 발표한 「결성선언문」에는
다음과 같은 내용이 나온다.

우리 국민은 온갖 외세의 침략과 독재적 억압의 현대사 가운데서도 갑
오농민전쟁, 3·1독립운동, 4월혁명, 부마항쟁, 광주민중항쟁의 빛나는 전
통을 이어받아 민족의 자존을 수호하고 민주주의의 대동 세상을 건설하
기 위한 투쟁을 전개해왔다. 이 나라 역사는 국민의 인간애 넘친 희생을
밑거름으로 발전되어왔으며 승리의 그날이 멀지 않았음을 우리는 굳게
믿는다.

우리는 용기있는 민족만이 민주주의의 산 열매를 얻을 수 있다는 교훈

을 가슴 깊이 되새기며, 지금 이 나라의 앞길에 놓인 미증유의 난국을 타개하고 민주주의의 광명대도를 열기 위해 '호헌반대 민주헌법쟁취 국민운동본부'를 발족한다.[93]

동학농민전쟁-3·1운동-4·19혁명-부마항쟁-5·18항쟁의 계보는 이후에도 국본의 중앙이나 지방지부가 만든 수많은 선언과 문건 속에 거의 예외 없이 관용구처럼 반복적으로 등장했다. 국본의 선언과 문건에만 3·1운동의 계보학이 언급된 것은 아니었다. 6월항쟁 직후 '노동자대투쟁' 과정에서 창간된 『노동자신문』은 바로 직전에 있었던 6월항쟁을 "동학농민혁명, 3·1운동, 민족해방운동, 4월민중봉기, 광주민중항쟁으로 이어지는 우리 민중의 전통이 쉬고 있던 화산이 되살아나듯 다시 살아나 거대하게 폭발한 것"[94]으로 규정했다. 또한 1987년 12월 직선제로 치러진 대통령선거 직후 30개 고등학교 학생들이 결성한 '서울지역 고등학생연합회'는 '민주교육쟁취와 노태우당선무효대회'를 개최하고 "3·1운동과 광주학생운동, 4·19혁명의 주체와 불꽃이 고등학생임을 강조"하면서 "투쟁의 맥을 이어나가 군부독재를 끝장내는 데 앞장설 것을 다짐"했다.[95]

1960~70년대의 3·1운동 기억, 특히 3·1운동의 계보학은 이와 같이 1980년대에도 두 차례의 개헌 논의나 6월항쟁으로 대표되는 민주화운동 과정에서 면면히 이어졌다. 하지만 1980년대의 3·1운동 기억은 그 이전 시기와 일정하게 단절되기도 했다. 무엇보다 3·1운동의 상징처럼 중시되었던 '민족대표 33인'과 '대한민국임시정부'에 대한 평가에서 큰 변화가 일어났다. 오랫동안 '민족대표 33인'은 3·1운동의 '지도자'로서 높은 평가를 받았다. 그러나 3·1운동 50주년이었던 1969년 안병직이 자신의 논문에서 "오히려 '민족대표'들은 그 지도층의 투항주의적 성격으로 말미

민주헌법 쟁취하여 민주정부 수립하자！

-민주헌법쟁취 국민운동본부 결성선언문-

우리 국민은 온갖 외세의 침략과 독재적 억압의 현대사 가운데서도 갑오농민전쟁, 3·1독립운동, 4월혁명, 부마항쟁, 광주민중항쟁의 빛나는 전통을 이어받아 민족의 자존을 수호하고 민주주의의 대동 세상을 건설하기 위한 투쟁을 전개해왔다. 이 나라 역사는 국민의 인간애 넘친 희생을 밑거름으로 발전되어 왔으며 승리의 그 날이 멀지 않았음을 우리는 굳게 믿는다.

우리는 용기있는 민족만이 민주주의의 산 열매를 얻을 수 있다는 교훈을 가슴깊이 되새기며, 지금 이 나라의 앞길에 놓인 미증유의 난국을 타개하고 민주주의의 광명세도를 열기위해 「호헌반대 민주헌법쟁취 국민운동본부」를 발족한다.

오늘 우리는, 온 국민이 가슴조이고 전 세계 이목이 주시하는 바와 같이, 중대한 역사적 분기점에 서있다. 분단 40년의 오랜 기간동안 국민의 생명력을 짓밟아온 군부독재를 청산하고 민족의 자존을 멸치 회복의 맞불 것인가, 아니면 지긋지긋스러운 폭압아래 노예로 머물 것인가 라는 중대한 분기점에 서있는 것이다. 따라서 온 국민의 기대와 소망으로 전개되어 오면 개헌논의를 하루 아침에 봉쇄하려는 천정권의 호헌방안은 우리에게 온 몸을 던진 단호한 생덕을 촉구하고 있는 것이다.

민주개헌은 어느 개인이나 정파적 이익의 한계를 뛰어넘는 온 국민의 일치된 소망으로 이미 확인되었었다. 우리 국민은 85년 2·12총선을 계기로 엄청난 단합에도 불구하고 진정한 국민적 합의에 기초한 민주화의 길을 얻기 위한 시급한 과제로서 민주개헌의 요구를 도저히 분출시켰던 것이다. 개헌은 단순히 헌법상의 조문개정을 뛰어넘어 유신이래 빼앗겨온 정치·경제·사회·문화등 모든 생활영역에서 기본권리를 확보하기 위함이며, 이를 위해 무엇보다도 정부선택권을 되찾음으로써 실로 안으로 국민다수의 의사를 실현하고 밖으로 민족의 이익을 수호할 수 있는 정통성 있는 민주정부의 수립을 가능케함을 의미한다. 또한 개헌은 응어리진 국민적 원한과 울분을 새로운 단결과 화해, 역사발전의 원동력으로 승화시킬 수 있는 그 무엇과도 바꿀 수 없는 민주화를 위한 출발점이며 전대명제임을 밝히는 바이다.

「88 올림픽」이나 「평화적 정부이양」이나 「단임제」가 민주개헌을 늦춰야 할 이유가 될 수 없음은 자명하다. 세계명회의 축제이며 인류이상의 체현이어야 할 올림픽이 이 땅의 민주화를 지체시키고 외국인들에게 잘 보이기 위해 도시 영세민의 생존권을 박탈하게 한 수는 없으며, 강요된 침묵이 평화일 수도, 얼굴화장만 달리한 독재자의 교체가 단임제일 수도 없다. 우리는 천정권이 회개와 반성을 통해 민주정부를 세움으로써 올림픽행사를 갈라진 민족의 화해와 통일에 기여케할 것을 마지막으로 당부한다. 아울러 우리는 천군부독재의 탄생과 유지에 직접적인 후원자이며, 이를 통해 자국의 이익을 관철시켜 온 미국을 비롯한 모든 외세에 대해서도 엄중한 경고를 보내는 바이다. 상황에 따라 내용을 달리하는 미국의 이중적 대한정책은 한국의 민주화에도, 자국의 이익에도 도움이 되지 못할 것이다.

우리 조국의 민주화는 우리의 손에 의해, 우리의 투쟁과 사랑과 희생에 의해서만 이룩될 수 있다. 이제 우리는 이 민족을 믿고 희망찬 미래로 도약시키기 위하여 모든 국민의 민주화 의지를 총집결하여 민주헌법 쟁취를 위한 운동을 힘있게 조직하고 실천해 나갈 것임을 역사와 민족앞에 엄숙히 다짐하는 바이다.

1987년   5월   27일

민주헌법쟁취 국민운동본부 발기인 일동

6월항쟁 당시 국본 결성선언문

1987년 6월항쟁에서도 3·1운동의 계보학이 활용되는 모습을 쉽게 확인할 수 있다. 대표적인 사례가 1987년 6월항쟁에서 핵심적인 역할을 수행한 국본이 만들어낸 다수의 선언과 문건들이다. 동학농민전쟁―3·1운동―4·19혁명―부마항쟁―5·18항쟁의 계보는 국본의 중앙이나 지방지부가 만든 수많은 선언과 문건 속에 거의 예외 없이 관용구처럼 반복적으로 등장했다.

암아 운동의 시작부터 운동을 포기"했으며, "3월 1일 이후의 운동은 (…) '민족대표'들의 비굴한 행동과 타락된 사상을 극복하는 방향으로 전개되었다"[96]라고 분석한 이후, 학계를 중심으로 '민족대표 33인'에 대한 비판적 인식이 점차 확산되었다. 대신 3·1운동의 주인공으로서 '민중'에 대한 관심이 커졌다. 1975년 3월 1일 새문안교회에서 열린 한국기독교교수협의회 주최 '출옥교수 환영예배'에서 안병무는 다음과 같이 역설했다.

동학혁명은 민족을 위기에서 살리겠다는 민족애와 민중의 빼앗긴 권리를 도로 찾겠다는 두가지 성격을 지녔다. 여기에 3·1운동은 순수 민중만으로 점령세력에 항거한 운동일 뿐만 아니라 동학혁명의 불길을 올렸던 민중의 힘이 이념화된 사건이었다. (…) 민중의 분노는 마침내 4·19혁명을 일으켰다. 동학혁명과 3·1운동의 민중의 얼이 다시 소생한 사건이다.[97]

민중을 주체로 하여 동학농민전쟁―3·1운동―4·19혁명의 계보를 정리한 이같은 주장은, 1970년대 지식인들과 대학생들 사이에서 확산된 민중론과 긴밀하게 연결된 것이었다. 그리고 1980년대가 되면 민중을 주체로 한 3·1운동 인식이 더 확고하게 자리를 잡았다. 민중을 주체로 한 3·1운동 인식은 크게 두가지 경향을 보였다. 하나는 "33인을 중심으로 3·1운동을 볼 것이 아니요, 전체 민중을 중심으로 보아야 할 것이며 민족 모두를 중심으로 하여 생각해야 할 것이다. (…) 이러한 정신의 3·1운동은 민중이 곧 민족이요, 민족이 곧 민중일 수 있다는 일치적인 성격을 뜻하는 것이기도 하다"[98]라는 말에서 알 수 있듯이, 민중과 민족을 동일시하는 경향이었다. 다른 하나는 민중의 계급성을 더욱 강조하는 경향이었다. 서울대학생들이 '3·1운동' 심포지엄에서 "3·1운동에 있어 33인을 포함한 48인은 민족부르주아로서의 계층적 한계성을 탈피하지 못했기 때문에 투쟁의 담당층은 민중으로 옮겨지고 계급의식=민족의식의 형태로 나타난 민중운동단계에 이르러 민족해방운동을 위한 주체적 역량이 성숙"되어 나갔다고 주장[99]한 것이 그 하나의 사례다. 양자가 완전히 대립적인 것은 아니었으나, 대체로 기성 지식인들이 전자의 경향을 많이 띠었다면 후자는 주로 대학생들에게 해당되었다.

3·1운동의 결과 조직된 대한민국임시정부의 경우 대한민국의 정통성 문제와 맞물려 오랫동안 독립운동의 중심으로 인식되었다. 하지만 1980년대 초부터 조동걸 등의 연구를 통해, 임시정부 주도세력들이 3·1운동 당시 일제의 무장군대에 맞서 폭력투쟁으로 진출한 민중의 항거태세와는 반대로 '민족대표 33인'의 생각에서 한치도 벗어나지 못하고 외교적인 수단으로 국제여론에 호소하려는 안이한 생각에 머물렀다는 점이 지적되었다.[100] 여기에 임시정부가 정부로서는 물론 독립운동가의 지도기관으로서의 역할도 거의 수행하지 못한 채 "하나의 단위 독립운동 단체로 떨어져갔다"라는 사실이 함께 부각되었고,[101] 반면에 임시정부 외에 사회주의자들을 비롯한 다양한 민족해방운동 세력들이 주목을 받으면서 임시정부에 대한 역사적 평가는 갈수록 낮아졌다. 1987년 6월항쟁 직후 직선제 개헌 과정에서 여야가 헌법 전문에 '임시정부의 법통'을 명기하기로 합의하자, 민중사학을 주창하던 소장 역사연구자들이 반발한 것도 이 때문이었다.[102]

그 결과 1980년대의 3·1운동 기억은 이전과 일정한 단절을 겪을 수밖에 없었다. 특히 대학생들에게는 그 정도가 훨씬 강했다. 그 이유는 다음과 같았다. 첫째, 민중을 주체로 하여 3·1운동을 바라보는 새로운 관점이 학생들의 관심을 자극하기도 했으나, 민중적 시각으로 보았을 때 동시대에 벌어진 역사적 대사건, 즉 1980년 5·18항쟁이 학생들에게 훨씬 더 중요했다. 1980년대 대학생들에게 5·18항쟁의 의미는 절대적이었다. 학생의 힘으로 독재정권을 무너트린 1960년 4·19혁명 역시 새로운 독재정권에 맞서 싸우던 학생운동에서 여전히 큰 의미가 있었다. 반면 5·18, 4·19와 비교했을 때 3·1운동의 의미는 왜소해졌다. 둘째, 민족대표 33인과 대한민국임시정부 비판으로 대표되는 3·1운동에 대한 새로운 역사인식은, 기존 역사인식에서 벗어나기 어려운 기성세대보다, 이제 막 역사에 눈을 뜬 젊은 세대에게 더 큰 영향을 주었다. 특히 3·1운동에 대한 새로운 역사인식은 주로 대학 내 강의와 세미나, 그리고 역사학 전공서나 논문을 통해 확산되었기 때문에, 기성세대보다 학생들이 이를 더 많이 흡수할 수 있었다. 셋째, 맑스주의와 같은 변혁적 사상이 대학가에 확산되면서, 학생들은 자연스럽게 민족해방운동사에서 3·1운동보다 1920년대 이후 사회주의운동과 노동자·농민운동에 더 많은 관심을 가졌다.

3·1운동―4·19혁명―5·18항쟁으로 이어지는 계보 속에서 3·1운동의 위상은 1980년대 대학생들에게 예전 같지 않았다. 1980년대 학생운동의 각종 선언이나 문건에서 3·1운동에 대한 언급은 계보학에 따른 관용적 표현조차 드물어졌다. 1987년 6월항쟁의 국면에서도 학생들은 국본과 달리 3·1운동을 거의 언급하지 않았다. 그만큼 한국 민주화운동에서 3·1운동의 기억은 점차 희미해질 수밖에 없었다.

촛불혁명 후 '3·1운동 기억'의 재구성을 위하여

1960년 4·19혁명부터 1987년 6월항쟁까지 한국 민주화운동에서 3·1운동 기억이 보여준 특징을 정리하면, 한마디로 서로 다른 기억 간 '경합'의 연속이었다고 할 수 있다. 우선 이승만 정권은 '삼일절 노래'를 독점하는 등 3·1운동 기억을 지배를 위한 수단으로 이용했으나, 4·19혁명 당시 학생들은 '삼일절 노래'를 부르며 이승만 독재에 맞서 시위를 벌였다. 3·1운동 기억이 4·19혁명 과정에서 전유되어 이승만 정권의 정당성과 기반을 흔드는 역할을 했던 것이다.

4·19혁명과 3·1운동의 관계에서도 '경합'이 발생했다. 4·19혁명은 시위 단계부터 많은 면에서 3·1운동과 연관되어 인식되었다. 민족해방을 추구한 3·1운동과 민주회복을 추구한 4·19혁명을 '민족사의 연속성' 속에서 파악하거나, '민주' '민족' '민권' 등 3·1운동과 4·19혁명이 공유하는 동일한 가치를 부각했다. 하지만 3·1운동이 개인의 자유와 민주주의를 위한 투쟁이 아니었다는 점에서 4·19혁명과의 연속성을 정면으로 부정하는 경우도 있었다. 이때 3·1운동은 4·19혁명이 극복해야 할 구세대의 유산이었다.

일부 이론에도 불구하고 오랫동안 한국사회에서는 3·1운동과 4·19혁명을 두 축으로 하고 여기에 한국 근현대사의 중요 사건들을 연결시키는 '계보학적 역사인식'이 강조되었다. 그런데 5·16쿠데타로 권력을 잡은 박정희 정권은 일면 3·1운동의 계보학을 수용한 듯했으나, 이를 완전히 거꾸로 전유하여 3·1운동─4·19혁명의 한계를 극복하기 위해 5·16과 10월 유신이 필요하다는 주장을 펼쳤다. 반면 민주화운동에서 3·1운동의 계보학은 자랑스럽고 성공적인 역사이며 무엇보다 반드시 계승·발전시켜야 할 자산으로서 '동학농민전쟁−3·1운동−광주학생항일운동−4·19혁명'을 위치시키고, 대신 '5·16−10월유신'을 완전히 부정·배제했다.

3·1운동 기억을 둘러싼 가장 치열한 경합의 장[18]은 해마다 돌아오는 3·1절이었다. 특히 재야세력과 종교계는 1975년부터 매년 3·1절에 각종 선언문을 발표하여 유신체제에 맞섰다. 반면 박정희 정권은 대통령의 '3·1절 기념사'를 통해 '조국근대화' '국민총화'와 같은 지배담론과 3·1운동을 적극 결합시켰다. 박정희 정권기에 3·1운동과 각각 결합한 지배담론과 저항담론은 '거족적 항일투쟁'과 '구국'의 기억을 공유하면서도 "민족단결, 국민총화, 민족중흥, 조국근대화, 국가에 대한 충성과 헌신" 대[19] "자유, 민권, 반독재, 민주화, 단합된 저항"의 담론 경합을 벌여나갔다. 이는 5·16쿠데타 이후 3·1운동을 둘러싸고 벌어진 지배와 저항의 복잡하고 지난한 '기억투쟁'이었다.

1980년대는 두가지 측면에서 1960~70년대의 3·1운동 기억, 특히 3·1운동의 계보학을 계속 이어나갔다. 첫째, 헌법개정 과정에서 3·1운동의 계보학이 여전히 중시되어 현행헌법의 전문에 반영되었다. 둘째, 6월항쟁 당시 국본의 선언이나 문건 등을 통해 확인할 수 있듯이, 3·1운동의 계보학은 민주화운동의 정통성, 당위성, 자신감 등을 표현하는 일종의 관용구로서 계속 활용되었다. 하지만 그동안 3·1운동의 상징처럼 중시되었던 '민족대표 33인'과 '대한민국임시정부'에 대한 비판적 평가가 확산되자 학생운동에서 3·1운동의 위상은 점차 약화되었다. 1987년 6월항쟁 국면에서도 대학생들은 국본과 달리 3·1운동을 거의 언급하지 않았다. 이러한 1980년대 3·1운동 기억의 연속과 단절도 일종의 길항관계를 갖고 있다.

6월항쟁 이후 한국의 민주화 과정에서 3·1운동 기억은 거의 자취를 감췄다. 그것은 민주화의 진전으로 민주화운동의 양상과 성격이 바뀌면서, 3·1운동을 둘러싼 기억 간 치열한 경합이 더이상 발생하지 않았기 때문일 수도 있고, 1980년대 학생운동이 보여주듯 민주화운동 내부에서 3·1운동의 위상이 이전보다 약화되었기 때문일 수도 있다. 3·1운동과의 시간적 간극이 계속 벌어지는 가운데, 아마도 이 두 요인이 상호작용했을 것이다.

4·19혁명부터 6월항쟁까지 민주화운동 과정에서 3·1운동이 기억되는 궤적을 살피며, 촛불혁명 이후 오늘의 한국 민주주의에서 3·1운동이 갖는 의미를 다시금 생각해보게 된다. 2016~17년 촛불혁명 당시, 3·1운동을 기억하며 촛불을 들고 거리에 나선 사람이 몇명이나 있었을까? 솔직히 회의적이지 않을 수 없다. 이제 3·1운동은 박제가 되어버린 것도 같다. 하지만 이 글에서 확인한 바와 같이 3·1운동 기억은 민주화운동 과정에서 당대의 주체들에 의해 끊임없이 역동적으로 '재구성'되어왔다. 촛불혁명을 거친 후 3·1운동 100주년을 맞이하는 오늘날, 그 재구성은 우리의 몫이다. 현재 한국사회, 한국 민주주의에 필요한 3·1운동 기억이 무엇인지 성찰하고, 이를 재구성하는 3·1운동 100주년이 되었으면 한다.

3·1운동과 감옥에 갇힌 여성 지식인들

최은희의 자기서사와 여성사 쓰기

장영은

여성으로부터, 그리고 여성을 향해서 글을 쓰면서 여성은 여성을 긍정할 것이다.　　　 ── 엘렌 식수*

전국에 수많은 여학교가 있었고 서울 안에도 상당수의 여학교가 있었으나, 1919년 3월 1일 만세시위에 전교생이 참가한 여학교는 경성여고보뿐이었다.　── 최은희**

여성의 몫과 글쓰기

1958년 최은희는 '3·1운동 사건 사료 현상 모집'에 응모한다. 정부가 주최한 3·1절 기념행사 가운데 하나였다. 사재史材 1편, 사화史話 1편, 사진 2편을 여러차례의 심사 단계를 거쳐 국사편찬위원회가 최종 선발하는 방식이었다. 최은희는 사재 편에 응모하여 당선되었고, 당선작 『근역의 방향』을 3년 후인 1961년 을유문화사에서 출간한다. 대한민국 애국부인회의 주역을 소개하고, 애국부인회 검거사건의 전개 과정 및 그 재판 판결문으로 구성된 책이었다. 이 책이 출간되자 여성계의 축하가 이어졌다. 최은희는 "여성이 여성의 투쟁사를 수집하여 당선 사재로 국가에 제공하였다는 것도 장쾌한 일이라 아니할 수 없다 하여 제일착으로 사재 입선 축하회를 열었고 여자국민당, 이화여고, 서대문구청 및 대한부인회 서대문구지부, 황씨 가족회 등에서 따로따로 축하회"[1]가 열렸다고 회고한다.

다음 해인 1962년 5월 최은희는 『한국일보』에 「잊지 못할 여류명인들」 연재를 시작했고, "독립운동과 민족문화에 공헌한 여류 30명의 실화를 써냈"다. 최은희는 자신의 글이 "여성사의 중추라 하여 굉장히 인기가 높았"으며 주위에서도 도움과 격려를 아끼지 않아 "한국여성운동사"를 "집 대성하여보겠다는 의욕을" 가지고 집필에 착수했고, 1973년 『조국을 찾기까지: 1905~1945 한국여성활동비화』를 출간했다.[2]

최은희가 여성 독립운동사를 완성한 것은 그 자체로 놀랄 만한 일은 아니었다. 1924년 10월 조선일보사에 입사한 최은희는 한국 최초의 여성 신문기자로 8년 동안 취재현장에서 활동했다. 아편굴과 매음굴 취재로 화제를 모았으며, 1924년 11월 23일부터 『조선일보』에 '가정란'을 신설해 「첫길에 앞장선 이들」을 26회에 걸쳐 연재했을 뿐 아니라, 1926년 6·10만세운동을 호외로 보도해 "신문계의 패왕霸王"으로 불리는 등 언론인으로서 두각을 드러냈다.[3] 최은희는 여성운동에도 적극적이었다. 1927년 5월 유영준, 황신덕과 함께 조선 여성의 지위 향상과 계몽운동, 여성해방, 민족운동 등을 목표로 설정하고 근우회 발기인 및 창립준비위원으로 활동했다. 이들이 "조선의 세까틀(세 까투리)" "서울의 삼인조"로 언급되던 시절이었다.[4] 근우회에서 4년 동안 중앙집행위원 및 재무부장을 역임했던 최은희는 1932년 건강상의 문제로 조선일보사를 떠난 후 해방 전까지 공적인 영역에서의 활동을 일절중단한다.[5]

해방 직후 최은희는 다시 사회에 등장한다. 언론계로 복귀하지는 않았지만, 1945년 9월에 여권실천운동자클럽을 조직하고 대표에 취임했다. 연이어 대한부인회 서울시본부 창설위원, 대한여자국민당 서울시 당수에 취임한 후, 최은희는 여성의 정계 진출 즉 여성입각운동을 추진했다. 1952년 대한여자국민당은 임영신을 부통령 후보로 추대했고, 최은희는

1927년 근우회를 탄생시킨 '세까틀'(왼쪽부터 최은희, 유영준, 황신덕)

최은희는 1927년 5월 유영준, 황신덕과 함께 조선 여성의 지위 향상과 계몽운동, 여성해방, 민족운동 등을 목표로 설정하고 근우회 발기인 및 창립준비위원으로 활동했다. 근우회는 봉건적 굴레에서 벗어나는 여성 자신의 해방과 일제 침략으로부터의 해방이라는 양대 방향 아래 1931년까지 활동했다.

"임여사를 우리의 부통령으로! 여자 부통령 입후보는 만고의 처음입니다"[6]라는 선전문을 작성하기도 했다. 최은희는 임영신이 외교 전문가이자 행정가 및 교육자로서 충분한 자격을 가지고 있을 뿐만 아니라, 3·1운동에 적극적으로 참가했다는 점을 부각했다.[7]

임영신은 1919년 3월 13일 전주 만세운동을 주도한 혐의로 체포되어 원심에서 6개월 징역에 3년 집행유예 판결을 받았는데, 재판정에서 임영신이 "조리있는 답변을 할 때에 재판장은 너 같은 여자 백명만 있으면 조선도 독립할 수 있을 것이다"라고 감탄했다고 한다. 보석금을 내고 6월 말에 출옥한 임영신은 대구복심법원에 소환되어 대구감옥에 며칠 수감되기도 했지만 공소기각 판결을 받고 출옥했다.[8] 최은희가 서술한 '여성의 투쟁사'에는 3·1운동 참여와 수감의 이력을 가진 여성 지식인들이 큰 비중을 차지하고 있으며, 이들 가운데 해방 후 교육계와 정치계 및 종교계에서 활동한 여성들의 사회적 존재감을 '여성열전' 집필을 통해 더욱 강조했다. 최초의 여성 장관을 역임한 임영신은 박희도가 설립한 중앙보육학교를 인수한 후 중앙대학교로 승격시킨 이력을 가지고 있었을 뿐 아니라 "전쟁에 조그마한 협력도 하지 않았다"라는 점에서 최은희에게 높은 평가를 받았다. "창씨도 하지 않았고 일어상용도 하지 않았으며 종교도 배신하지 않았다. 신사참배를 하거나 카미다나를 만들어놓고 그 앞에서서 딱딱 손뼉을 치는 일본식 미신놀음도 일갈하여버렸다. 그것이 모두 민족정기였다."[9] 최은희는 임영신이 부통령이 되기에 충분한 자격을 갖추었다고 판단했다. 그러나 유권자의 선택은 최은희와 달랐다. 1500만 여성 유권자에게 여성 부통령을 뽑아달라고 열렬하게 호소했지만, 임영신은 부통령선거에서 낙선했다.

하지만 최은희는 여성입각운동을 멈추지 않았다. 1960년 민주당 정권에서 각료 인선이 시작되자 보건사회부장관에 박순천을 등용해달라는 진정서를 제출하기도 했다.[10] 최은희 자신이 경성여고보 교사였던 박희도의 '공헌'으로 3·1운동에 참가하고 투옥되었듯이, 박순천 역시 민족대표 33인 가운데 한 사람인 이갑성과 연대해 3·1운동 당시 마산 의신여학교 교원으로 시위를 주도한 혐의로 1년 징역을 선고받고 마산 감옥에서 수감생활을 했다.[11]

감옥법규에 출감하는 날은 죄수들에게 감상문을 쓰게 했는데 그녀에게는 그것이 허락되지 않았다. 그래서 그녀는 바른손 장지를 옷핀으로 찔러 피를 내어 성경책에 여백으로 붙어 있는 흰 종이 두장을 찢어서 거기에 "독립되는 날까지는 감옥에 자주 들어오겠습니다" 하고 혈서를 써서 전옥 책상 위에 놓고 나왔다. 조선 간수들은 얼른 손가락을 싸매주고 감옥 정문 밖에까지 배웅하여주었다. 그것이 1921년 8월의 일이었다. 박순천은 전후 1년 6개월의 옥고를 겪었다.[12]

출옥 후 일본 유학을 마치고 귀국한 박순천은 농촌계몽운동에 전념하다가 경성가정여숙의 부교장을 역임했다. 임영신과 달리 박순천은 1941년부터 조선임전보국단 주최의 강연에 연사로 참여하고 경성가정여숙 학생들에게 정신대에 갈 것을 종용하는 등의 친일협력 기록을 가지고 있었지만, 최은희는 박순천을 민족운동과 여성계몽운동에 헌신한 지도자로 평가했다.[13]

박순천은 1948년 5월 『부인신문』을 창간하여 사장에 취임했고, 대한부인회 소속으로 1950년에 종로갑구에서 민의원으로 출마해 당선된다. 한국전쟁 이후 박순천은 대통령 직선제 문제로 이승만과 이견이 생기자 자유당을 탈퇴하고 반정부 인사로의 길을 선택했다. 1963년 민주당 총재로 선출되어 최초의 여성 당수가 된 박순천은 여성 관련 입법 활동에도 관심을 보여 생리휴가, 산전산후휴가제 등이 포함된 모성보호 관련 조항의 입법화에도 기여했다.[14] 하지만 여성에게 내각의 벽은 여전히 높았다.[15] 최은희는 1960년 11월 5일 『조선일보』 '부인시론'에 「여성도 대폭 등용하라: 장내각에 충고한다」를 발표했다.

　현석호 내무장관은 본 내각에 전국의 군수급 임명을 끝낼 것이라고 발표하였는데, 그중에는 시험 삼아서라도 각 도에서 일군씩이나마 여성에게 그 직임을 주어보겠다는 기획을 세웠는지 알 수 없거니와 제2공화국 국무총리 인준이 시작될 때부터 여권실천운동자클럽에서는 보사부장관(차관은 의사로 하고)에 박순천 여사를, 법무부 정무차관에 이태영 여사를 기용하여달라는 요청서를 국회에서 인준되는 대로 즉각 그에게 수교하여주도록 미리 민의원 의장에게 맡겨둔 일이 있었다. 이 두 여사의 실력이 어느 누구라도 능가하리라는 것은 천하 공지의 사실의 사실이건만 신정부는 이를 고려하지 않았고, 서울특별시에서 9개 구의 청장과 수백의 동장군을 임명할 적에도 전혀 염두에 두지 않았으며 심지어, 말단 공무원인 부녀국 부녀계장이 과거에 여자이었던 것을 남자로 바꾸어버린 일과 사범대학 부속여고 여교장 자리에 또한 남자 교장을 채용하였은즉 실로 거거우심去去尤甚이라는 말을 던지지 않을 수 없게 되었다. (…) 이승만 전 대통령은 아무리 독재정권이라 하였지만 초대 상공장관 무임소장관에 공보처장 감찰위원 등에 여성을 기용하였고 또 그들은 두드러진 업적을 나타내지 못하였다 할지라도 남성 동료들보다 열등한 일을 한 적이 없었으며 더구나 부정축재나 민족반역의 악덕행위를 한 일이 없었다. 그렇다면

장 정권은 왜 과거 관계의 여성들이 큰 득죄나 한 것처럼 그다지도 앵돌아져버렸단 말인가. (…) 필자는 장내각에 충고한다. 세살 먹은 아이 말도 귀 넘어 듣지 말라는 속담이 있은즉 어디 한번 시험적으로라도 크게 용기를 내어 한 귀퉁이씩 떠맡겨보시라. 여성은 비교적 양심적이오 성실하고 사심이 없으며 애국애족에 불타는 자 적지 않은즉 숨은 인재를 널리 구하여 적재적소에 대폭 등용시켜보시기를.(필자 최은희 사회평론가·여권실천운동자클럽 대표)[16]

최은희는 여성입각과 등용의 문제에 관해서라면 "해방 후 군정"과 "이승만 전 대통령"보다도 후퇴하고 있는 장면 내각을 향해 일갈했다. 이렇듯 혁명 과정에서 여성들의 참여와 희생은 환영받지만, 혁명 이후 여성들의 사회적 입지는 다시 협소해지는 과정이 역사에서 순환적으로 반복되어왔다.[17]

여성 등용을 호소하는 최은희의 목소리는 철저하게 외면당했다. 하지만 최은희는 3·1운동과 관련된 자신의 역사 서술이 정사正史로 편입되는 과정을 지켜보게 된다. 1963년 정부는 애국부인회사건 관련자 여덟명에게 독립유공자로 대통령 표창을 수여했다.[18] 상훈심사과는 "최은희 저 『근역의 방향』참조"를 수상자 선정 과정의 근거로 공개했다.[19] 최은희는 서울시장에게 한가지 제안을 한다. "1960년 3·1절을 맞아 서울시장 임흥순 씨에게 '3·1운동에 형을 받은 할머니들로서 서울에 생존한 분들의 위로회를 열어달라'는 글월을 올렸"[20]고, "그해부터 시작된 그 일은 서울시 부녀과 주관의 연중행사가 되었"[21]다. 최은희는 이 행사에서 3·1운동에 참여했던 여성들을 폭넓게 만나면서, 더욱 다채로운 역사자료들을 획득하게 되었다. 최은희는 3·1운동이 여성들에게 몫을 확보해줄 수 있는 역사적인 사건이었다고 파악하고 3·1운동 참가 여성들에 관한 전국적인 조사에 착수했다.[22] "여성이 천시賤視 받는 봉건사상을 깨뜨려보자는 파이팅에서" 기자가 되었던 최은희는 이제 3·1운동의 역사에서 자신을 비롯한 생존 여성들이 그 몫을 되찾을 차례가 왔다고 판단했다.[23] 여성들이 역사의 주인공이 되기 위해서는 우선 역사에 기록되어야 한다고 최은희는 믿었고, 그 일에 점차 몰두해갔다.

여성이 여성의 투쟁사를 수집

여성입각운동이 실패로 돌아가자 현실정치의 벽을 절감한 최은희는 역사 집필에 집중한다. 앞서 언급한 것처럼, 1958년 『근역의 방향』이 3·1운동 사재로 당선되고 1961년 책이 출간되자 최은희는 "사회평론가" 혹은 "여권실천운동자클럽 대표"와는 다른 방식으로 사회적 발언을 이어나간다. 최은희는 생애 후반기를 여성사 및 회고록 집필에 전념했다. 스스로 밝힌 바처럼 집필 과정이 순조롭지는 않았지만, "여성이 여성의 투쟁사를 수집"하고 역사를 쓴다는 일에 최은희는 자신의 존재를 걸었다.[24] 더욱이 자신이 3·1운동 당시 경성여고보 학생으로 시위에 참여하여 수감생활을 했다는 점에서 그녀에게 3·1운동 관련 역사 서술은 자신의 생애를 직접 이야기하고 기록하는 행위이기도 했다. "1919년 3월 1일 만세시위에 참가한 여학교는 경성여고보뿐"이었고, 시위 참가자 가운데 32명이 잡혔으나 경성여고보 교장은 "최정숙과 최은희는 그쪽 처분대로 하여주십시오"라는 말과 함께 "교무주임을 보내어 즉시 30명의 학생만 데려갔다 한다. 그리하여 최정숙과 필자는 유치장 신세를 지게 되었던 것

1960년 3월 1일 서울시 주최 위로연에 참석한 '3·1할머니'

최은희의 건의로 시작된 이 행사에서 최은희는 3·1운동에 참여했던 여성들을 폭넓게 만나면서, 더욱 다채로운 역사자료들을 획득하게 되었다. 최은희는 3·1운동이 여성들에게 몫을 확보해줄 수 있는 역사적인 사건이었다고 파악하고 3·1운동 참가 여성들에 관한 전국적인 조사에 착수했다. 여성들이 역사의 주인공이 되기 위해서는 우선 역사에 기록되어야 한다고 최은희는 믿었다.

이다"라고 자랑스럽게 회고하며, 3·1운동에 참여한 경성여고보 학생 가운데서도 자신의 역할을 비중 있게 강조했다.[25] 최은희에게 3·1운동은 자기인식 특히 자신의 정치적 이력과 역사인식에 있어 핵심적인 사건이었고, 역사 서술 과정에서도 3·1운동 참여라는 일관된 기준을 적용해 여성 지식인들을 평가했다. 친일협력 혹은 부역이 역사적 과오라고 판단하면서도 3·1운동 참여의 이력이 분명하다면 여성입각운동의 대표자로 활용하는 정치적 전략을 드러내기도 했다.

　최은희는 표면적으로 "독립운동과 민족문화에 공헌"한 사실에 입각하여 "여성사의 중추"를 구성하려고 했다.[26] 동시에 여성들의 연대와 자매애가 "독립운동과 민족문화"의 한 축임을 증명하고자 했다. 근대여성 지식인들과의 "교우"관계를 최은희는 부정하지 않았고, 사료의 범주 안에 포함시켰다. "재능있는 여성들이 존재했고, 그들은 용감히 투쟁했으며 또 업적을 이루었다. 그리고 그들은 잊혀졌다. 그들 뒤에 오는 여성들은 전부 다시 시작하면서 그 과정을 반복해야만 했다"[27]라는 거다 러너의 주장처럼, 최은희에게 "여성의 투쟁사"는 "재능있는 여성들의 삶을" 기록하고 그들에게 역사적인 몫을 부여하는 일이었다. 물론 그 여성들 가운데에는 민족의 수난을 상징하는 인물도 포함되어 있다. 3·1운동의 대표적인 표상인 유관순의 희생과 공헌 또한 기록되어야 할 역사였다.[28] 최은희는 유관순의 죽음을 다음과 같이 기록한다.

　　그녀의 오빠가 1920년 10월 12일 정오, 서대문형무소로부터 지급출두하라는 통지를 받고 달려간즉 그날 새벽 관순이 세상을 떠났다는 것이다. 1년 6개월 동안 가지가지로 겪은 고초와 악형의 빌미가 큰 병이 되어 한 번 피어보지도 못한 17세의 꽃봉오리가 그대로 스러지고 만 것이다."[29]

하지만 3·1운동이 유관순의 순국으로만 기억되어서는 안 된다고 판단했던 것일까? 최은희는 애국부인회사건을 3·1운동의 일부로 파악하고 만세운동의 연속선상에서『근역의 방향』을 집필했다.[30]『근역의 방향』첫 면에는 "삼일 동지 중 대구 감옥생활 삼년간 같이한 친구들"이라는 제목과 함께 김마리아, 김영순, 백신영, 신의경, 이정숙, 이혜경, 유인경, 장선희, 황애덕 아홉 사람의 사진과 이름이 기재되어 있다. "삼일"과 "감옥생활"이 이들을 "동지"로 만들었다. 최은희는 애국부인회를 3·1운동의 여성 비밀조직으로 분류했다. 그리고 이 사건의 주역인 김마리아와 황애덕의 생애를『한국근대여성사』와『한국개화여성열전』에서 여러차례 집중적으로 조명한다. 김마리아는 3·1운동 당시 여학생 시위 주도의 혐의로 1919년 3월 6일 체포되었다. 수감 4개월 뒤인 7월 24일 경성지방법원 예심에서 면소 처분을 받았으며, 출옥 후 애국부인회의 재조직을 추진했다. 1919년 10월 19일 애국부인회가 새롭게 출범했고, 각 도에 하나씩 지부를 설립하기로 결정하며 조직은 다시 활기를 되찾아갔다. 하지만 11월 28일 전국의 애국부인회 참가자 52명이 체포되는 사건이 발생했다. 애국부인회 교제부장을 역임하기도 했던 오현주의 밀고로 지하실 땅속에 묻어둔 등사판과 회원명부가 발각된 것이다. 김마리아는 참혹한 고문으로 건강이 악화되었고, 기독교 선교사들의 요청으로 1920년 5월 22일 병보석으로 출감했다. 이후 중국으로 탈출한 김마리아는 미국 유학을 마치고 귀국하여 교육계에 종사하며 계몽운동에 앞장섰지만, 고문 후유증으로 1944년 사망했다.[31]

최은희는 황애덕과 김마리아 두 사람이 3·1만세운동과 애국부인회사건을 함께 기획하고 이끌어갔다고 평가했다. 황애덕과 김마리아 모두 혹독하고 긴 수감생활을 거쳐 미국 유학을 떠났고, 1928년 미국에서 근화회를 결성해서 3·1운동의 정신을 이어나갔다. 김마리아는 해방 전 사망했고, 황애덕은 농촌계몽운동가이자 교육자로 활동하다 1967년 3·1여성동지회를 조직한다. 두 사람의 만남은 1917년에 시작되었다. "황에스터와 김마리아가 가까워지기는 1917년 9월, 동경 유학길에 오르기 위해 남대문역에서 경부선 열차를 함께 탔던 때부터이다. 김마리아는 동경여자학원, 황에스터는 동경여자의학전문학교로 서로 다른 학교에 입학은 했으나 뜻이 통하여, 두 사람은 에스터 학교의 학생인 유영준·현덕신·한소제·송복신 등과 더불어 유학생친목단체 학흥회를 탄생시켰다."[32] 1919년 2월 6일 토오꾜오 유학생회 연설에서 "우리의 조국은 결코 남자들만의 것이 아니다. 우리 여성들도 독립운동에 참여해야 할 의무가 있다"[33]라고 외칠 정도로 황애덕은 여성의 권리와 의무가 하나임을 주장하며 독립운동을 이끌었다. 최은희는 황애덕과 "서대문 감옥의 같은 감방에" 있었는데, 이때 3·1만세운동 시위 주도로 나혜석도 수감 중이었다. 나혜석은 황애덕을 감옥에서 만나 다음과 같이 사과한다.

"미안해요. 에스터! 난 벌써 동경에 들어갔거니 하고, 동경유학생사건 주동이 누구냐기에 바른대로 가르쳐줬더니만, 아직 못 가고 있는 줄은 꿈에도 몰랐지 뭐요?"
나혜석은 진정 죄송해서 어쩔 줄 몰라 했다.
"괜찮아! 아무래도 한번은 잡힐 건데 뭘."
나혜석은 먼저 석방이 되었고 에스터만은 남아 있었다.[34]

나혜석과 황애덕은 토오꾜오 여자유학생 친목회의 임원으로 함께 활동하며 『여자계』를 발행한 인연이 있었으며, 3·1운동을 전국적으로 확산시키기 위해 이화학당 기숙사 박인덕의 방에서 회의를 거친 후 각자 역할을 수행하다 검거되었고, 서로의 행방을 알지 못한 채 감옥에서 재회한 상태였다. 이 상황을 1965년 박화성은 황애덕의 평전을 출간하면서 공개했다.[35] 3·1운동으로 수감된 여성 지식인들에게 감옥은 일체의 활동이 차단되고 고문이 자행되기도 하는 사상 통제의 공간이었다. 하지만 이들은 감옥에서 동지들과 재회하기도 했다.[36] 황애덕은 절도범들이 모여 있는 방에서 수감생활을 하게 되었는데, 그들을 "개과천선"시키기 위해 글을 가르쳤다는 기록도 남겼다.[37] 황애덕은 출옥하던 날을 다음과 같이 이야기하며 수감시절의 추억을 회상한다. "모든 죄인들은 간수의 말리는 소리도 듣지 않고 우리가 나가는 것을 아껴서 목을 놓아 울엇습니다. 여감이 다 울도록 그들은 우리가 잇을 동안 3년 지난 것이 사흘 지난 것같이 재미잇엇다고 하면서 울 때에 서로 정답게 글도 배워주든 생각을 하고 그들과 같이 더 잇엇으면 하는 마음까지 뜨거운 눈에 떠올라 왓습니다. 그때 잇는 사람 중에 아직도 나마잇는 사람은 없겟지마는 대구형무소에 한번 찾아보고 싶습니다."[38]

한편, 나혜석은 5개월간의 수감생활을 마친 후 그다음 해인 1920년 외무성 관료인 김우영과 결혼하고 개인 전시회를 여는 등 독립운동과 무관한 생활을 하는 듯했지만, 1921년 남편 김우영이 만주 안동현 부영사로 부임하자 그곳에서 조선인 여자야학을 운영하고 의열단을 적극적으로 후원하는 등 독립운동에 꾸준히 참여한다.[39] 나혜석은 출감 후 애국부인회사건으로 재수감된 김마리아를 만나기 위해 대구로 향하기도 했다.[40] 1920년 6월 『동아일보』에 삼일월 三一月이라는 필명으로 「김마리아방문기」를 발표한 사람도 나혜석이었다.[41] 하지만 3·1운동 직후 감옥에서 나

1925년 당대 여성 지식인들과 최은희

앞줄 가운데 아기 안은 사람이 나혜석, 앞줄 왼쪽에서 두번째가 최은희다. 최은희는 3·1운동 당시 경성여
고보 시위 주도 참가자로 서대문형무소에 구속되었을 때 처음 나혜석을 만났으며, 조선일보에 입사한 뒤
부터 친밀한 교제가 이루어졌다. 나혜석이 스캔들의 주인공으로 조선사회에서 파문당한 후, 무연고 행려
병자로 사망하자 최은희는 「최초의 유화가 나혜석」을 집필했고, 화가로서뿐만 아니라 작가이자 여성운동
가였으며 3·1운동 참가자로 활동했던 나혜석의 생애를 알렸다.

혜석을 만난 일화를 공개적으로 밝힌 사람은 최은희가 처음이었다.

경성여고보 시위 주도 참가자로 구속된 최은희는 "서대문형무소"에서 나혜석을 만났다. "만세행진 현장에서 체포되어 먼저 들어간 우리들 꼬마들이 용수를 쓰고 마당에 나가 운동을 할 때마다 그녀는 숱이 많은 머리를 땋아 외어머리를 하고 독감방 변기통 위에 올라서서 높은 유리창 너머로 내다봐주어서 얼굴을 익혔고, 필자의 가슴에 붙인 번호표가 1906이라는 것을 그녀가 기억하고 있었기 때문에 이것이 인연이 되어 필자가 조선일보에 입사한 때부터 친밀한 교제가 이루어졌던 것이다."[42] 나혜석이 스캔들의 주인공으로 조선사회에서 파문당한 후, 무연고 행려병자로 사망하자 최은희는 「최초의 유화가 나혜석」을 집필했고, 화가로서뿐만 아니라 작가이자 여성운동가였으며 3·1운동 참가자로 활동했던 나혜석의 생애를 알렸다.

또한 최은희는 3·1운동 참가 기준을 수감생활로만 한정하지 않았다. 최은희는 김일엽이 3·1운동에 참가했던 사실을 김일엽과의 서신 교환을 통해 밝혀내기도 했다.

우리나라 초대 여류시인 중 일엽 김원주라면 '충청남도 예산 수덕사에 입산수도 30여년, 불법을 강의하는 유명한 노장스님으로 있다가 수년 전 입적한 분'이라는 것을 아는 이가 많은 것처럼 그 스님이 1919년 3·1운동에 관계한 사실이 있었다는 것은 금시초문이라는 이도 많을 것이다. 그것은 그 당시 비밀에 속했던 일이요, 그녀가 1928년경부터 불교에 귀의하여 5, 6년 후 수덕사로 떠났던 까닭에 속세의 사람들과 접촉이 적었던 탓도 될 것이다. (…) 필자는 그녀로부터 스님의 위치에서 종교관을 피력한 길고 긴 편지와 함께 내 질문에 대하여 다음과 같은 해답을 받았다.

그때야 독립운동에 참가하지 않은 사람이 누가 있었겠소. 인간의 정신이라면 자기 앞에 놓인 긴급한 일부터 해결지어가는 것이 당연하지요. 민족으로 민족성을 살리는 것이 내 생명을 죽이지 않기 위함이니까요. 나는 죽음의 직전에도 민족성을 잃어버리지 않은 기억과 요시찰인으로 입산해 있는 동안에도 형사들의 조사를 당하였었습니다. 3·1운동 당시 내 집에서 등사판을 놓고 여러가지 삐라를 수없이 많이 박았지요. (…) 그해 가을 정신여학교에 근거를 두고 애국부인회가 결성되었는데, 나는 그 조직체계의 말단 임원으로 고향과 그 근방 시골로 다니면서 여자들에게 독립열을 북돋워주고 기금을 거두어 본부로 보내는 비밀활동을 하다가, 검거선풍이 일어나서 본부의 최고간부들과 지부관계의 연루자들을 쓸어가더군요. 그래서 나도 주저앉아버렸지요. 그런 일을 누구는 안 했겠어요. 책에까지 쓰실 일은 못 돼요.[43]

김일엽은 3·1운동에 "참가하지 않은 사람이 누가 있었겠소"라며 자신의 활동은 매우 평범했으며 "책에까지 쓰실 일은 못" 된다고 했지만, 최은희는 김일엽의 입적 이후 그녀를 3·1운동 참가자로 복원시켰다. 최은희는 『근역의 방향』의 집필자료로 사건 당시의 재판기록을 근거로 삼았지만, 1973년에 완성한 『조국을 찾기까지』는 달랐다. 여성 참가자 스스로가 말하고 글을 쓴 기록들을 적극적으로 발굴해서 충분히 검토하고 사료로 포함시켰다. 최은희는 이 책에 등장한 인물들이 1만명이 훨씬 넘어설 것이라고 후기에서 이야기하기도 했다.[44] 나혜석, 김일엽과의 일화처럼 최은희는 역사 서술에서 여성들의 회고록, 편지, 일기, 인터뷰 등의 자료들을 적극 활용했다. 본인 스스로 역사의 산증인임을 자처하며, 한국 근대여성 지성사를 "나의 교유록의 일부나 마찬가지"[45]라고 지칭하기도 했다. 하지만 최은희는 여성 지식인들을 역사적으로 복원시키는 일 이상으로 자신에게 주어진 역할이 있음을 경험하게 된다.

　1958년으로 기억한다. 그해는 3·1절 오전에 기념식이 있었고 오후에는 문화단체 총연합회 주최 공부실 후원으로 3·1운동 당시를 회상케 하는 가장행렬이 있었다. (…) 이화여고에서는 흰옷을 입고 머리 땋은 학생들이 가운데 횃불을 들려 유관순을 세우고 트럭을 타고 지나갔다. 문총회관에서 참가 단체를 접수할 때 모윤숙 씨는 "기미년 3월 1일 만세시위에 참가한 여학교는 서울에서 경기여고 하나뿐이었다던데, 최은희 씨 등 옥고를 겪은 선배들을 앞세우고 검정 치마저고리 교복 차림으로 만세를 부르며 한 트럭 나왔으면 좋을 것을" 하였다.
　3월 5일 데모에 참가하여 4명이 투옥된 정신여학교와 그다음 해 3월 1일 단독으로 학교에서 기념 만세를 부르고 24명이나 옥고를 치른 배화여고도 나오지 않았다. 다만 백의의 남녀 일반인들이 만세를 부르는 트럭만이 여러 대 동원되었다.
　'체형받은 생존자들'이라는 플래카드를 자동차에 둘러 우리들을 태운 몇 대의 승용차가 그 뒤를 따르게 하였다.
　내가 천안 양대 여숙 재학생들로 천안 입장 만세사건을 주동했던 민원숙, 한도숙, 황현숙 등과 한 차를 타고 지금의 시민회관 별관 앞에서 출발하여 서울시청 모퉁이를 지나갈 때 흰 마후라를 머리에 쓰고 흰옷을 입은 모윤숙·복혜숙 두 분이 탄 지프차에서 "지금 3월 1일에 경성여고보 학생으로 만세 행렬에 참가하고 옥고를 겪은 최은희 여사 차가 지나갑니다" 하고 마이크로 방송해준 일과 반도호텔 앞을 지나갈 때 우리 동리에 살다가 다른 데로 떠나간 연이 어머니가 연도에 늘어선 인파를 헤치고 만세를

3·1절 기념 행렬의 선봉에 나선 최은희(앞)

최은희는 1958년 3·1절 행사에서 1919년 3월 1일에 서울에서 유일하게 만세운동에 참가한 여학교가 자신이 다닌 경성여고보밖에 없었으며, 자신이 여성 생존자 가운데 3·1운동을 계승하는 상징성을 확보하고 있다는 사실을 확인하게 된다. 최은희는 3·1운동에 참가했던 할머니들을 '3·1할머니'로 규정하고 3·1운동 기념공원 조성을 추진하는 등 자신을 비롯한 3·1운동 참가 여성 지식인들이 국가로부터 인정받으며 사회적 영향력을 지속적으로 확보할 수 있는 방법을 적극적으로 모색했다.

부르며 뛰어나와 환영해준 기억이 생생하다.[46]

1958년 3·1절 행사에서 최은희는 자신이 여성 생존자 가운데 3·1운동을 계승하는 상징성을 확보하고 있다는 사실을 확인하게 된다. 실제로 해방 이후 3·1운동을 누가 계승할 것인가를 두고 첨예한 갈등이 존재했다. 1946년 3월 1일에 개최된 3·1절 기념행사는 좌우파로 나뉘어 각각 남산공원과 서울운동장에서 거행되었다. 3·1운동을 누가 기념할 것인가를 두고 이념투쟁이 시작된 것이었다.[47] 최은희도 "정부 수립 후 어느 해엔가는 서울운동장에서 거행하는 3·1절 기념식에 이갑성 씨 차를 경찰이 들여보내지 않은 망발의 사건이 일어난 일도 있었다"[48]라고 기록했다. 3·1운동과 임정 법통이 대한민국 정부 수립과 일체화되면서 더이상 3·1운동을 둘러싼 이념투쟁 혹은 3·1운동의 계승을 두고 갈등이 벌어지지는 않았고, 10대의 어린 나이로 감옥에서 처참한 고문을 받고 순국한 유관순이 3·1운동의 계승자로 자리 잡았다. 하지만 생존자 가운데 누가 3·1운동을 계승할 것인가에 대해서는 언급되지 않았다. 이런 상황에서 최은희는 1958년 3·1절 행사에서 1919년 3월 1일에 서울에서 유일하게 만세운동에 참가한 여학교가 경성여고보밖에 없었으며, 자신이 그중 한 사람으로 3·1운동 참가 생존자 가운데 상징성을 확보하고 있음을 체험했다. 모윤숙의 말처럼, 1919년 3월 1일 만세운동에 참가해 "옥고"를 겪은 경성여고보 학생이라는 최은희의 정체성이 생존자로서 계승의 정당성을 부여했다. 최은희는 3·1운동 기념공원 조성을 추진하기로 결심한다.

1967년 최은희는 자신을 비롯한 "3·1운동에 참가했던 할머니"들을 "3·1할머니"로 규정하고,[49] 그들과 함께 3·1공원 조성식 행사를 영등포구 사당동 24-1번지에서 개최한다. 최은희는 개식사에서 다음과 같이 말한다. "조국이 일어선 지 어언 20여 년, 그 당시 꽃 같던 소녀들은 모두 백발의 할머니가 되었습니다. 눈이 어둡고 귀가 먹먹하고 기력이 쇠잔한 우리 할머니들이 나머지 생애에서 무엇을 조국에 바칠 수 있으리이까? 젊어서나 늙어서나 나라 위하는 그 마음 상록수와 같은 고로 이제 마지막 힘을 합하여 조국 강토에 3·1의 푸른 얼을 심어 천대만대 사랑하는 우리 동포들에게 길이길이 그 정신을 유전하고자 서울특별시의 후원 아래 여기 3·1녹원을 건설하는 것입니다. 앞으로 서울시 녹화정책에 따라 연차적 식수를 하고 경내의 유래비를 건립하고 지나가는 길손들이 즐겁고 편안하게 쉬어 갈 수 있는 아름다운 시설을 갖추어 저희들 생전에 3·1공원으로서의 인가를 받게 되면 정부와 국회의 사적 보존 신청을 하여볼 계획을 세우고 있습니다."[50] 최은희, 임영신, 박순천, 황인덕, 황신덕 등 "3·1할머니"들은 3·1공원을 독립공원으로 설립할 것을 제의하며 홍보와 모금 활동에 박차를 가했지만, "밤마다 밀려든 2천여 동의 무허가 건물을 철거하지 못하여 그 뜻을 이루지 못"하고 "그 가슴 아픈 유감을 만분지일이라도 덜어내고자" 1975년 4월 "유서 깊은 파고다공원 안에 3·1정신 앙양 식수"[51]를 하는 것으로 "3·1운동 여성 참가자 봉사회"는 공원 설립의 꿈을 접어야만 했다. 비록 공원 건립은 좌절되었지만, 최은희는 3·1운동 여성 참가자 봉사회 회장으로서 "날마다 도시락을 싸가지고" 다니며 헌신했음을 자랑스럽게 밝혔다. 최은희는 자신을 비롯한 3·1운동 참가 여성 지식인들이 국가로부터 인정받으며 사회적 영향력을 지속적으로 확보할 수 있는 방법을 적극적으로 모색했고, 그 과정을 모두 기록했다. 공원 설립이 좌절된 후, 최은희는 자신의 삶 전체를 이야기하기로 결심한다.

여성은 전진하고 있는가?

최은희에게 여성사 집필의 계기를 마련해준 애국부인회사건의 주인공 황애덕은 1965년 어느 날 일기에 다음과 같이 쓴다. "내 나이 칠십이 넘었으니 한들 무엇을 얼마나 할까마는 아직도 나의 일할 무대가 남았다면 어떤 일이라도 목숨이 지는 순간까지 나라와 민족을 위하여 최후의 힘과 정열을 다 바쳐야 하겠다."[52] 최은희 역시 마찬가지였다. 최은희는 1980년 8월 77세의 나이에 자서전『여성 전진 70년: 초대 여기자의 회고』를 출간한다. 3·1운동에 참여하고, 한때 감옥에 갇혔던 여성 지식인들은 모두 생애 마지막까지 "일할 무대"를 찾고자 했다. 1973년『조국을 찾기까지』를 완간하고 난 후 최은희는 자서전을 쓰기 시작했다. 이태영 변호사의 권유와 격려가 자서전 집필의 동기가 되었다고 밝힌다.

"선생님 이번에는 출생하실 때의 사회 배경으로부터 남다른 위치에서 70 고령을 넘기신 공사 간의 생활 역정을 큰 일 작은 일 적나라하게 사실 그대로를 엮어보십시오. 암흑기에 나서 여명기를 거쳐 개명 개화 문명 문화기에 이르는 동안 선구자적 입장에서 개척을 게을리하지 않은 풍부한 경험담이 우리나라 여성문화 발달사가 될 줄 압니다.『조국을 찾기까지』와 쌍벽으로 길이 남을 여성사의 일익을 담당하시는 폭이 되지요" 하고 나를 고무한다.[53]

최은희는 1904년 출생부터 연대기별로 자신의 삶을 회고한다. 3·1운동 참가, 조선일보사 입사와 취재활동, 근우회 결성과 해소 과정, 해방 직후 조직된 여성단체들, 가족 이야기, 여행기, 여성 독립운동사 집필과 3·1운동 기념사업 등의 이야기들을 다채롭게 펼쳐냈다. 최은희는 자서전을 "여성사의 일익을 담당"하겠다는 목표로 집필했다고 서문에서 밝혔다. 제목처럼 70년 동안 전진해온 여성 지식인의 삶을 최은희는 이야기했다. 또한 시대를 직접 대면해온 자신의 이야기가 역사가 될 수 있다고 믿었다.

그런데 최은희의 자서전에서 한가지 눈에 띄는 지점이 있다. 바로 "일제 말기"의 시간들을 회고하면서 친일파 여성들을 강도 높게 비판한 대목이다. "어느 전문학교의 책임자 여성은 남의 귀한 자제들을 지원병에 나가서 개죽음을 하라고 강권하는 순회 연설을 다니지 않았습니까? 해방 후 그분이 반민특위에 걸렸었는데 영어가 귀한 때니까 좀 이용해야겠다 하고 입을 쓱 씻고 문제를 삼지 않았다는 이야기가 있었지요. 그 덕분에 송사리들은 환문 한번 당하지 않고 남아갔다대요. 여학교의 책임자들이 야마또 나데시꼬大和撫子라는 미명 아래 여학생들을 일군의 위안부로 내보내라는 그 악랄한 정책에 굴복하는 이가 있는 등 여성들의 반역행위가 해방된 뒤에 관용을 받는다는 것도 말도 안 되는 일 아니에요? 더구나 대한민국의 국민훈장을 받다니요?"[54] 최은희는 "당장 일어난 일이면 보도"에 해당되지만, "지나간 거니까 역사"로 남겨야 한다는 말로 자신이 "일제 말기의 청담회, 금채회, 녹기연맹에서 활약하던 여성들의 추태"를 남기려고 한다고 밝혔다. 그럼에도 불구하고 단 한명도 실명을 공개하지 않았다. 다만, 최은희가 고발하고 있는 인물의 친일행각은 『한국개화여성열전』에 등장하는 인물들과 겹치는 부분이 있다. 친일협력에 적극적이었던 여성들이 누구인지 독자들에게 우회적으로 이야기하고 있는 것이다. 그런데 최은희는 왜 『한국개화여성열전』에서는 친일에 대해서 직접적인 평가를 하지 않은 채, 자서전에서만 친일파들을 고발하고 비판했을까?

3·1운동 동지로 3·1공원 건립 사업을 함께 추진했을 뿐 아니라 평생 교우관계를 유지했던 박순천, 황신덕 등도 친일협력의 문제에서 자유롭지 못했다. 근우회 발기인이자 창립준비위원으로 최은희와 함께 여성운동가로 활동하며 "서울의 삼인조"로 일컬어졌던 황신덕은 1937년부터 일본의 침략전쟁을 미화하고 협력을 촉구하는 글을 발표하며 강연을 순회했다. 해방 후, 황신덕은 교육자로 사회적 입지를 굳히는 한편 1972년 3·1여성동지회의 회장을 역임하며 1980년 『한국여성독립운동사: 3·1운동 60주년 기념』을 펴내는 데 앞장선다.[55] 이 책에서 3·1운동은 일제 말기 부역의 문제를 비켜가는 방식으로 서술되었다. 최은희가 같은 해 발간한 자신의 자서전에서 친일 여성 지식인들을 비판한 것도 그러한 맥락과 맞닿아 있다고 판단된다. 본인 스스로 "서울에서 3월 1일 데모에 참가한 여학생은 필자가 재학 중인 경성여자고등보통학교 학생 전체와 총독부병원 간호원 8명뿐이었"[56]고 그중 경성여고보에서 수감된 학생은 두 사람뿐이었다는 사실을 반복적으로 강조했지만, 그 사실 하나만으로 3·1운동을 상징하는 독보적인 존재가 되기는 어려웠다. 따라서 최은희는 친일 문제로부터 자신이 완전히 자유로운 사람이라는 사실을 부각시키는 동시에 부역의 이력을 가진 채 해방 후 사회적 발언권을 확보한 여성 지식인들이 자신들의 3·1운동 참가 사실을 강조하며 친일을 지우는 방식의 역사 서술을 진행하는 현실을 비판하고자 했다.

　하지만 여성 지식인 사이에서 최은희의 3·1운동 역사 서술은 크게 주목받지 못했던 것으로 짐작된다. 최은희의 고백이 이를 암시한다. 최은희는 자서전 "집필을 끝내면서" 생애 전반을 회고한다. 시대를 증언하며 역사를 기술하는 대신 스스로 어떤 삶을 살았는지 다음과 같이 이야기한다.

나는 일제 36년간 조국과 아픔을 같이해왔다. 3·1운동 사건으로 두차
례나 옥고를 겪었으며 시골 여학교 선생 적부터 동경 유학 시대까지 요시
찰인으로서 아홉번이나 경찰서 연행 또는 유치장 신세를 졌었고 미국 유
학 여행권 신청도 취하를 당했다. 숱한 지식층 여성들이 청담회·금채회·
녹기연맹 등에 가입하여 적극적인 친일활동을 벌였으나 나는 신문기자
로서의 사명감을 발휘했을 뿐, 그후에도 진흙에 물들지 아니하고 초연한
위치에서 깨끗하게 지내온 것만은 자랑으로 여긴다. 해방 후 오늘까지의
36년간은 많은 여성들이 학교를 세워 크게 발전해나갔지만 나는 그러한
능력이 없고 병약한 여인으로 일편단심 나라 위하는 마음만 하늘에 사무
쳐 여성계몽운동·애국운동·사회운동·여권신장운동 등에 적극 참여하였
으나 이제 아무것도 눈에 보이는 남는 것이 없다. 해방 직후 보건부인회
를 조직하여 소아의 쌔너토리움, 실비산원, 영양학교 설립 등을 추진하다
가 6·25의 불길 속에 잿더미가 되었으며, 우리나라의 고유한 고급음식의
기원이 되는 궁중요리를 전수하여 세계요리에 이바지하고자 당시에 몇
분 남지 않은 궁가 계통의 노부인들과 고종태황제 순종황제 윤황후의 수
라를 받들었던 한희순 상궁을 교수로 모시고 일을 진행하던 중 일기가 갑
자기 추워지면서 나의 숙환인 위장병이 악화되어 반년간의 입원생활에서
죽느냐 사느냐의 기로에 헤매이는 동안 무산되고 말았다. 3·1정신을 자손
만대에 유산으로 물려줄 표상으로 건설하려던 3·1공원도 3년 동안에 연
7천여명이 동원되어 7만 7천주의 상록수 무궁화를 심었고 독립각 만세탑
의 헌납 신청도 들었으며 공원 허가도 받았건만 2천여동의 무허가 건물이
들어차 서울특별시장의 철거 약속이 허사가 된 채 와해되어버렸다. 붓을
떼고 보니 허탈감이 앞선다. 그러나 내가 사상적으로 변절하지 아니하고
경제적으로 부정함이 없으며 외곬으로 나라와 겨레를 붙들고 사심 없이

일생을 지내온 그 과거 역정을 돌이켜 볼 때 하늘을 우러러 부끄럽지 아니한 회심의 미소를 지을 수 있다. 독자 여러분도 다소나마 이 책에서 건질 것이 있어주시기를 간절히 희망하여 마지아니한다.[57]

최은희는 자서전의 제목과는 반대로 자신의 생애를 고통과 좌절 그리고 실패의 서사로 구성했다. 그 이유는 무엇일까? 최은희는 일제 말기 본인이 선택한 은둔과 단절의 시간들이 해방 이후 모색했던 사회적 재기에 부정적인 영향을 미친 것으로 평가했다. 명예를 지킨 대신 해방 이후 여성 지식인들이 교육계와 종교계에서 확보했던 사회적 입지를 본인은 가질 수 없었다고 회고하는 대목에서 최은희의 심경을 확인할 수 있다. 해방 이후 보건운동, 여성입각운동 등을 활발하게 펼치면서 여성의 삶이 전진하는 사회를 만들고 싶었던 최은희는 현실정치에서 잇단 좌절과 실패를 겪은 후, 결국 자신에게 지속가능한 사회적 활동은 글쓰기밖에 없음을 확인하게 된다. 3·1운동의 정통성을 계승하면서 식민지시기의 여성운동사를 써내려갈 때에만 최은희는 최초의 신문 여기자로 활약했던 시기의 명성을 되찾을 수 있었다. 하지만 그 역사적 순간을 현재로 끊임없이 호출하지 않은 채 최은희가 확보할 수 있었던 사회적 입지는 스스로 평가하기에 초라했다. 1932년 조선일보사를 퇴사한 후 해방 직후까지 가졌던 사회적 공백기를 최은희는 글쓰기로 극복하고자 했다. 3·1운동에 적극적으로 참가했다 할지라도 혹은 독립운동과 다양한 사상운동에 헌신했다 할지라도 1930년대 중반 이후부터 전향과 친일은 여성 지식인들에게도 피할 수 없는 현실이었다. 이러한 상황에서 해외로 망명하지 않은 이상 또한 죽지 않고 살아 있는 이상 어떠한 결단을 내려야 했다. 최소한의 생계를 유지하며 세상과 거리를 둘 것인가? 목숨을 걸고 싸울 것인가? 감옥에서 생을 마감할 것인가? 혹은 협력할 것인가?

최은희는 협력을 거부하고 은둔과 단절을 선택했다. 기자직을 내놓고 그저 평범한 생활인으로 지내다가 해방을 맞았다. 다시 사회적 활동을 시작했지만, 세상은 최은희에게 호의적이지 않았다. 정치참여도 여성운동도 매번 좌절되었다. 식민지시기처럼 여기자로서의 활약상도 더이상 펼칠 수 없었다. 하지만 3·1운동의 여학생 참가자이자 시위 주동자로 두차례 투옥의 이력을 가지고 있었던 최은희는 3·1운동의 살아 있는 증언자 역할을 맡을 수 있었다. 최은희는 "붓을 떼고 보니 허탈감이 앞선다"라고 했지만, 글을 쓰는 동안 그녀는 자신이 변절하지 않았고 부정을 저지르지도 않았으며, 나라와 겨레를 붙들고 사심 없이 살아왔음을 확인할 수 있었다. 글을 쓰고 나서야 "회심의 미소"를 짓게 되었다. 비록 삶의 과정이 고통과 좌절과 실패로 구성되었다 할지라도 글을 쓰면서 최은희는 자신이 무엇을 추구하며 살았는지 그리고 자기 자신이 누구인지를 발견하게 된 것이다.[58] 따라서 글을 다 쓰고 나서야 "회심의 미소"를 짓게 되는 것은 마땅한 귀결이다. 그녀의 생애와 글쓰기는 그 자체로 이미 명분을 획득했다.

여성은 왜 자기 삶을 글로 써야 하는가? 가치있는 삶이 역사로 기록되기 위해서 여성은 스스로 자기 삶을 이야기해야 한다. 혹은 자기 삶의 가치를 발견하기 위해서 여성은 자신의 생애를 글로 써야 한다. 그렇게 글을 쓰는 과정에서 여성은 자신이 확보할 수 있는 역사적 위치를 발견하게 된다. 최은희가 그 선례를 남겼다. 자신이 살아온 시대를 써내려가면, 그것이 곧 한국 근대여성사가 된다. 그리고 자신의 삶과 시대를 증언할 수 있다면, 그 여성사는 정사正史가 되고, 그 정사의 집필자를 다시 역사가 기록하는 순환이 일어난다.

자서전 발간 3년 후인 1983년, 최은희는 조선일보사에 평생 모은 재산을 기탁하며 여기자상 제정을 부탁했다. 최은희가 사망한 1984년부터 지금까지 매해 최은희 여기자상을 수여하고 있다. 최은희는 자신을 여기자의 역사로 만들었다. 또한 마지막까지 글쓰기를 멈추지 않았다. 1982년 『여성중앙』에 연재했던 「도큐멘터리 개화여성열전」은 1985년 『한국개화여성열전』으로 출간되었고, 1991년에는 『추계 최은희 전집』이 다섯권으로 완간되었다. 또한 최은희가 열정적으로 추진했으나 "허사"로 돌아가 "허탈감이 앞선다"라고 했던 3·1공원이 1990년에 조성되었다. 1967년 3·1공원을 조성해야 한다고 주장했던 최은희의 글은 결국 역사로부터 회답을 얻었다. 1919년 3월 1일 조선독립만세를 외쳤던 경성여고보 학생 최은희는 글쓰기로 자기 존재를 증명하며 전진했다.

3·1절과 '태극기 집회'

잃어버린 민중의 기억

김진호

극우 개신교, 2018년 3·1절 광장예배를 준비하다

2017년 12월경 '긴박한 현 시국'이라는 제목의 2천자를 훨씬 넘는 장문의 SNS 메시지가 교회들로 무차별 살포되었다.[1] "더불어민주당의 소름 끼치는 공산화 헌법개정 초안이 나왔습니다"라는 첫 문장이 말해주듯, 골자는 집권당이 준비하고 있는 개헌안이 '공산주의' 헌법이라는 데 있다. 과잉의 해석과 거짓정보로 점철되었다고 해도 과언이 아닌 이 메시지의 마무리 부분은 가히 충격적이다. 문재인 정부가 계엄령을 발포할 것이고 무수한 사람들, 특히 기독교도를 학살할 것이라는, 하여 이 메시지에 생략되어 있는 마지막 주장은, 그러니 '지금 당장 들고 일어나, 저들의 야욕을 저지해야 한다'는 것이겠다.

이 메시지의 출처는 불확실한데, 한국 개신교에서 가장 극우적 성향의 집단들이 이런 입장을 두루 공유하고 있는 것으로 보인다. 극우적인 개신교를 대표하는 인물인 전광훈 목사와 유사한 생각을 갖고 있고, 많은 활동을 공유하고 있는 김승규 장로는 '3·1절 예배 및 300만 범국민대회'의 참여를 촉구하는 기독교 교단장 및 단체장 모임(2018. 2. 19)에서 「긴박한 현 시국」을 연상시키는 주장을 공적으로 편 바 있다. 국정원장과 법무부 장관을 지냈고 유수 로펌의 상임고문변호사인 그가 편 주장의 골자는 이렇다. 현 정부와 여당이 추구하는 지방분권은 북한의 고려연방제와 같은 것으로 일종의 공산화 기획이며, 이는 곧 기독교에 대한 탄압을 의미한다는 것이다.[2]

「긴박한 현 시국」의 '일어서야 한다'는 암시[3]는 1월 19일, 전광훈과 김승규가 주도하는 '대한민국 통일포럼 준비위원회'의 '대한민국 바로 세우기 위한 천만명 서명운동 발대식'으로 본격화되었다.[4] 필경 이 서명운동은 3·1절 예배와 범국민대회를 겨냥한 기독교도와 시민 동원 기획의 일환이었을 것이다. 한국 개신교는 '반공주의 신앙'이 상처받을 때마다 대규모의 3·1절 광장예배를 기획하곤 했다. 특히 개신교에 대한 시민사회의 반감이 본격화된 2000년대에는 그 위기의 원인을 '사회의 종북화' 탓이라고 해석하면서 대대적으로 3·1절 광장예배를 도모했다. 2003년, 2014년, 2017년[5] 3·1절 예배가 그렇고, 2018년도 다르지 않았다. 요컨대 개신교 보수주의 지도자들에게 있어서 3·1절은 반공 키워드로 개신교를 결속시키는 가장 중요한 '기념일 정치'의 도구였다.

매년 3·1절 연합예배를 위한 준비모임이 거의 1년 전부터 열리는데, 2018년 3·1절 예배도 예외가 아니었다. 그 준비모임에서는 광장예배로 할지 실내예배로 할지를 두고 크고 작은 논쟁이 벌어지곤 한다. 여기서 초점은 '반공주의'와 '위기의 긴박성'에 있다. 실내예배를 강조하는 이들은 3·1절의 근원적인 의의를 '이념'보다 우위의 개념으로 해석된 '민족'

으로 보는 반면, 광장예배를 주장하는 이들은 그 기념일 행사를 통해 반공주의적 재결속을 도모한다. 이때 '반공'은 민족을 하위에 포섭하는 것으로 해석된 개념이다. 어느 경우든 '반공'과 '민족'은 3·1절의 기억과 깊이 연루되어 있다. 어느 하나가 다른 것보다 우위에 있느냐만 다를 뿐. 그런 점에서 3·1절이라는 '기억의 터'는 호모토피아적이다. 요컨대 '그날'이라는 시공간은, 그곳에서 벌어지는 이제까지의 기억의 전쟁은 보수주의적이었다.

한편 그것이 '광장'인 것은 반공주의가 깊은 상처를 받고 있다는 긴박한 위기감을 돌파하는 데 '3·1절 광장'이 유효하다는 '역사적 기억'을 한국 개신교가 공유하고 있기 때문이다. 그렇기 때문에 '실내'를 강조하는 이들은 이러한 '역사적 기억'이 내포하는 '반공주의적 열정passion의 정치'에서 벗어나려는 소극적인 장소전략the place strategy을 펴고 있는 셈이다.

이 글에서는 3·1절에 관한 한국 개신교의 공적 기억public memory이 형성되는 과정을 두 단계로 나누어서 살필 것이다. 첫째로 '한국적 근본주의' 신앙의 형성 과정에서 3·1운동이 어떻게 기억되었는지를 볼 것인데, '한국적 근본주의'는 서북 지역, 특히 평양에서 발원해서 전국화되어 한국 개신교를 균질적 종교공동체로 만드는 내적 동력으로 작용했다. 그 과정에서 3·1운동의 기억은 신앙의 바깥으로 배제되었다. 둘째로 해방 이후 3·1운동의 재기억화를 둘러싸고 벌어진 기억투쟁에 대하여 살필 것이다. 여기서 '반공주의'가 승리했고, 그 과정은 '1948년체제'의 성립과 병행한다. 이때 한국 개신교의 역할은 결정적이다. 근본주의 신앙의 기반 위에서 반공주의는 모든 가치에 우선하는 절대적 요소로 자리 잡는다. 그리고 '3·1절 기념식'은 이러한 우파적 기억이 광장을 통해 불꽃을 일으키는 가장 중요한 시간적 기억의 틀이었다.

마지막 절에서는 2016~17년 촛불정국을 경유하면서 '1948년체제'가 종식을 향해 치닫고 있다는 점을 전제로 하면서, '3·1절 기념식'이 '근본주의+반공주의'적인 개신교적 통합의 장소로서 그 유효성이 결정적으로 퇴조하게 되었음을 이야기할 것이다. 이는 '3·1절'이 '새로운 기억의 터'가 되고 있음을 시사한다. '촛불'의 기억처럼 헤테로토피아적 외침이 하나로 만나 변혁의 열광이 되듯, 3·1운동의 헤테로토피아적 만세에 대해 성찰하고 재전유할 기회가 도래하고 있다는 것이다.

각기 다른 절망과 한(恨), 변화에 대한 다양한 기획과 바람이 2016~17년 전국 곳곳의 촛불집회 속에서 서로 다름을 용인하면서도 하나의 염원공동체로 연결되어 있었다. 이것이 '촛불의 기억'이다. 하나의 자폐적 이념으로 결속된 것이 아닌, 다양한 마음들과 기획들이 촛불을 매개로 서로 연결된 것, 그런 점에서 이 기억은 '헤테로토피아적'이다. 바로 그것처럼 3·1운동도 '만세'라는 외침 속에 모두가 서로에게 열린 염원공동체가 되는 사건이 아니었을까.

망각의 역사와 근본주의 신앙

1919년 3~4월 1214회의 3·1운동 중 주동세력이 명확하게 밝혀진 311곳을 보면 기독교가 78지역, 천도교가 66지역, 기독교와 천도교 합동으로 42지역에서 3·1운동이 발생했다. 총독부의 자료를 보아도 3·1운동으로 수감된 사람들 가운데서 16.2퍼센트, 기소 인원 가운데 21.4퍼센트, 불기소 인원의 11.7퍼센트가 기독교인이었고, 소각된 예배당이 59개,

일부 파괴된 예배당이 24개, 기독교 학교가 3개 등이었다. 이 통계들은 3·1운동에 기독교가 얼마나 주도적이고 적극적으로 참여했는지를 잘 보여준다. 당시 전체 인구의 2퍼센트도 되지 못했던 기독교가 전체 3·1운동의 20퍼센트 이상을 추진했던 것이다.[6]

보수주의 성향의 한 개신교 주간지에 실린 칼럼의 일부다. 이 글에서 보듯, 개신교는 3·1운동 당시 어떤 사회세력보다도 가장 적극적인 참여 주체였다. 이러한 사실들은 「독립선언서」에 서명한 민족대표 33인 중 16명이 개신교 지도자라는 점과 더불어서 한국 개신교가 간직하고 있는 자긍심의 중요한 항목들을 이루고 있다.

실제로 일제강점기 항일의 기억 중 개신교의 역할이 가장 돋보인 것이 바로 3·1운동이었다. 한국 개신교가 항일의 가장 뚜렷한 기독교적 흔적으로 자부심을 갖고 있는 '신사참배 거부운동'은, 식민화에 대한 저항이라기보다는, 근본주의 신앙에 기반을 둔 우상숭배에 대한 저항의 성격이 더 강하다는 점에서, 엄밀히 말하면 항일의 흔적은 아니었다. 또 거부운동의 주체는 대부분 미국 장로교 계열의 선교사들 다수와 그들의 절대적인 영향권 아래 있던 한국 장로교회 지도자들이었지,[7] 신자대중의 광범위한 운동으로 구현되지는 않았다. 그런데 앞의 칼럼에서 보듯 3·1운동은 교회지도자뿐 아니라 신자대중을 망라하는 광범위한 참여에 기반을 둔 것이다.

하지만 3·1운동에 관한 자긍심의 흔적들은 개신교의 공식적 기억에서 격하되었다. 그것을 보여주는 단적인 지표는 '순교자 추서追敍'에서 볼 수 있다. 어떤 집단이 순교자를 호명하는 행위는, 단지 과거의 희생자를 호출하여 기념하는 행위에 그치는 것이 아니라, 그 집단의 지배담론의 형성

과정이기도 하다. 그런 점에서 순교자 추서를 둘러싼 공적 기록의 과정은 '순교자 정치학'의 결과인 셈이다.[8]

한국 개신교의 순교자 추서를 주도한 공적 기관인 한국기독교 순교자 유족회가 펴낸『한국교회 순교자』[9]에 의하면 전체 순교자 리스트에 수록된 226명 중 3·1운동 순교자는 유관순과 손상열 단 두명뿐인데, 신사참배 거부운동으로 인한 순교자는 14명(6.2퍼센트)이다. 더욱이 이 책의 개정판 성격인, 한국기독교선교 100주년 기념사업협의회가 펴낸『한국기독교 순교자 기념관』[10]을 보면 191명 중 3·1운동 순교자로 지정된 이는 전무하고 신사참배 거부운동 순교자는 여섯명이 증가한 20명(10.5퍼센트)이 포함되었다.

이는 한국 개신교 주류세력이 3·1운동을 평가절하하고 신사참배 거부운동을 과대평가하는 관점을 반영한다. 이렇듯 한국 개신교가 일제강점기 시절의 기억을 재구성할 때 중요한 변수가 된 것은 '길선주'라는 인물이다. 그는 한국 개신교의 형성 초기를 대표하는 이로, 평양대부흥운동을 사실상 주도하고 전국화한 장본인이었다. 평양대부흥운동은 1907년 1월 2~15일 사이에 벌어진 부흥회에서 종교적 열광주의가 폭발적으로 분출하면서 시작되었다. 이 평양의 종교적 열광주의는 반목과 갈등의 소용돌이에 휘말려 있던 교회를 통합시키는 데 크게 기여했으며 교세의 확장에도 영향을 미쳤다.

이 사건은 한반도 개신교의 지형을 평안도의 장로교가 주도하게 한 결정적 계기였다. 나아가 대부흥운동의 전국적인 확장성이라는 차원에서 평안북도의 '선천'은 평안남도의 '평양'에 밀리게 되는데,[11] 이는 한반도 개신교 신앙의 헤게모니적 요소가, 훗날 근본주의fundermentalism라고 불리는 분리주의적 신앙 양식에 정향되게 된 주된 이유가 된다. 선천 장로교의 신앙적 토대를 구축한 이는 노먼 휘트모어Norman C. Whittemore, 한국명 위대모 선교사와 평양대부흥운동이 배출한 첫번째 조선인 목사의 한 사람인 양전백이었고, 평양에는 새뮤얼 모펫Samuel A. Moffet, 한국명 마포삼열과 평양대부흥운동의 사실상 독보적인 스타 길선주가 있었다.

휘트모어는 인디애나주 캔자스시티에 있는 파크대학Park College 출신으로, 그의 활약으로 선천 지역 장로교가 비약적으로 팽창하면서 이 대학 출신 선교사들이 선천으로 줄을 이어 유입되었다.[12] 모펫은 일리노이주 시카고에 있는 매코믹신학대학McCormick Theological Seminary 출신으로, 평양의 교세 확장과 더불어 이 학교 출신자들이 연이어 들어왔다.[13] 선천에 '파크 네트워크'가 있었다면 평양에는 '매코믹 네트워크'가 강력한 영향을 미쳤다. 당시 이 두 대학은 미국 중북부 지역 출신들의 선교사 양성에 큰 관심을 기울이고 있었다는 점에서 유사하지만, 파크대학이 선교지의 근대화에 관심이 많았다면[14] 매코믹대학은 근본주의 신앙의 이식에 더 집착했다.[15] 선천의 양전백이 교육계몽운동에 적극적이고,[16] 105인사건과 3·1운동에 적극 관여한 '참여 종교인'이었다면,[17] 평양의 길선주는 양전백과 함께 3·1운동 민족대표 33인에 포함되었지만, 체포된 32인에 대한 재판에서 무죄 선고를 받은 유일한 사람이며 훗날 탈정치적 부흥운동에 몰두한 '은둔 종교인'이었다.

조선 말기에는 주자학에서 이탈해 도교 수행자의 대열에 들어서는 이들이 적지 않았는데, 길선주도 그중 한 사람이었다. 그런데 청일전쟁으로 극도의 고통을 겪은 평안도 지역에서 도교 수행자들 다수가, 전란에서 철저히 무력했던 조선의 종교도, 가해국인 중국과 일본의 종교도 아닌, 서양의 종교로 개종했다. 길선주도 그들 중 하나였는데, 도교 수행자의 이력은 그가 개신교 지도자로 부상하는 데 중요한 요소가 된다. 그는 평양

신학교에서 매코믹 출신 선교사들로부터 훗날 '근본주의'라는 이름이 붙은, (조선의 전통문화와 종교를 멀리하는) 분리주의적 신앙 양식을 배웠지만, 그의 도교적인 수행 방식은 평양에서 폭발적인 대중의 반향을 일으키는 데 크게 기여했다. 새벽에 수행하는 기도와 (성)경 읽기를 통해 분출하는 영성적 효과가 많은 이들을 교회로 모여들게 했고 선교사들의 가르침을 경청하게 했던 것이다.[18] 이렇게 해서 평양대부흥운동은 길선주를 매개로 엄청난 대중적 반향을 일으키는 사건이 되었다. 나아가 이 영성적 운동을 전국화하는 데도 길선주 특유의 영성적 지도자의 능력이 큰 효력을 발휘했다.[19]

하지만 '3·1독립선언서사건'에서 무죄방면된 것은 그의 이력에 적지 않은 흠집이 되었음이 분명하다. 1920년대 중반 그가 부흥회를 이끌 때 사회주의 성향의 청년들에 의한 반대와 테러가 있었고, 사역하고 있던 교회 안에서도 비판이 제기되자 그는 목사직을 사임하고 목회 일선에서 물러났으며,[20] 신사참배 거부운동이 일어나기 몇해 전인 1935년 향년 66세로 사망했다.

옥성득은 길선주가 유교에서 도교로, 그리고 개신교로 개종한 것을 조선 대중을 구원하고자 한 갈망과 관련이 있다고 해석한다.[21] 그가 개신교로 개종한 1898년, 안창호·양전백 등과 독립협회 평양지부를 창립하는 데 적극 가담한 것도 그런 맥락에서 해석할 수 있다. 장남 길진형이 105인사건(1911)에 연루되어 받은 심한 고문 후유증으로 1917년 26세의 나이로 요절했고, 삼남인 길진섭은 공산주의운동에 참여했던 미술가로 해방 이후 월북했다. 차남인 길진경은 1960년대 정치참여적 기독교 교회 연대체인 한국기독교교회협의회 총무를 역임(1961)했고, 진보적 종파로 박정희 정권에 대해 비판적 활동을 적극 벌인 한국기독교장로회의 총회

새뮤얼 모펫 선교사와 길선주 목사, 그레이엄 리 선교사(왼쪽 세번째부터)

한국 개신교가 일제강점기 시절의 기억을 재구성할 때 중요한 변수가 된 것은 '길선주'라는 인물이다. 그는 한국 개신교의 형성 초기를 대표하는 이로, 평양대부흥운동을 사실상 주도하고 전국화한 장본인이었다. 평양의 종교적 열광주의는 반목과 갈등의 소용돌이에 휘말려 있던 교회를 통합시키는 데 크게 기여했으며 교세의 확장에도 영향을 미쳤다. 그 통합과 확장의 중심에는 평양의 미국 선교사들의 근본주의적 신앙이 있었다.

장(1960)을 지냈다.[22] 이것은 그의 집안 분위기가 어떠했는지를 시사한다.

하지만 3·1운동 당시 길선주는 '참여'engagement와 '탈각'detachment 사이에서 동요하는 전형적인 지식인의 모습을 보여준다.[23] 그리고 1년 7개월간 감옥에서 「요한묵시록」을 1만번 이상 읽었고, 이 성서 텍스트에 기초한 「말세도」를 그렸으며, 그것을 가지고 전국을 순회하며 '탈정치적 말세론'을 부르짖고 다녔다는 그의 후기 행적에 관한 설화가 널리 알려져 있다. 즉 장남이 죽은 직후인 3·1운동 때부터 그의 행보는 변하기 시작했고, 옥고를 치른 뒤인 1920년대 이후 그의 신앙에서 '역사참여'의 관점은 완전히 사라진 것이다.

민족주의 관점으로 한국교회사론을 개척한 민경배는 길선주를 가리켜 "한국기독교의 기초를 놓은 창건자"라고 평했다.[24] 하지만 이러한 후대의 평가는 그의 후기 행적에 대한 변증적 설명을 필요로 했다. 이것은 비단 길선주 개인의 현상만은 아니다. 한국 개신교의 지배적인 경향도 '참여의 종교'에서 '탈각의 종교'로 경사 깊게 이동했다. 길선주를 필두로 하여, 3·1운동 당시 가장 적극적인 참여의 종교였던 개신교가 1920년대에 탈각의 종교로 거의 단절에 가까운 변신을 했던 반전을 해명하기 위해 민경배는 '신앙현상학'이라는 특유의 개념을 쓴다. 여기서 그가 쓴 '현상학'Phenomenology이라는 철학적 개념에 의하면 표면에 드러난 '외연'extension은 존재의 깊음 속에 간직된 '내연'internal combustion이 표출된 하나의 양식이며, 따라서 내연을 이해하는 데 외연의 양식이 중요한 참고 사항이라는 것이다. 여기서 '종말론적 신앙'이 신앙의 내연인데, 그것이 3·1운동으로도 신사참배 거부운동으로도 외연화되었다고 한다.[25] 이를 역으로 해석하면 길선주류의 종말론적 주장은 역사로부터 탈각된 것처럼 보이지만, 3·1운동과 신사참배 거부운동에서 볼 수 있듯, 참여와 배치

되는 것이 아니라 동전의 양면과 같다는 것이다. 여기서 신사참배 거부운동을 상징하는 주기철[26]과 평양대부흥운동을 상징하는 길선주는 둘이지만 하나로 겹친다.[27] 길선주의 영성에 기초해서 순교자 주기철의 등장이 예비되었고, 그것은 길선주의 극단적 탈정치성이 '참여의 은폐된 양상'으로 해석되는 근거가 되었다.

이 둘을 연계시키는 기억의 코드화를 통해 일제강점기에 관한 한국 개신교의 '집단기억'Collective Memory이 형성되었다. 여기서 길선주의 영성 수행 양식들은 근본주의적 신앙, 그것과 연결된 기억들을 사람들 각자의 내면에서 공고하게 자리 잡게 하는 '감성적 매체' 역할을 했다. 또 주기철의 '저항과 순교'의 기억은 기억공동체에 속한 사람들에게 자긍심을 불어넣어주는 '윤리적 매체'로서 작동했다. 그리고 이 두 인물을 하나로 꿰고 있는 종교적 이데올로기인 '근본주의 신앙'은 기억공동체의 주체 형성 논리가 되었다.

한데 이러한 집단기억이 공적 기억으로 자리 잡는 과정은 그것과 배치될 수 있는 다른 기억들의 망각을 수반한다.[28] 하여 함석헌, 류영모, 김교신, 안창호, 이승훈 등도 개신교적인 공적 기억의 '밖'으로 추방되었다. 또 한국적 개신교의 창건자 길선주에게 윤리적 상처가 되는 3·1운동의 기억을 주변화시켰고, 그 자리에 신사참배 거부운동의 기억이 끼어들어 그 윤리적 결핍을 상쇄시켰다. 결국 3·1운동에 참여했던 대중의 꿈과 열망, 그리고 그로 인한 고통과 좌절의 서사가 개신교의 공적 기억에서 배제된 것이다.

'3·1절'의 재기억화와 반공주의

1945년 8월15일, 낯선 손님처럼 갑자기 '해방'이 찾아왔다. 사회는 극도의 분열 상태로 빠져들었고, 미군정 당국을 포함한 여러 정치세력들의 협상의 기술은 턱없이 부족했다. 지도자들뿐만 아니라 대중도 마찬가지였다. 새 세계를 향해 나아가야 할 기회가 왔지만, 사회는 함께 나아가야 할 지향점을 찾지 못했고 극단적인 갈등과 분열로 멍들어 깊은 상처를 입고 있었다.

그런 상황에서 첫번째 3·1절이 다가왔다. 일제강점기 시절 3·1절 기념식은 꿈도 꿀 수 없었다. 게다가 3·1운동의 가장 중요한 참여세력인 개신교의 경우, 길선주 자신이 그렇듯이, 가장 적극적으로 3·1운동에 참여했던 서북 지역에서부터 탈정치적 부흥운동이 팽배했다.[29] 망각의 기제가 작동한 것이다. 사회주의 진영도 3·1운동에 대해 소극적이긴 마찬가지였다. 사회주의 이론가들은 3·1운동이 노동자, 농민을 포함한 전체 민족적인 저항이었다는 점에서 평가할 만하지만 토착지주자본가적 쁘띠부르주아 출신 지도자들의 한계가 여실히 드러났고 인민은 아직 주체세력으로 발돋움하지 못한 '미완성의' 운동이었다고 평가절하했다. 반면 1926년 발발한 6·10만세운동과 1929년의 11·3광주학생항일운동은 3·1운동의 한계를 극복한 인민 주도의 '진정한' 봉기였다고 보았다.[30]

한데 해방된 다음 해 모든 정치세력들이 망각된 3·1운동의 재기억화 rememoration를 호들갑스럽게 시도한다. 당시 자본주의와 사회주의 진영으로 나뉜 냉전적 세계질서의 최전선이 되어버린 한반도의 사회적 지형은 극단적으로 양분되어버렸다. 그러니까 3·1운동의 재기억화가 본격 가

동된 1946년의 3월 1일은 다양한 사회·정치세력들이 두편으로 이합집산하여 두개의 기념일 행사를 경쟁적으로 벌인 날이다. 우파는 서울운동장에서, 좌파는 남산에서 대규모의 인파가 모여 기념행사를 벌였다. 이때 1919년 3·1운동을 주도했던 개신교와 천도교의 주류세력이 우파 진영의 행사에 대거 참여했다.[31] 우파의 기념식에 모여든 인파가 좌파의 기념식보다 최소한 세배나 많았다는 데서 드러나듯, 3·1운동의 재기억화를 주도한 것은 우파였다.[32]

그 이듬해인 1947년의 3·1절 기념식 때도 좌우의 대결이 재현되었는데, 이때는 우파의 분열로 인해 참가자 숫자에 큰 차이는 없었지만, 박헌영의 '신전술'에 따라 좌파가 대대적인 인민투쟁의 장으로 3·1절을 이용하는 데 집중한 탓에 대중을 향한 기억의 정치에서 또다시 밀렸다.[33] '신전술'은 광장에서의 대중동원 전술 대신에, 태업·파업·휴업 등과 같은 조직 중심의 저항투쟁으로의 전환을 의미한다.[34] 이러한 전환은 미군정 당국의 편파적인 억압과 백색테러로 광장정치에서 열세를 면치 못한 결과이기도 하지만, 이런 전술적 전환으로 인해 대중에게 3·1운동의 좌파적 기억은 더욱 희미해졌다.

1948년 2월 26일 유엔소총회에서 유엔한국임시위원단UNTCOK 감시하에 남한만의 총선거 실시가 결정되었고, 그 직후인 3·1절 기념식에서 남한 정치의 유일한 승자가 된 이승만은 '반공'을 소리 높여 외쳤다.[35] 그리고 그해 8월 15일 남한 단독정부가 수립되었다. 공산주의에 대한 '절멸적 평화론'에 기반을 둔 냉전적 반공체제인 '1948년체제'가 시작된 것이다.[36] 이러한 반공주의적 기억의 정치 일환으로 이승만은 1949년 10월 1일을 기하여 '3·1절'과 '8·15광복절'을 국경일로 제정했다.[37] 이후 이승만 정권은 거의 매년 광장에서의 3·1절 기념행사에 대중을 동원하여 반

1947년 남산에서 열린 좌파의 3·1절 기념대회

해방된 다음 해 다양한 사회·정치세력들이 좌파와 우파로 이합집산하여 3·1절 기념행사를 경쟁적으로 벌였는데, 규모 면에서 우파가 압도했다. 그 이듬해인 1947년의 3·1절 기념식 때도 좌우의 대결이 재현되었는데, 이때는 우파의 분열로 인해 참가자 숫자에 큰 차이는 없었지만, 박헌영의 '신전술'에 따라 좌파가 대대적인 인민투쟁의 장으로 3·1절을 이용하는 데 집중한 탓에 대중을 향한 기억의 정치에서 또다시 밀렸다.

공을 키워드로 하는 '국민 만들기'를 도모했다.[38]

이러한 정세 속에서 한국 개신교도 망각되었던 3·1운동을 기억의 장으로 회수하기 시작한다. 북한 지역에서 공산주의와의 헤게모니 싸움에서 패배하고 월남한 다수의 개신교도들, 특히 서북 출신으로 근본주의 성향의 월남 장로교도들은 남한의 개신교 세력 재편에 개입하여 주도권을 장악하는데, 그들은 한국 개신교의 반공주의를 추동한 주체였다.[39] 이렇게 월남 개신교도들을 중심으로 남한 개신교의 주류세력이 형성되는 동안 자유주의 신학 계열로 지목된 '조선신학교'[40] 측과, 신사참배 거부운동으로 구속되었다가 출소한 이들이 주도한 대한예수교장로회 '고려파'와 '재건파'가 이탈했다.[41] 주목할 것은 이러한 이탈 과정에서 서북계 월남 장로교 성직자들의 역할이다. 그들은 남한 개신교 형성 과정에서 '반공주의+근본주의' 전선을 중심으로 잘 결속되어 있었는데, 그들이 들쑤셔놓은 분열 과정에서 서울·경기·호남 장로교의 일부와 경남 장로교의 일부가 떨어져나간 것이다. 1959년 서북계의 평안도 계열과 황해도 계열이 분열되었지만, 이때는 남한계 개신교도가 대대적으로 분열되었기 때문에 서북계 월남자 세력이 약화되었다고 볼 수는 없다. 그 결과 그들은 장로회의 주도권을 장악할 수 있었다.

이 서북 출신 월남자 장로교도들을 결속하는 가장 중요한 이념적 장치는 무엇보다도 '반공'이었다. 그들은 교권만이 아니라, 남한사회의 좌우 대결에 깊이 개입했고 국가의 지배권력 형성에 지대한 영향을 미쳤다. 물론 그들은 3·1절 우파집회의 열렬한 참여자였다.

신사참배 거부운동은 한국 개신교의 항일에 관한 집단기억으로 자리 잡고 있었다는 점에서 중요한 의의가 있지만, 동시에 장로교 분열(고려파와 재건파의 이탈)의 주된 이유였다는 점에서 개신교를 묶어내는 기억의 장

1947년 서울운동장에서 열린 우파의 3·1절 기념대회

1947년, 우파가 주도한 3·1절 기념식은 1946년에 이어 또다시 서울운동장에서 열렸는데, 1947년 1월부터 휘몰아친 '반탁 대 찬탁' 논쟁으로 분열된 우파는 지난해와 달리 규모에서 좌파보다 우세를 보이는 데 실패했다. 그러나 이것이 기울어진 좌파의 입지를 반전시키는 기회가 되지는 못했다.

치로서 한계를 갖는다. 또한 일본의 신사참배 정책이 일본에서조차 비종교적인 국가의례(신사비종교론)인가 천황제 종교의례(신사종교론)인가의 논쟁이 있었다는 점에서 종교의례라고 단정하고 동방요배 거부운동을 벌인 것에 대한 적절성 논란이 있다.[42] 이는 신사참배를 중요한 신앙의 문제로 이해하지 않았던 조선신학교 측과의 갈등과 분열에도 연관된 문제다. 한편 신사참배 거부운동이 미국 교회 선교국들이 운영하던 조선의 교육기관들의 폐쇄로 귀결되었다는 점에서 이 운동이 바람직한 저항전략인지에 대해서도 논란이 제기되었다.[43] 조선신학교 측과 밀접한 인연을 갖고 있던 캐나다 선교국도 이 문제로 신사참배 거부운동에 대해 불편함을 표한 바 있었다.[44]

반면 3·1절은 해방된 남한사회에서 가장 중요한 기념일의 하나로 기억되고 있다는 점에서 개신교가 이날을 재전유한다는 것은 충분한 이유가 있었다. 그 무렵 유관순의 발견은 남한의 시민사회와 개신교를 연결하는 중요한 고리였다. 1946년 10월, 그전까지 거의 알려지지 않았던 유관순이 갑자기 3·1운동의 순교자이자 영웅으로 급부상했다. 곧바로 정계, 학계, 문화계 등의 명사들이 대거 참가한 '유관순열사기념사업회'가 조직되었고, 1948년 5월에는 전기傳記가 출판되었으며, 영화도 제작·상영되었다. 전기나 영화에는 '기독교적 냄새'가 진하게 배어 있었다고 한다. 나아가 1954년에는 초등학교 교과서에도 실리게 된다.[45] 여기서 주목할 것은 교과서 속의 유관순이 구국의 영웅 이승만이나 공산군과 싸우는 국군 등과 겹쳐 있었다는 점이다. 이는 반공 키워드가 유관순 기억하기에 개입하고 있음을 볼 수 있다.[46] '남한사회―반공―유관순―기독교(개신교)'로 연결되는 기억의 코드가 작동했다는 것이다.

이렇게 3·1운동은 '반공'을 코드로 하는 집단기억의 하나로 되살아났다. 물론 '민족'도 3·1절과 연계되어 있다. 여기서 '민족'이 하위코드로 편입된 '반공주의' 중심의 3·1절 담론이 공적 기억으로 자리 잡게 된 것이다. 하지만 간혹 이 두 의미의 코드가 재조합되어 반기억counter-memory들을 만들어내기도 한다. 대개는 반공이 하위코드로 편입된 민족주의적 해석들이다. 흥미롭게도 3·1운동의 공적 기억에 가장 적극적인 지지세력이 종교계, 특히 개신교계인 것처럼, 그것의 반기억들을 가장 적극적으로 주장한 이들 또한 가톨릭이 포함된 그리스도교계였다.

그리스도교계가 반기억화를 시도한 대표적인 사례들로는 민청학련 사건으로 구속되었던 김찬국·김동길 기독자 교수의 출소를 기념하는 1975년 3·1절 예배에서 발표된 안병무의 강연 「민족·민중·교회」[47]와 그 이듬해인 1976년 명동성당의 3·1절 기념미사에서 발표된 「3·1민주구국선언」[48]이 있다. 이 두 반기억의 텍스트들은 3·1절을 '반공-민족'의 코드화 대신에 '민족-민주-민중'의 코드화를 통해 그 의미를 다르게 읽어냈다.[49]「민족·민중·교회」는 민중신학의 출현을 알리는 신호탄이 되었고, 「3·1민주구국선언」은 이후 개신교와 가톨릭의 민주화운동의 연대활동을 본격화시키는 계기가 되었다.

하지만 이것은 '1948년체제'의 집단기억에 균열을 일으키는 역할에 그쳤지, 남한사회와 개신교에서 공적 기억의 자리를 차지하지는 못했다. 여기서도 주지할 것은 이 두 문건을 만들어낸 주체가 개신교와 가톨릭의 신학자들과 성직자들, 그리고 그리스도교 지식인들이었다는 점이다. 1980년대 맑스주의 성향의 지식인들과 활동가들에게 3·1절은 여전히 기억투쟁의 대상에서 매우 주변적 위치에 있었다.

아무튼 1946년부터 시작된 3·1운동의 재기억화는 우파가 주도했다. 그 결과 반공국가체제인 '1948년체제'가 성립했다. 그리고 반공을 중심으로 하는 3·1운동의 재기억화 과정에서 교회 지배세력이 구축되었고, 나아가 국가의 지배세력 형성에도 결정적인 역할을 했다. 그렇게 반공주의적 3·1운동의 집단기억이 공적 기억으로 만들어졌다.

광장예배 실패, 그 이후
: 공적 기억의 쇠락과 '잃어버린 민중의 기억' 소환

다시 글 서두의 이야기로 돌아가보자. 전광훈, 김승규 등 개신교 극우파는 2018년에도 3·1절 기념식을 광장집회로 갖고자 했다. 이승만 대통령 시절에는 1956년과 1959년을 뺀 모든 3·1절 기념식을 광장에서 거행했다. 물론 대중동원을 통한 반공주의적 국민 만들기 프로젝트로 기획된 것이었다. 이후의 보수적 정권들도 변함없이 반공을 3·1운동 해석에 중요하게 활용했지만 거의 실내의 기념식으로 진행했다.[50] 국민교육처럼 일상에서 작동하는 국민 만들기 기제들이 한결 정교해졌기에 비일상적인 기념식 정치가 덜 중요해진 것이었다.

한편 1950년대에 국가가 3·1절 기념식을 독점하게 되면서, 이승만 정권의 지지세력인 주류 개신교계는 별도의 광장 기념식을 기획하지 않았다. 박정희 정권 이후 개신교의 3·1절 예배는 더욱 그러했다. 큰 규모의 광장집회 대신 개별교회나 교회연합체 단위로 거의 실내에서 진행되었다. 그것은 보수정권의 '국민'과 동맹관계의 '신자 만들기'라고 할 수 있다. 여기서 중요한 것은 3·1운동의 기억에서 '근본주의'와 '반공주의'가 결합되어 있다는 점이다. 그것은 앞에서 이야기한 것처럼, 일제강점기 시절에 한국 개신교가 강성 근본주의 일변도의 종교집단으로 형성될 때 개신교의 집단기억에서 3·1운동이 배제되었지만, 그렇게 형성된 지배세력이 해방 이후 강성 반공주의 세력으로 이데올로기화될 때 3·1운동을 반공코드로 재기억화한 결과다.

이렇게 형성된 3·1운동의 공적 기억에 대한 도전은 거의 없었다. 1975년과 1976년 개신교계와 가톨릭계 진보 신학자들과 성직자들 그리고 그리스도교 지식인들이 반기억을 제시했지만 담론적 확장성[51]이 매우 제한적이었기에 집단기억으로 자리 잡지 못했다. 그밖의 여러 반기억들의 경우도 예외가 아니다. 또한 비종교계의 반체제적 지식인들과 활동가들은 3·1운동에 대한 기억투쟁에 대해 종교계 지식인들보다 훨씬 더 무관심했다. 게다가 3월 1일이라는 시간성은 가장 적극적인 비판담론의 주역들인 청년·학생을 동원하기가 여의치 않아 운동으로 기획되기에 적합하지 않았던 탓도 있다. 1970~80년대 민중민주운동은 저항적 학생의 참여에 크게 의존하고 있었는데 개학 직전(그 무렵 대학교 개학일은 3·1절 직후에 있었다)인 3·1절은 여간해서 집회날짜로서 선택되지 않았던 것이다.

아무튼 3·1절은, 광장이든 실내든, 지금까지는 우파에 의해 점거당한 시간이었다. 그런 맥락에서 전광훈과 김승규는 2018년 구국기도회와 범국민대회를 도모할 시간으로 3월 1일을 택했을 것이다. 그들은 「긴박한 현 시국」의 문제의식을 공유하면서 한국 개신교가 대대적으로 동참하는 행사를 기대했다. 2003년 노무현 대통령이 취임한 지 한달밖에 안 되었을 때 개신교 보수주의 세력이 서울시청 앞 광장에서 3·1절 구국기도회를 개최했다. 그때 무려 20만명의 개신교 신자들이 모였다. 이는 1년 후인 2004년 3월 12일 노무현 대통령 탄핵 국회 가결로 이어졌다.

그 '찬란한(?)' 기억을 보수적 개신교 지도자들은 2017년 박근혜 대통령 탄핵반대 태극기집회로 재현하고자 했다. 이번에는 박근혜 대통령 탄

핵심판사건의 헌법재판소 선고 10일 전이었다. 태극기집회의 주최 측은 500만명의 시민이 전국에서 총궐기할 것을 기대했다.[52] 태극기집회 직전의 구국기도회에 '은혜와진리의교회'가 거의 1천명에 가까운 신자를 동원했다. 하지만 기도회 참석자 총수는 2003년의 10분의 1도 못 미친 것으로 알려졌다. 태극기집회 참석자가 10만명은 훨씬 넘는 것으로 추정된다고 하니, 적어도 대중동원에 있어서는 개신교의 비중이 크게 줄어든 것이다.

그런데 2018년은 훨씬 더했다. 주최 추산 1만명이 태극기집회에 참석했고, 경찰 추산은 5천명에 불과했다. 구국기도회 주관자들은 300만명을 호언했고「긴박한 현 시국」같은 극단적 메시지를 거의 모든 교회로 발송했으며 "걸을 수 있는 사람은 다 나오시오"라는 자극적 문구로 대대적인 홍보를 했는데도 인원동원에 완전히 실패한 것이다.

게다가 한국 개신교 보수세력을 삼분하고 있는 세 단체 중 하나인 한국교회총연합(한교총)은 이날 진보단체인 '평화와 통일을 위한 연대(평통연대)'와 3·1절 심포지엄을 공동 개최하며 꽤나 개혁적인 논지를 폈다.[53] 또 구국기도회의 주관단체들인 한국기독교총연합회(한기총)와 한교총, 이 두 단체의 대표회장을 겸임하고 있는 이영훈(여의도순복음교회 담임목사)은 구국기도회가 '탄기국'의 태극기집회와 연결되는 행사임을 부인하는 입장을 공식 발표했다.[54]

최근의 사태로만 보면 '1948년체제'의 핵심 키워드인 '반공'을 상징하는 기념일인 '3·1절' 이데올로기에서 개신교의 위상은 점점 줄어들고 있는 것으로 보인다. 특히 젊은 성직자들과 평신도들이 신앙의 반공레짐에서 대거 이탈하는 현상이 두드러진다. 1월 24일 '대한민국 바로 세우기 위한 천만명 서명운동 발대식'에서 김승규가 "지금이 어느 때인데 몸을

사리고 있느냐"라고 목사들을 질타하는 말 속에서, 신자동원이 이뤄지지 않는 주된 이유가 밝혀졌다. 신자들의 반발이 거셌던 것이다.[55] 그런 사정은 '4·27 판문점 선언'에 대해 한기총, 한교총, 그리고 한국기독교연합(한기연)이 모두 곧바로 지지선언을 했고 주요 교단들도 속속 환영 메시지를 발표한 데서 드러난다.[56] 요컨대 맹목적 반공주의로부터 선택적 반공주의 내지는 탈이념화(실용주의)로 분화된 이들이 개신교계 내에서 적잖은 영향을 미치고 있다는 것이다. 특히 신자유주의적 자본가들이 큰 영향력을 행사하는 강남권 대형교회들의 탈이념화 현상은 목사들의 이념적 행보에 영향을 미치고 있는 것으로 보인다.

이것은 최근의 한반도 비핵평화를 향한 정세 속에서 3·1절에 관한 개신교의 '근본주의+반공주의'적 공적 기억이 내파implosion하고 있는 중임을 시사한다. 그렇다면 3·1운동은 어떤 '기억의 터'lieux de mémoire, places of momory로 자리매김될 수 있을 것인가의 문제가 우리에게 과제로 남는다. 위에서 언급한 강남권 대형교회들의 거대 지주들인 신자유주의적 자본가들과 그들의 시각을 대변하는 지식인들이 그 '기억의 터'에서 3·1운동에 대한 기억투쟁에 참전할 것은 의심의 여지가 없다. 그리고 진보적 신학, 특히 민중신학은 안병무의 「민족·민중·교회」에서부터 민중론적 개념으로 발전을 거듭했던 오클로스적 민중론의 관점[57]에 기반을 두고 2016~17년의 촛불항쟁, 1980년의 5·18민중항쟁, 그리고 1919년 3·1운동의 기억을 소환하고 있다.

절멸적 평화론에 기초한 '근본주의+반공주의'의 신앙은 일종의 '성도(신자) 만들기' 장치였다. 그리고 이것은 '1948년체제'의 '(반공주의적) 국민 만들기'와 겹쳐 있다. 이는 거꾸로 이 이데올로기적 장치를 통한 담론에서 성도 혹은 국민이 된 자만이 언어를 부여받는다는 것을 뜻한다.

다른 존재는 '말하지 못한다'. 마치 압살롬의 누이 다말이 배다른 오라비인 암논에게 강간당한 사건을 통해 다윗 왕실의 권력투쟁을 이야기하는 「사무엘기 하」 13~14장이 암논, 압살롬, 다윗 각각에게 항변의 기회를 부여하고 있음에도 유일한 피해자인 다말에게는 아무런 항변의 자리를 내어주지 않는 것처럼, 3·1운동의 서사에서 언어를 배당받지 못한 이들이 있다. 그날 '만세'를 외친 무수한 대중의 심중에는 고종을 향한 충심, 하느님을 향한 충심, 나라와 민족을 향한 충심만이 존재하지는 않았다.[58] 또 동시대 대중신비가이자 부흥사인 이용도 등이 기층대중의 무속적 열광을 수용했다는 이유로 서북 지역의 장로교와 감리교로부터 목사직을 박탈당하고 이단으로 배척되었다. 근본주의적 개신교 주류세력은 그의 언어를 박탈한 것이다.[59] 그밖에도 3·1운동의 '기억의 터'에는 수많은 헤테로토피아적 공간이 넘쳐난다. 거기에서 낯섦들이 마주치고 얽히면서 하나의 소리인 '만세'로 만난 사건이 3·1운동이 아닌가.

2016~17년의 촛불이 그랬다. 그런 집단기억의 방식을 계승하고자 문재인 정부는 헌법개정안 초안의 기본권 조항에서 기본권의 주체는 '국민'이 아니라 (국민의 언어를 부여받지 못한 이들을 포함하는) '사람'이라고 재규정했다. 야당의 반대로 자진 철회됨으로써 공적 기억이 되지는 못했지만, 이것은 '촛불'의 계승자를 자임하는 문재인 정부의 기억의 코드로 작동하고 있다. 현 정권의 모든 것이 이러한 기억의 계보에 있는 것은 아니지만 말이다. 그리고 그것은 3·1운동의 '잃어버린 민중의 기억'을 내포하는 집단기억으로 해석할 수 있다.

민족문학의 '정전 형성'과 3·1운동

미당 퍼즐

강경석

새로운 주인공

　3·1운동 100주년이 한층 특별해진 이유는 촛불혁명이 현재진행형이기 때문이다. 광장을 떠난 뒤에도 촛불대오는 정권교대를 넘어선 '권력교체'를 통해 남북의 내부개혁은 물론 분단체제, 나아가 세계질서 재편을 견인하는 동력으로 진화를 거듭하는 중이다.[1] 그러나 아래로부터의 비폭력 평화시위로 출발했다는 공통점을 제외하면 한반도 남쪽의 촛불혁명이 어째서 3·1운동 100주년의 의미를 각별하게 만드는 사건인지는 얼른 눈에 들어오지 않는다. 문학의 자리에 오면 두 사건 사이의 관계는 더 묘연해지는 듯 보이기도 한다. 그런 의미에서 2018년 9월 능라도 5·1체조경기장에서 행해진 정전 이후 최초의 남한 대통령 연설을 되짚어보고 싶다.[2] 여기에는 15만 평양시민 앞에서 남북정상이 비핵화와 전쟁 종식, 평화체제 건설에 대한 확고한 의지를 표명했다는 획기성 말고도 눈여겨볼

지점이 하나 더 있다. 2007년 민족문학작가회의가 한국작가회의로 명칭을 변경한 데서 드러나듯 문학담론에서조차 종적을 감추다시피 한 '민족'이 그날의 짧은 연설문에 열차례나 반복 등장한 사실이다. 촛불혁명이 다시 불러낸 '민족'을 어떻게 받아들여야 할까.

결론부터 말하자면, 냉전체제의 시발점이자 마지막 출구인 한반도에서 '민족'은 분단체제 변혁의 고리로 언제든 새롭게 환기될 수밖에 없는 운명이었다. 민족은 일단 언어와 역사를 공유해온 남북의 주민 대다수와 재외동포를 아우를 수 있는 가장 적합한 말이다. 물론 거기에 새겨진 이데올로기적 요철을 모르는 것은 아니다. '상상된 공동체'imagined communities나 신화적 민족주의로부터 그것은 얼마나 자유로운가. 더욱이 최근의 예멘 난민사태를 떠올리면 '민족'은 아(亞)제국의 최후 바리케이드처럼 보일지도 모른다. 그러나 구체적 현실과 문맥에 대한 감안 없이 민족이라는 말만 나오면 차별과 배제의 '민족주의'나 파시즘적 대중동원을 떠올리는 것도 시급히 벗어나야 할 타성이다. 몇몇 조건이 필수적으로 고려되어야 한다. 평양연설의 '민족'은 어디서 누구를 상대로 발화되었는가. "평양시민 여러분"과 촛불시민들이 받은 느낌이 같았을 수는 없지만 남과 북 어느 편에서나 그것이 달라진 세상에 대한 또렷한 실감을 운반하고 있는 말이라는 점에서는 공통된다. 요컨대 평양연설의 '민족'은 세상이 변했다는 감각의 원인이 아니라 그 결과다. 분단 또는 분단체제라는 낡은 현실이 남북 주민들의 선택과 실천에 따라 얼마든지 변경 가능하다는 주체적 감각의 회복이야말로 '민족'이 함의하는 새로운 현실의 내용이다.

그런 의미에서 "우리 민족의 운명은 우리 스스로 결정한다는 민족자주의 원칙을 확인"한 평양연설의 핵심은 망설임 없이 쓰인 합성어 '민족자주'에 있다. '민족'은 누구에게도 양보할 수 없는 주인공의 이름이고 '자주'는 앞으로 이 주인공들이 만들어나갈 새로운 이야기의 방향이다. 그것은 촛불광장에서 내내 외쳐진 '헌법 제1조'를 타고 시간을 거슬러 민족자결民族自決의 대세 아래 작성된 "오등吾等은 자兹에 아我 조선의 독립국임과 조선인의 자주민임을 선언하노라"라는 「독립선언서」(1919)의 장중한 첫 문장에 우리를 마주 세운다. 식민과 분단으로 한세기나 유예된 3·1운동의 비전은 촛불혁명을 통해 자기실현의 어떤 단계를 뒤늦게, 그리고 새롭게 맞이하고 있는 중인 것이다.

3·1운동과 점진혁명

3·1운동이 민족해방을 우선순위로 두었던 것은 분명하다. 그러나 「독립선언서」가 웅변하듯 3·1운동은 민족해방 또한 "동양평화로 중요한 일부를 삼는 세계평화, 인류행복에 필요한 계단"임을 잊지 않음으로써 운동의 목표가 민족해방을 필수요건으로 하되 궁극적으로는 그것을 상회하는 것일 수밖에 없음을 뚜렷이 하고 있었다. 아래로부터의 동학농민운동과 위로부터의 갑오개혁으로 1894년 들어 정점에 이르렀던 자주적 근대적응의 동력은 반외세·반봉건의 해방론에 머문 전자의 근시안과 개량주의를 벗지 못한 경장내각의 외세 의존적 오류로 일단 좌초되었지만 계몽주의시대를 거쳐 3·1운동의 출현을 가능하게 해준 든든한 토대가 되었다. "인류행복"의 보편이상에 접속하면서 조선의 자주독립과 동양평화 그리고 세계평화라는 구체적 매개항을 제시하고 그 불가분의 관계를 명시한 3·1운동은 1차대전 이후 변화된 국제정치적 조건에 대한 순진한 접

근에도 불구하고 어떤 면에서는 '1894년'의 성취를 한 단계 넘어선 것이었다. 민족대표 33인의 인적 구성(천도교계 인사들과 만해 한용운의 존재)이나 민중적 참여의 규모 그리고 시기적 인접성으로 볼 때 '1894년'은 3·1운동의 숨은 기반이었지만 전자에 비해 후자가 국제적 영향력을 한층 더 발휘할 수 있었던 것도 그런 진전이 뒷받침되었기 때문일 것이다.[3]

그럼에도 3·1운동은 혁명이 되지 못했다. 원인에 대한 분석은 여러갈래지만 전망의 자주성을 뒷받침할 자력自力의 미비가 요점일 것이다. 물론 식민통치 체질을 바꾸고 사회·문화·교육운동의 공간을 쟁취해낸 보기 드문 성과를 평가절하해서는 곤란하지만 일제의 이른바 문화통치가 혁명 예방 기획에 지나지 않았다는 본질은 직시하지 않을 수 없다. 여기서 신민臣民도 노예도 아닌 "자주민"의 염원은 민족개조와 실력양성이라는 열쇳말을 징검다리 삼아 점진혁명漸進革命의 현실주의로 전화——바로 이 지점이 민중적 각성과 그 발견을 중심으로 하는 3·1운동 최대의 성과적 측면을 반영한다——하거나 때로는 혁명을 괄호 친 수양修養의 타협주의에 물들어갔다. 실력양성론의 맥락에서 이 구분은 중요하다. 예컨대 전자의 노선을 이끈 도산 안창호와 그의 영향 아래 있었으나 후자의 노선을 대변한 춘원 이광수의 차이는 적지 않다. 도산은 말한다. "왜 우리들은 그같은 목표(건전한 인격과 신성한 단결을 육성하는——인용자) 아래 굳게 맹약하여 모였을까요? 오로지 우리 한국의 혁명의 원기를 튼튼히 하여 그 역량을 증진시키기 위함입니다. 그러기에 우리 흥사단은 평범한 수양주의로 이루어진 수양 단체가 아니라, 한국 혁명을 중심으로 하고 투사의 자격을 양성코자 하는 혁명 훈련 단체입니다."[4] 그는 안이한 단계론자가 아니었다. 흥사興士의 '사'는 비사회주의——반사회주의가 아니라——점진노선을 따르는 근대혁명가의 은유였던 셈이다.[5] 그에 비한다면 춘원의 「민족

개조론」(1922)은 도산의 점진론에 대한 타협주의적 아류에 불과했다고 해도 과언이 아닐 것이다.[6]

국외 무장투쟁 노선과 러시아혁명의 성공을 계기로 솟아오른 사회주의운동도 3·1운동 이후 본격적인 진용을 갖추었음은 물론인데, 잘 알려진 것처럼 계몽주의시대와 결별한 우리 신문학운동이 근대문학으로서의 면모를 완성한 것 또한 이 시기다. 33인의 한 사람이기도 했던 한용운의 기념비적 전작시집 『님의 침묵』(1926)은 가장 뚜렷한 마디의 하나다. '님의 침묵'을 '미美의 창조'(「이별은 미의 창조」)로 재구성하는 문학의 정치가 요체였다. 3·1운동은 민족해방에 이르지 못했지만 결코 이전으로는 되돌아갈 수 없는 획기가 되었고, 그것이 열어 보인 민족자주의 실현과 식민성 극복이 과제로 남아 있는 한 우리 근현대사가 언제나 되돌아가 스스로를 조회할 준거로 생생히 살아 있게 된다. 그런데 여기서 말하는 식민성에는 '1894년'과 달리 — 근본적으로는 일맥상통한다 하더라도 — 자본의 포섭력 강화라는 자본주의 세계체제 차원의 계기가 추가되어야 한다. 브루스 커밍스Bruce Cumings를 경유한 최원식의 정리가 간명하다.

식민지 개발은 3·1운동 이후 토착부르조아지를 지배체제의 하위파트너로 더 적극적으로 수용하는 문화통치로 바뀌면서 더욱 촉진되었다. 요컨대 문화통치의 틈새에서 식민지 조선에 대한 자본의 포섭력이 일층 강화되었던 것이다. "식민주의자들이 '막강한 트리오'라고 부른 철도, 간선도로, 그리고 해운" 개발로 조선이 "일본뿐만 아니라 세계시장체제와 새로운 형태들의 교환 속으로 끌려들어가"면서 "조선의 전통적인 고립은 깨어졌다. 이제 백두산에는 검은 기차들이 높은 터널들을 통과하여 기적을 울리고 중국으로 달려갔다." 한국 프로문학의 국제적 동시성은 식민지

조선이 1920년대에 들어서 일본 및 세계 시장의 그물망 속에 더 깊이 얽혀든 점과 연관되는 것이다.[7]

넓게 보면 프로문학에만 국한되는 얘기는 아닐 것이다. 그런데 자본주의의 "국제적 동시성"이라는 차원을 염두에 둘 경우 식민성의 문제는 식민 종주국에 의한 물리적 지배와 그에 대한 예속이라는 좁은 의미를 넘어 "인종/종족차별주의, 관권주의, 성차별주의, 서구중심적인 지식구조 등 다른 형태의 온갖 지배와 배제 행위"를 포함하는 "근대 세계체제의 일부"[8]로 확장된다. 식민지 해방과 식민성 극복을 구분하는 이유이기도 하다. 우리 근대소설사에서 "3·1운동 세대가 생산한 최대의 기념비적 업적"(최원식)[9]으로 평가받곤 하는 중편 『만세전萬歲前』(초판 1924, 개정 1927)의 작가 염상섭廉想涉도 1차대전 종전과 빠리평화회의로 '세계개조'의 막연한 기대감에 젖어 있던 당시의 사회분위기를 비판하며 다음과 같이 썼다.

미후충비微嗅衝鼻하는 구도덕의 질곡으로부터 신시대의 신인을, 완명고루頑冥固陋한 노부형老父兄으로부터 청년을, 남자로부터 부인을, 구관누습舊慣陋習의 연벽鍊壁으로 당□한 가정으로부터 개인을, 노동과잉과 생활난의 견뇌堅牢한 철쇄鐵鎖로부터 직공을, 자본주資本主의 채찍으로부터 노동자를, 전제의 기반羈絆으로부터 민중을, 모든 권위로부터 민주 데모크라시democracy에 철저히 해방하여야 비로소 세계는 개조되고, 이상의 사회는 건설되며, 인류의 무한한 향상과 행복을 보장할 수 있다.[10]

자본주의근대를 극복하는 한층 본질적인 해방이 없이는 민족해방이나 '세계개조'도 "'권위'의 교대"[11] 이상이 되기 어렵다는 점을 통찰한 이 글은 3·1운동 불과 8개월 만인 1919년 11월 26일에 작성되어 이듬해 4월 발표되었다. 이 글에는 운동의 '실패'에도 불구하고 여전히 '세계개조'에 대한 기대를 놓지 못하는 당대 지식사회의 초상이 음각되어 있거니와 간간이 거론되곤 했던 '민족대표'의 한계도 어느정도 실감된다. 어쨌든 세계자본주의의 전경화와 일제의 분리지배전략이라는 새로운 조건 앞에서 자주역량 또는 혁명역량을 확충할 필요성은 3·1운동 이전보다 한층 엄중해지게 되는데, 이때 신문학운동은 그 저수조이자 거의 유일한 지상地上의 병참기지로서 위의를 획득하게 된다.

이는 예의 『만세전』의 탄생 배경이기도 하다. 동경에서 서울로, 서울에서 다시 동경으로 이어지는 유학생 이인화의 짧은 여로를 통해 식민지 현실의 후진성을 가감 없이 고발한 이 작품의 첫 연재(『신생활』, 1922.7.~9. 미완) 당시 제목은 '묘지'였다. 따라서 본처의 장례 이후 재혼을 권하는 큰집 형님을 향해 이인화가 "겨우 무덤 속에서 빠져나가는데요?"라고 반문하며 마무리되는 결말은 종종 '묘지=식민지 현실'의 등식을 성립시키는 것으로 받아들여지곤 했지만, 그의 동경 귀환이 단순히 구습으로부터의 탈출만을 뜻하지는 않는다는 점에서 "무덤" 또한 식민지 조선의 현실에 국한될 수 없는 것이다. '만세전'으로의 개제는 그래서 중요하다. '묘지'라는 상징이 주관적이라면 '만세전'은 보다 객관화되어 있다고도 볼 수 있는데 작품은 3·1운동 이후에 쓰였음에도 '만세후'의 자리를 끝까지 비워놓음으로써 앞선 인용문의 '이중해방'이 가리키는 길을 오히려 열어놓는다. 환멸에 지핀 내면을 끝내 불식하지 못한 듯 보이기도 하는 주인공 이인화의 동경 귀환도 그러한 길을 어렴풋한 깨달음 속에서 선택한 결과일 것이다.

작가는 후일 그 핵심을 거재유생居齋儒生이라는 비유를 들어 요약한 바 있다. "샤벨(sabre — 인용자)과 군화로 둘러싼 무단의 표피가 한꺼풀 벗겨지고 문화정치라는 육피肉皮가 허울 좋게 나타났으나 그것은 결국에 모공毛孔 하나 없는 가장 강인한 유피鞣皮에 쌓인 것이었다. (…) 그러나 세계대전 직후인 만큼 일대 전환기임에는 틀림없었고 소위 '민족자결'이라는 구호에 속고 말았을망정 삼일운동의 전개로써 민족의 명맥이 질식 상태에서 소생되었던 것만은 사실이므로 이 내외의 재생齋生 기운을 타고 울연蔚然히 머리를 든 것이 신문학운동이었다."[12] 재생은 거재유생의 준말이다. "성균관이나 사학四學 또는 향교의 기숙사에서 숙식하며 학문을 닦던 선비를 이르는 말"[13]이니 자력양성의 '거재'라는 면에서 도산의 '사士'가 지닌 점진론적 함의를 일정하게 공유한다. 혁명을 괄호 친 실력양성론이나 자력양성을 건너뛴 사회주의혁명론이 걸었던 아픈 실패의 역사를 고려하면 그 안목의 현실주의가 더욱 빛난다. 자력양성과 혁명적 실천은 둘이 아닌 하나의 과제였던 것이다.

문학의 '자율성'과 '자치'의 역설

'신문학'은 오늘날의 문학인과 독자들의 실감에도 현전하는 '현대문학'의 첫머리다. 이 시기에 완성된 문학생산 제도와 장르, 작품형태가 우리 문학현장의 지속적 기초가 되었다. 그런데 "이 시대에 문학하는 사람들 중에는 본질적으로 절실한 욕구로서 문학한다기보다도 정치적·사회적으로 봉쇄되고 억압된 생명력·생활력의 발로·발산의 분출구를 문학에 구하려는 일종의 유행성적 성격을 띤 것도 사실이었고, 또 이러한 현상은 문학의 정당한 발전과 질의 향상에 좋은 결과를 가져오지는 못하였던 것"[14]이라는 염상섭의 회고를 주목할 필요가 있다. 이른바 근대문학의 '자율성' 명제가 여기서 도출된다.

'문학을 문학으로 만들어주는' 내재적 원리에 대한 의식은 3·1운동 이전 계몽주의시대에 이미 뚜렷해지지만 그때까지의 문학은 결국 정치로 건너가는 예속절차였다. 담론적 지위에서나 생산된 작품의 성과에 있어 '자율성'이 정치성으로부터 독자적 지위 ── 물론 비대칭의 지속 가운데서 ── 를 획득한 것은 1920년대 신문학운동에 이르러서이지만 예의 회고가 암시하듯 처음부터 양자의 실천적 경계는 분명치 않았다. 식민지근대라는 조건이 둘 사이의 미분화를 끊임없이 압박한 것인데, 해방 직후는 물론 미구에 닥쳐올 전쟁과 분단으로 인해 한층 더 근원적인 수준의 식민성 문제가 "모공 하나 없는 가장 강인한 유피"처럼 민족문학사의 존재 조건을 제약해 들어옴으로써 양자의 교착은 더욱 심화되었다.

그런데 "정치적·사회적으로 봉쇄되고 억압된 생명력·생활력의 발로·발산의 분출구를 문학에 구하려는" 흐름은 '한국 현대문학'이 구가해온 긍지의 역설적 기초가 되기도 했다. 자본주의근대가 '자율성'에 기초한 문학성과 정치성의 분립을 강제하는 원천이라면 그 분립을 허용치 않는 한반도적 현실의 '불행한' 조건은 오히려 둘 사이의 경합을 통해 근대 비판을 예각화하는 동인으로 작용한 면이 있었기 때문이다('문협정통파'의 이른바 반근대주의야말로 하나의 반어다).

염상섭은 단순한 자율성론자가 아니었다. 예의 발언 또한 식민지 조선의 신문학운동을 일구어온 당사자로서의 긍지 없이는 나올 수 없으며 회고 당시(1948)가 새로운 단계의 민족문학 건설기였다는 사실도 감안해야 한다. 오히려 그가 비판해 마지않은 정치적 억압의 탈출구로서의 문학은 "카무플라주"된 "민족운동·독립운동이나 사회운동"[15]으로서의 문학이라기보다 춘원 이래 혁명정치를 포기한 수양의 타협주의와 그 지류들에 훨씬 더 부합하는 면이 있다. 그것은 결국 정치적 차원에서 제국의 지배를 불가피한 조건으로 승인하는 자치론에 귀결될 수밖에 없었는데 "민족을 위한 친일"[16]이라는 이율배반은 거기에 둥지를 튼다. 설령 제국의 간섭이 직접지배에 비해 현저히 덜한 자치가 성립 가능했다 하더라도 자본력의 비대칭으로 인한 예속성은 강화될 수밖에 없었으니 후일 식민지근대화론과 은밀히 짝하게 될 식민지자치론은 애초부터 투항의 합리화 명분이거나 제국의 이해를 대리한 자발적 순응, 아니면 아제국의 불가능한 몽상이었다. 그것은 역사와 현실이라는 이름의 타율성을 온전히 자기화함으로써 거꾸로 극복하는 중단 없는 고투 대신 그 '초월적' 부인否認을 선택한 결과였다.

다시, 미당 근처

왜, 미당인가

'자율성'의 굴절은 한국문학 정전正典, canon 형성의 불안정성을 지속시키는 요인이 되었다. 적지 않은 수의 식민지시대 시인들, 작가들이 정도의 차이는 있을지언정 일제 말의 전시체제에 영합한 사실과 분단이 낳은 문학사적 결손 그리고 그와 연동된 오랜 이념적 금제가 토대였다. 어쩌면 '신세대문학'의 기치 아래 주기적으로 출몰했던 집단적 혁신의 요청들도 이러한 배경과 음으로 양으로 관계 맺고 있는지 모른다. 거기에 남한 국민문학으로서의 한국문학, 북한 인민문학으로서의 조선문학에 편향된 논의를 벗어나자는 의미에서 민족문학론의 시야를 도입한다면 예의 불안정성 ── 역동성의 이면이기도 한 ── 은 더욱 확산될 여지가 있다. 민족문학사, 특히 한반도 남쪽에서의 근대문학사 서술이 문학적 과거에 대한 체계적 기술인 동시에 미래를 향한 기투일 수밖에 없는 이유이기도 한데, 친일문학은 그 길목에 놓인 예민한 퍼즐의 하나다.

친일문학 전반을 검토할 능력도 여력도 충분치 않은 만큼 미당 서정주에 대한 논의로 일반론의 추상화를 가능한 한 비껴가려 한다. 미당 시세계의 개괄적인 평가 가운데 그의 친일시에 대한 생각을 포함하는 방식이 최선일 것이다. 친일시는 어디까지나 미당 시세계의 일부이지 중심은 아니기 때문이다. 미당 문학을 거론하는 이유는 크게 두가지다. 최근 미당문학상 폐지를 둘러싸고 벌어진 논란에서 엿볼 수 있듯 그의 문학과 삶에 대한 평가는 한국문학의 현재를 비춰주는 하나의 거울로서 의미가 있다. 두번째로는 많은 논란에도 불구하고 그가 생전에 이룬 문학적 성취가 만만찮은 수준에 이르렀다는 점이다. 후대의 여러 시인들이 그의 시적 유산을 연속·불연속적으로 계승했다. 시인의 삶과 문학적 성취를 분리해 평가하는 것이 가능한지 여부를 두고 빚어진 오랜 소요가 여기서 발원한다. 그가 남긴 '좋은' 작품들의 '좋은' 이유에 핵심적으로 간여하는 요소가 '문학의 (미적) 자율성'이고 보면 미당 문학에 대한 구체적 평가를 경유함으로써 앞에서 거론한 '자율성'의 굴절과 '정전화'의 불안정성 문제의 교착을 풀 실마리도 얻을 수 있을지 모른다.

미당 문학에 관한 논의는 어디까지 왔을까. 미당의 '대표작'들이 구가하는 '정전'적 위상을 일단 수용함으로써 주로 '해석'의 축적에 집중하는 흐름을 논외로 하면 김춘식의 정리가 요긴할 것 같다. 그는 비교적 최근에도 미당론[17]을 썼지만 시각의 기본은 「친일문학에 대한 '윤리'와 서정주 연구의 문제점: 식민주의와 친일」[18]이라는 글에서 일찍이 요령을 얻은 것이었다. 이 글에서 그는 미당의 친일문학과 관련된 시각들을 "오리엔탈리즘에 기초한 동양주의 비판"(김재용)과 "동양의 발견을 통한 국민으로의 길"(오성호), "식민주의 계보학에서 본 서정주의 미학주의에 대한 비판"(박수연)으로 요약하고, "그러나 이러한 선행연구에 대해서 서정주의 영원성 미학이나 전통주의가 동양주의, 대동아공영권 등에 영향을 받고 형성된 것이 아니라 그 이전에 이미 형성된 것이며 오히려 서정주의 미학주의적 탐구가 대동아공영권의 논리를 잠시 차용한 것일 뿐이라는 손진은의 비판도 주목할 만한 견해"[19]라고 덧붙이면서 기존 논의들에 의문을 던진다. 요컨대 "미당의 친일문학 작품의 발생 원인은 친일의 '내면화 논리'보다는 근대적 '미학주의의 한계'에서 찾을 수 있는 것으로 '내용 혹은 이념적 가치, 신념'을 괄호로 묶어 중립화한 채 형식미학과 탈역사적 미학에 집중한 결과"[20]라고 설명하면서 김재용 등의 '내면화된 동양주의로서의 친일'이라는 주장을 반박한다.

이러한 관점이 미당의 문학세계 일반을 '내면화된 파시즘'의 부산물로 연역하는 시각들을 상대화해주는 것은 사실이지만, 다른 한편으로 미당을 정치적·역사적으로 몽매하고 무정견한, 어떤 의미에서는 '무구한' 존재로 가정함으로써 의도와는 달리 그의 문학을 내용 없는 형식주의로 단순화하는 결과를 낳기도 한다. 친일 척결론의 삼엄한 법정에서라면 그것이 정상참작 또는 구제 방편일지 모르지만 시인들의 나라에서라면 그는 '시 짓는 기술자', 이등 시민으로 강등되고 마는 것이다. 어쩌면 그것은 "근대적 '미학주의'"의 의의를 단순화하는 효과마저 동반한다. 그렇다면 정치적·역사적으로 '몽매한' 시인이 말하는 니체의 운명애와 불교, 신라정신, 민족, 조선백자의 미는 다 무엇이었던 걸까? 미당 연구의 이러한 사상 검증적 비판론과 구제론의 경향이야말로 "그의 작품에 대한 정확한 평가가 그의 추문 속에 숨는 형국"[21]을 지속시킨 동인이었는지도 모른다. 무엇보다도 이런 자리에서는 식민지자치론과 식민지근대화론, 그리고 문학적 자율성에 대한 왜곡된 전유의 복합체가 고려될 길이 없다.

사실 2000년대 이후 미당 문학에 대한 학계와 평단의 관심이 크게 늘어나게 된 발단은 미당 자신의 죽음은 물론, 한때 그의 후계를 자처하기도 했던 고은의 논쟁적인 평문 「미당 담론」[22]의 등장이었다. 두 선후배 시인의 교유와 결별에 대한 사적 증언인 동시에 미당의 문학과 삶에 대한 진지한 비평적 탐구이기도 했던 이 글은 의미심장한 문제제기들에도 불구하고 문학적 부친살해의 가십으로만 받아들여진 면이 없지 않다. 때마침 불어닥친 탈민족주의, 탈식민담론의 바람을 타고 비평적 과제로서의 미당 문학은 탈근대 이론에 접목한 사상논쟁 아래 덮여버리고 만 것이다. "미당에 대한 시와 행적의 분리주의를 신비평이론을 강제 적용해서 묶일 할 생각이 없는 것처럼 그의 시 전부를 깡그리 부정할 생각은 추호도 없다"[23]라는 다짐이 고은의 것만이 아니라 미당의 시와 삶을 하나의 문학적 사실로서 존중하려는 많은 이들의 생각이기도 하다면 이 시점에서 가장 중요한 작업은 여전히 지속적인 다시 읽기, 실제 비평의 활성화다.

'급진적' 순응주의

최근 완간된 『미당 서정주 전집』(은행나무)은 총 20권의 방대한 분량이다. 이 중 시전집에 해당하는 것은 앞의 5권까지인데, 미당 생전에 출간된 단행본 또는 전집·선집 수록시 950편을 수습한 것으로 시인 자신이 수록에서 제외한 많은 작품들이 시인의 생전 의도를 존중하는 차원에서 빠졌다. 친일시로 잘 알려진 「헌시」(1943)나 「항공일에」(1943, 일어), 「마쓰이 오장伍長 송가」(1944) 같은 작품과 전두환의 56회 생일을 맞아 썼다는 낯 뜨

거운 축시 등도 당연히 이 전집에서는 볼 수 없다. 이 다섯권짜리 시전집
과 이미 널리 공개된 친일시들을 함께 통독한 첫번째 소감은 그에 대한
옹호와 비판의 공통 근거로 자주 언급될 뿐 아니라 시인 스스로가 "종천
순일파從天順日派"[24]라는 자기변호를 통해 고백한 바 있는 그 순응주의적
면모가 예외적 ─ 특히 식민지시기의 작품들에서 ─ 인 성격을 지니고
있다는 점이다. 그것은 모종의 치열성이나 '진정성'을 동반하고 있어서
눈에 드러나지 않는 무정견 또는 수동적 자기기만을 뜻하는 글자 그대로
의 순응과는 적잖은 차이가 있다. 가령, "그 어디 한 포기 크낙한 꽃그늘/
부질없이 푸르른 바람결에 씻기우는 한낱 해골로 놓일지라도 나의 염원
은 언제나 끝가는 열락이어야 한다"[25]라는 시적 다짐에서도 드러나는 것
처럼 그것은 수동적인 의미에서의 '종천'인 하늘 '따르기'라기보다 매우
적극적이고 능동적인, 그래서 어떤 면에서는 "끝가는 열락"의 급진성이
기도 한, 하늘 '찾기'에 가까운 듯하다.

참 이것은 너무 많은 하늘입니다. 내가 달린들 어데를 가겠습니까. 홍포
紅布와 같이 미치기는 쉬웁습니다. 몇천 년을, 오 ─ 몇천 년을 혼자서 놀
고 온 사람들이겠습니까.

종보단은 차라리 북이 있었습니다. 이는 멀리도 안 들리는 어쩔 수도
없는 사치입니다. 마지막 부를 이름이 사실은 없었습니다. 어찌하야 자네
는 나 보고, 나는 자네 보고 웃어야 하는 것입니까.

바로 말하면 하르삔 시와 같은 것은 없었습니다. '자네'도 '나'도 그런
것은 없었습니다. 무슨 처음의 복숭아꽃 내음새도 말소리도 병病도 아무

껏도 없었습니다.

──「만주에서」²⁶

정착²⁷에 대한 갈망과 그 좌절로 인해 거친 호흡을 내뿜고 있는 이 시의 고백체는 두겹이다. '하늘' 아래에서의 무력감의 직접적 토로인 동시에 그 침묵에 대한 맹렬한 항의를 품고 있기 때문이다. "이마 우에 얹힌/시의 이슬에는/몇 방울의 피가 언제나 섞여 있어/볕이거나 그늘이거나/혓바닥 늘어트린/병든 숫개마냥 헐떡어리며 나는 왔다"(「자화상」, 1939)라고 했던 필생의 선언조차 이 시에서는 부정된다. "바로 말하면 하르삔 시와 같은 것"도 "마지막 부를 이름"도 없었기 때문이다. 보기에 따라 미당 시의 전체적인 흐름에서 이질적(이 시는 뜻밖에 '모던'하다)인 듯한 이 작품이 "정치적·사회적으로 봉쇄되고 억압된 생명력·생활력의 발로·발산의 분출구를 문학에 구하려는" 식민지문학의 보편적 동인에 접속하고 있음은 물론이다. 기회를 찾아 떠난 만주라는 구체적 공간과 "하르삔 시" 같은 소재에서 암시되듯 미당 문학의 고질인 무시간적 기초를 일정하게 벗어남으로써 아무것도 가진 것 없는 빈털터리 청춘의 서러운 방황에 실감을 더해준다. 그 점이 이 시를 힘있게 만들어주는 한 요소다. 이 시의 파괴적인 부정은 끝내 역천逆天에 이르지 못하지만 『귀촉도』에 함께 수록된 "아 이 검붉은 징역의 땅 우에/홍수와 같이 몰려오는 혁명은/오랜 하늘의 소망이리라"(「혁명」, 1946)와 같은 요령부득의 자기기만과는 비교할 수 없는 성취임에 분명하다.

정처 없는 '하늘 찾기'의 갈망이 싱싱하게 살아 있던 전반기의 작품들이 그 이후 방만해진 『질마재 신화』(1975) 같은 후반기 시집들에 비해 상대적으로 높은 성취를 보여준다. 잘 알려진 서시 「자화상」이 벌써 그렇지만 맹목적인 혈안血眼의 시정이 두드러진 『화사집花蛇集』(1941, 전집 1권)에서 시적 단련의 원숙미가 간간히 빛나는 『동천』(1968)까지가 아마도 미당이 일군 시적 자산의 거의 전부가 아닐까. 일생에 걸쳐 '떠돌이'를 자처한 그의 방황도 실은 『자화상』과 『귀촉도』의 젊은 미당에 대부분 귀속된다. 『서정주시선』(1956)에만 와도 벌써 방황을 끝내고 안착한 자의 지루한 달관과 교훈조가 나타나기 시작하는데 그의 대표작으로 널리 회자되곤 하는 「무등을 보며」(1954)의 "어느 가시덤풀 쑥굴형에 뇌일지라도/우리는 늘 옥돌같이/호젓이 묻혔다고 생각할 일이요/청태靑苔라도 자욱이 끼일 일인 것"이라는 안이한 결구는 대표적이다.

예의 '하늘 찾기'의 급진성이 향하는 방향은 미당의 실제 삶에서 일정치 않았다. 그것은 상징주의라는 이름의 하늘이기도 하고 신라나 불교, 일제나 이승만 정권, 군부독재이기도 했기 때문이다. 그러나 추상 수준을 한 단계 높여 생각해보면 그것은 식민지와 분단으로 점철된 한반도의 독특한 근대에 대한 그 나름의 인식을 보여준다고도 할 수 있다. "너무 많은 하늘"은 그 예속으로부터 벗어날 도리 없는 주인의 기표이자 문학과 일제와 군부독재로 자꾸만 얼굴을 바꾸는 근대성 그 자체의 암시였는지도 모른다. 하필 그것이 '제국'의 진열장, 만주의 하늘이었다는 점도 거기에 가세한다. 그의 시세계를 가로지르는 근대 도시와 전근대적 시골의 비대칭적 긴장은 그래서 의미심장하다. 황현산이 『화사집』의 마지막 시 「부활」을 분석하면서 "이 시에서 주목해야 할 점은 그가 도시에서 고향을 본다는 것뿐만 아니라 도시만이 이런 방식으로 고향을 보여줄 수 있다"라고 한 것은 중요한 발견이다. 반면에 "미당은 이 시(「부활」──인용자)에서 근대시의 한 체험을 높은 수준에서 보여주지만, 그러나 그에게서 이런 종류의 체험으로는 실상 마지막 체험"[28]이라고 덧붙이는 대신 이 주제를 더

밀고 나아갈 필요가 있었다. 「밤이 깊으면」(1940)도 좋은 예다. "밤이 깊으면 숙아 너를 생각한다"로 시작하는 이 작품의 종결부를 옮겨본다.

　숙아!

　이 밤 속에 밤의 바람벽의 또 밤 속에서
　한 마리의 산 귀또리같이 가느다란 육성으로 나를 부르는 것.
　충청도에서, 전라도에서, 비 나리는 항구의 어느 내외주점에서,

　사실은 내 척수신경의 한가운데에서,
　씻허연 두 줄의 이빨을 내여놓고 나를 부르는 것.
　슬픈 인류의 전신全身의 소리로써 나를 부르는 것.
　한 개의 종소리같이 전선電線같이 끊임없이 부르는 것.

　뿌랙 뿔류(black blue ── 인용자)의 바닷물같이, 오히려 찬란헌 만세소리
같이,
　피같이,
　피같이,

　내 칼끝에 적시여 오는 것

　숙아, 네 생각을 인제는 끊고
　시퍼런 단도의 날을 닦는다.
──「밤이 깊으면」[29] 부분

"목포나 군산 등지 아무 데거나/그런 데 있는 골목, 골목의 수효를,/크다란 건물과 버섯 같은 인가를, 불 켰다 불 끄는 모든 인가를,/주식취인소를, 공사립 금융조합, 성결교당을, 미사의 종소리를, 밀매음굴을,/모여드는 사람들, 사람들을, 사람들을,"에서처럼 술어를 생략한 열거의 쇄도를 통해 도시 또는 근대자본의 무차별적 진군을 섬뜩하게 형상화하고 있는 이 시의 요체는 고향 또는 "서러운 시굴"[30]을 상징적으로 대리하는 숙이의 자살과 "슬픈 인류의 전신의 소리로써 나를 부르는" 고향의 인력을 가차 없이 끊어낸 자의 내면 풍경이다. 부정의 과잉은 순응의 '급진성'과 만난다. 그의 "서러운 시굴"은 『질마재 신화』가 그렇듯이 자본주의근대 도시의 그림자에 불과한지도 모른다. 그가 목격하고 체험한 '근대'는 「만주에서」나 「밤이 깊으면」이 보여주는 것처럼 어떤 속수무책의 절벽이어서 전근대적 숙명론에 필적하는 무엇처럼 그려지고 있기 때문이다.

> 억새풀잎 우거진 준령을 넘어가면
> 하늘 밑에 길은 어데로나 있느니라
> 많은 삼등 객차의, 보행객의, 화륜선의 모이는 곳
> 목포나 군산 등지 아무 데거나

여기에도 '하늘'이 있다. 그리고 거기에 "~있느니라"라는 하향의 술어가 붙어 있다. 이 시 첫 행의 "생각한다"와 마지막 행의 "닦는다"를 제외하면 유일한 술어일 뿐 아니라 예외적 위상을 지닌다. 그것은 '하늘'과 "끝끝내는 끌려가야만 하는 그러헌 너의 순서"와 악착같은 등가관계를 맺는다. 그의 순응주의 체질이 급진성을 띠게 된 것은 식민지근대 또는 자본주의근대를 전근대적 숙명론을 통해 전유^{轉有}했기 때문일지 모른다. 역천을 모르는 그것은 주인 잃은 '해방노예'의 설움과 공포, 귀소본능에 가까운 것은 아니었을까. 그런 점에서 그의 친일시를 '동양주의' 또는 제국이데올로기의 내면화로 보는 것이나 근대적 미학주의의 귀결로 보는 것은 재고의 여지가 없지 않다. 동양주의의 내면화로는 미달이고 미학으로는 파탄인 지점에 그의 친일문학이 있으며 그것은 또한 그가 그토록 찾아 헤매던 세속적 정착, 안주의 결과이기도 하기 때문이다.

> 정면에서 눈을 돌릴 수는 없느니라.
> 그리움에 젖은 눈에 가시를 세워
> 사랑보단 먼저 오는 원수를 맞이하자.
>
> (…)
>
> 아무 뉘우침도 없이 스러짐 속에 스러져 가는
> 네 위엔 한 송이의 꽃이 피리라.
> 흘린 네 피에 외우지는 소리 있어
> 우리 늘 항상 그 뒤를 따르리라.
>
> ──「헌시: 반도학도 특별지원병 제군에게」[31] 부분

이 시의 화자는 어디에 있는가. 이 늘어지는 무갈등의 목소리에는 스러져갈 '너'에 대한 슬픔이 없다. 여기서 미학이 증발한다. '눈 돌릴 수 없는 정면'의 지배를 의심하지 않기 때문이다. 그렇다고 '눈 돌릴 수 없는 정

면'을 자기화하지도 않는다. 따라서 사상도 실종된다. 이 시의 화자는 '눈 돌릴 수 없는 정면' 바로 아래에서 '스러져 갈 너' 위에 군림한다. 여기서 미당의 '급진적' 순응주의는 식민지자치론과 만나는지도 모른다.

미당 바깥

그럼에도 미당이 탁월한 언어적 재능을 타고난 시인이라는 점은 널리 인정된다. 미당 문학의 영욕이 거기에 다 있다. 『신라초』(1961)에 실린 「재롱조」[32] 이야기로 결론을 대신하려고 한다. 소품이라 인용하기 편리한 점도 있지만 미당 시세계의 본질을 압축적으로 보여주는 작품이기도 하다. 전문을 인용한다.

> 언니 언니 큰언니
> 깨묵 같은 큰언니
> 아직은 난 새 밑천이
> 바닥 아니 났으니
> 언니 언니 큰언니
> 삼경 같은 큰언니
> 눈 그리메서껀 아울러
> 안아나 한번 드릴까.

이 시의 소재는 시집간 큰언니와 시집 안 간 여동생의 해후다. "아직은 난 새 밑천이/바닥 아니 났으니"를 경계로 큰언니와 '나'는 갈라진다. "새

밑천"이라는 상스러운 표현도 시골스러운 입말의 리얼리티를 살린다. 그런데 큰언니에게 무언가 사연이 있는 듯하다. 평범하지만 깊고 푸근한 인상으로 제시된 큰언니가 "삼경 같은 큰언니"가 되어 온 것이다. 깊은 밤을 가리키는 옛 시간단위일 뿐인 삼경 三更이 직유로 등장하는 순간 "큰언니"가 겪고 있을 아픔의 현재성이 한꺼번에 쏟아져 들어온다. "삼경"을 이어받고 있는 "눈 그리메"(눈 그림자, 눈 그늘)가 그런 독해에 힘을 싣는다. 4·3조의 주술적 반복도 한몫할 것이다.

그런데 시는 한 단계 더 도약한다. 화자인 '나'는 8행짜리 이 시에서 내내 화자의 지위를 유지하고 있었음에도 마치 "눈 그리메서껀 아울러/안 아나 한번 드릴까"에 와 비로소 얼굴을 내미는 것처럼 느껴진다. 큰언니의 사연에 기울어 있던 독자들은 그의 마음 곳곳을 샅샅이 알 리 없는 동생의 무구한 생각과 문득 마주치게 되는 것이다. 7, 8행에서 일어난 화자의 전경화로 정연히 진행되던 음률에 약간의 파문이 이는 것도 이 시의 매력이다. 큰언니가 구체적으로 어떤 상황에 놓여 있는지, 지금이 언제 어디인지는 끝내 알 길이 없다. 시인은 알았을까? 화자의 생각도 그저 생각에 그쳤을 뿐 아직 행위로 옮겨진 것은 아니다. 추상적이라는 비판을 가할 수도 있을 것이다. 하지만 그럼에도 이 시는 아름답다. 그것은 평범한 사람들의 구체적인 삶 도처에서 문득문득 고개를 드는, 있음직한 비의 秘義들에 뿌리를 내리고 있기 때문이다.

"삼경"이 그렇게 한 것처럼 언어는 끝내 해명하기 어려운 삶의 심연들을 저도 모르는 사이에 가리키곤 한다. 그것은 자주, 아니 대개는 시인의 손을 떠나 있는 것이기도 하다. 본질적으로 상업주의의 산물인 광고문구조차 이따금 그 뿌리를 초과하는 아름다움과 위로의 힘을 발한다. 언어의 주술은 무서운 것이다. 그것이 문학 안에 그 스스로가 초래한 자립적 질서가 있다는 믿음을 뒷받침해온 근거일지 모른다. 문학이 고통스러운 현실을 무차별적으로 위로하는 아편인 듯 여기는 감각 또한 그와 무관하지 않을 것이다. 그 위험을 견제하는 다른 힘의 존재가 그래서 필요해진다. '자율성'은 어떤 형이상학적 전제로부터 연역되어 시작[詩作]의 어느 순간 임하는 주술이 아니라 그때그때의 고통스러운 현실이 부과하는 제약들에 맞서는 싸움 가운데 이따금 성취되는 무엇일 것이다. 앞에서 길게 살펴본 것처럼 타율성을 제대로 통과하지 않은 자율성이 식민성을 낳는다.

남한의 국민문학으로서의 한국문학, 북한의 인민문학으로서의 조선문학이 아니라 달라진 세상의 감각이 새롭게 불러낸 민족 또는 민족문학의 차원을 상상할 때 미당의 위치는 어디쯤일까? 도산과 횡보를 따라 문학과 정치도 둘이 아닌 하나의 과제라고 할 수 있다면 말이다. 미당의 시는 오래 남아 기억될 것이다. 그러나 미당의 시가 '살아 있던' 세상은 이미 사라져가고 있다.

3·1운동의 한세기

20세기의 비전과 한반도 평화

김학재

3·1운동의 국제적 맥락

　1919년 2월에서 5월 사이, 한국과 이집트, 인도와 중국에서는 독립을 위한 민족주의운동이 동시다발적으로 발생했다. 한국에서는 2월 말 고종의 죽음을 계기로 3·1운동이 발생했고, 3월 초에는 이집트에서도 소위 '이집트혁명'이 발발했다. 4월에는 인도에서 총파업과 시민불복종운동이 이어졌고, 5월에는 중국에서 베르사유 회담에서의 산둥성에 관한 결정에 반발하는 '5·4운동'이 발생했다. 왜 이 시기에 서로 다른 국가들에서 동시다발적 독립운동이 일어났을까?

　한국의 학계에서도 그동안 3·1운동의 국제적 맥락을 파악하려는 시도들이 있었다. 초기의 연구들은 주로 3·1운동이 세계 독립운동에 미친 일방적 영향을 강조했는데, 특히 중국 5·4운동에 미친 영향이 주목을 받았다.[1] 인도의 경우는 3·1운동이 직접 영향을 주었다기보다는 '동시대성'

의 문제로 봐야 한다는 해석이 등장했다. 무엇보다도 객관적 사료들로 상호 연관의 문제를 증명하자는 논의들이 등장했다.[2]

3·1운동이 전세계의 독립운동을 선도한 최초의 사건이었다는 최대주의적 시각과, 한반도에 고립되어 사실상 실패한 운동에 불과하다는 최소주의적 시각은 상호 배제적으로 대립할 것이 아니다. 이 글은 그 시기를 틀 지운 구조적 힘들의 공통점이 무엇이고, 지역마다 어떻게 다른 역사가 전개되었으며, 동아시아에서는 약소국의 독립을 위한 열망들이 어떻게 동시대적으로 상호 연관되어 있었는지를 복합적으로 파악해보려는 시도다.

이를 위해서 이 글은 먼저 3·1운동의 배경이 되는 국제질서의 변동과 그것의 상징적 계기가 된 지구사적 사건들을 검토하려 한다. 이를 통해 당시 지정학적 질서가 어떻게 변화했는지 분석하고, 3·1운동 당시의 국제적 정세와 구조적 힘들에 대해 파악할 것이다. 다음으로 동유럽과 동아시아의 상황을 비교해볼 것이다. '민족자결'이라는 새로운 시대적 이념이 서로 다른 지역에서 왜 다르게 실현되었는지를 파악하기 위해서다. 그런 후에 동아시아 지역 내에서 3·1운동을 포함한 다른 국가들의 동시다발적 독립운동의 상호 연관성과 차이점을 파악해보려 한다. 마지막에서는 3·1운동을 세계사적 맥락에서 접근하는 것의 현재적 의미를 간략히 짚어볼 것이다.

지구적 순간들과 지정학적 배경

먼저 살펴볼 것은 3·1운동의 배경이 되는 국제정세다. 3·1운동이 발생했던 시기에는 한반도와 동아시아 차원에서뿐 아니라 세계적 차원에서 커다란 질서 변동이 발생했다. 지구사Global History적 관점에서 지난 세기를 되돌아볼 때 전세계적 차원에서 동시대적인 영향을 미친 대사건들이 발생한 시기를 이 글에서는 지구적 순간Global Moment이라고 부르고, 이 계기들을 검토하여 당시 국제질서에 어떤 구조적 변동이 발생했는지 살펴볼 것이다.

1905년 러일전쟁과 일본의 부상

20세기 전반기 세계사를 검토할 때, 단지 동아시아에서만 중요한 것이 아닌 지구적 순간으로 꼽을 수 있는 사건은 바로 1905년의 러일전쟁이다.[3] 러일전쟁은 일반적인 국가 간 전쟁이기도 하지만, 지구사적 관점에서 보면 그 의미가 남달랐다.

러시아사와 유럽사에 있어 러일전쟁은 러시아의 짜르체제를 몰락시키고 사회주의혁명을 촉발시킨 세계사적 사건이었다. 절대주의 왕정체제를 유지하고 있던 러시아가 가장 급진적인 근대이념인 사회주의의 영향을 받아 급속한 체제전환을 이루게 되었고, 그 결과 러시아제국의 영향하에 있던 여러 동유럽 국가들에 충격을 줘 지정학적 변동을 불러일으켰다.[4]

러일전쟁은 소위 '동양' 전체에도 큰 영향을 주었다. 왜냐하면 러시아가 일본에 패배한 것이 한편으로는 '서구 헤게모니의 종식'을 의미했기 때문이다. 따라서 러일전쟁으로 인해 서구문명의 우월성이라는 관념이나, 서구가 다른 지역을 문명화한다는 이데올로기는 정당성이 약화되었고, 대신 서구문명과 동양문명의 차이라는 이분법적 사고가 점차 강화되었다.

이런 맥락에서 서구에 대항하는 대항적 지역주의가 부상했다. 범이슬람주의와 범아시아주의의 등장이 대표적이다. 장기적인 탈식민역사에서 보면 1905년은 이집트, 이란, 터키, 인도, 베트남, 중국에서 다양한 반제국주의운동이 등장하는 출발점이었다.[5] 이는 독립된 근대국가를 만들려는 움직임으로도 표출되었는데, 아시아에서는 이란(1906), 터키(1908), 중국(1911)에서 연이어 공화주의적 혁명들이 촉발되었다.

하지만 러일전쟁은 정작 일본의 주변국들, 특히 한국에 식민지배라는 비극적 결과를 가져왔다. 러일전쟁으로 일본은 동아시아 유일의 지역강국으로서 헤게모니를 구축했기 때문이다. 그전까지 일본은 청나라, 러시아와 지역패권을 다투며 미국, 영국 등 서구국가들과의 관계와 균형을 복잡하게 고려해왔지만, 러일전쟁을 통해 동아시아 차원에서 중국에 이어 러시아를 패배시키며 지역 내 지정학적 질서를 정리했다.

일본은 중국과 동아시아 주변국가들과 매우 다르게, 아편전쟁 직후 체제개방에 순응한 후, 군사력을 키우는 것을 최우선시하여 근대화를 추구했다. 일본이 추구한 군사적 근대화를 서구제국주의가 동아시아를 복속시키는 방식에 대한 반작용이라고도 볼 수 있을지 모르겠지만, 그 결과는 동아시아에 재앙 같은 연속 전쟁과 식민지배를 초래했다. 메이지유신 이후 일본은 청일전쟁(1894), 러일전쟁(1904)을 치르고 한국을 병합(1910)한 후에도 만주사변(1931), 중일전쟁(1937)을 치르는 것도 모자라 미국과 태평양전쟁(1941~45)을 벌임으로써 약 50년간의 군사적 폭주를 멈추지 않았다.

오랫동안 중화질서 속에 있던 조선은 청나라가 서구국가들에 침략당하는 과정[6]에서 청나라의 영향력에서 벗어났지만, 이후 러시아와 일본에 둘러싸여 있다가 결국 차근차근 일본에 장악되었다. 일본은 중국과 러시아라는 지역강국을 상대하기 위해 조선을 발판으로 삼았는데, 조선 정복을 내세웠던 일본의 정한론자들은 조선의 병합을 제국 '백년대계'라고 주장했다.[7] 그러나 이러한 일본의 군사주의적 폭주와 이웃국가의 식민화는 결국 이웃국가들에 '백년의 원한'을 남긴 것으로 보인다.

아편전쟁 직후 서구에 순응하며 군사주의적으로 빠르게 성장한 일본식 근대모델 자체를 '이중과제론'[8]의 시선으로 평가하자면, 이는 강력한 힘과 우월한 기술에 대한 무조건적·순응주의적 태도의 전형이라고 할 수 있다.

또한 일본의 팽창주의와 이웃국가들에 대한 지배는 근대화 이후 일본사회 내부에 쌓인 불만을 해결하기 위해 추진되었고, 사회적 지지를 받으며 추진되었다는 점에서 독일과 유사한 사회적 제국주의social imperialism[9]의 양상을 보였다고 할 수 있다. 즉 급격한 근대화로 초래된 내부의 사회적 불안과, 이를 민주적 역량으로 다루지 못하는 불완전한 권위주의체제가 군사주의적 팽창의 배경이 되었던 것이다. 이렇듯 러일전쟁은 우리로 하여금 서구의 근대에 순응하며 선택한 군사주의적 근대의 역사적 결과에 대한 성찰을 요구하고 있다.

제1차세계대전과 베르사유체제

러일전쟁에 이은 또다른 지구적 순간은 제1차세계대전이다. 1차대전은 유럽 근대국민국가 체제의 파국적 귀결과 동시에 완성(복지체제 전면 도입)의 계기라는 양면적 특성을 갖고 있다. 유럽에서 국가 간 경쟁이 점차 심화되고, 근대적 국가가 형성되어 팽창하다가 대규모 전면전쟁이 발발했기 때문이다. 1차대전으로 결국 유럽 국가들은 지구적 패권을 상실하게 되는데, 그런 점에서 당시는 유럽의 세기가 저물어가는 시대로 평가되기도 했다.[10]

유럽이 상호 간 전쟁으로 쇠락하자 새로운 강국들이 등장했다. 1918년

4월경부터 독일이 패배할 것이 확실시되자 9월 말부터 유럽의 지도자들은 미국 대통령 우드로 윌슨에게 정전협정을 맺고 평화회담을 개최하자고 중재를 요청했다. 미국이 전쟁을 정리할 권위와 역량을 가진 신흥강국으로 세계사적 무대에 등장한 것이다.

1918년 1월 8일 윌슨은 의회연설에서 14개조 선언을 제안했다. 14개조 선언은 독일영토를 다른 국가들에 반환하고 러시아제국과 평화협정을 다시 체결하는 과정에서 유럽의 영토경계를 재설정할 때 "민족자결"self-determination 원칙[11]을 적용하자고 제안했다. 또한 윌슨은 새로 만들어진 국가들에 국제연맹에 가입할 것을 제안하고 이 국제기구를 기반으로 기존의 국가 간 권력질서를 대체할 새로운 세계질서를 구축하자고 주장했다.[12]

1차대전은 빠리에서 열린 평화회의의 결과로 체결된 '베르사유조약'으로 정리되었다. 그래서 이를 '베르사유체제'라고 부를 수 있다.[13] 베르사유체제는 그만큼 유럽사에서 중요한 위치를 차지하지만, 오늘의 관점에서 평가하자면 몇가지 성취와 한계가 분명하다.

베르사유체제는 한편으론 기존 열강의 권력질서를 극복하고 민족자결과 국제연맹 같은 새로운 원칙을 제시하면서 자유주의적 세계질서를 구축하려는 기획의 산물이었다. 하지만 베르사유체제는 유럽의 열강들 간의 합의로 귀결되었고, 러시아를 포용하지 못해 잠정적으로 냉전의 씨앗을 만들어냈다. 또한 국내의 정치적 갈등으로 인해 미국의회가 비준을 하지 않아 국제연맹 구상에 힘이 실리지 못해 2차대전을 막지 못했다는 분명한 한계가 있다.[14] 새로운 질서가 도래했지만, 구체제를 대체하지 못했고, 새로운 갈등구도를 만들었으며, 더 큰 갈등을 막기엔 역부족이었던 것이다.

그럼에도 불구하고 베르사유체제의 등장 과정은 하나의 평화프로세스로서 다양한 역사적 실례와 교훈들을 던져주고 있다. 실제 조약과 협상의 내용들을 살펴보면, 베르사유체제가 어떤 변화를 반영하는 평화프로세스의 산물이었는지 파악할 수 있다.

베르사유체제는 먼저 정전 협상에서부터 시작되었다. 1918년 10월 29일부터 11월 4일까지 빠리에서 윌슨의 14개조 선언에 기반해 정전협정을 체결하기 위한 회의가 열렸다. 이때 영국과 프랑스는 독일 군사력을 해체하기 위한 조치를 요구했고, 정전협정은 이를 반영한 내용으로 1918년 11월 11일 서명되었다.

정전협정 체결 후 연합국은 최종 평화체제를 구축하기 위한 회담을 본격적으로 조직했다. 프랑스의 제안과 영국, 미국의 검토 끝에 빠리에서 회담을 개최하기로 하고, 1919년 1월 18일부터 1920년 1월 21일까지 공식회담이 개최되었다. 약 1년간에 걸친 이 회담이 바로 빠리평화회의다.

빠리평화회의는 승전국 연합이 1차대전을 일으킨 중부유럽 국가Central European powers, 독일, 오스트리아-헝가리제국와 평화협정을 체결하기 위해 개최한 회담이었다. 협상을 시작하기 위해 다양한 위원회가 설립되었는데, 중요 결정을 하는 고등위원회와 경제·재정·항공·노동·항구·수로 등과 관련된 특별위원회, 전원회의 등이 조직되었다. 프랑스, 영국, 미국, 이딸리아, 일본이 참여한 외무상회의도 조직되었다. 가장 중요한 평화조약 초안은 영국, 프랑스, 이딸리아, 미국과 일본 5개국 대표 두명씩으로 구성된 '10인위원회'를 중심으로 준비되었다.[15]

그러나 빠리평화회의의 결과물은 독일의 식민지 처리 문제를 제외하고는 식민지 문제나 민족자결 문제와는 거의 상관이 없었다. 독일의 영토 문제와 식민지는 식민지 문제로서가 아니라 전쟁과 관련된 전후 처리의 문제로서 관심 의제가 된 것이었다. 윌슨은 처음부터 민족자결은 전쟁과 관련된 지역에만 적용된다고 생각했다.[16]

빠리평화회의에서 동아시아와 관련된 문제는 단 두가지였다. 하나는 베르사유체제에 일본을 참여시킴으로써 민족 간의 인종적 평등을 확립하는 문제이고, 다른 하나는 독일이 보유하고 있던 태평양 연안과 산둥성의 권리 문제였다. 전자에서는 서구 열강의 백인중심주의와 일본에 대한 견제 문제가 발생했고, 후자에서는 중국을 둘러싸고 대립하는 열강들의 이해관계가 충돌했다.[17]

결국 빠리평화회의에서 식민지, 약소민족의 독립 문제는 열강과 일본 간의 현실주의적 타협으로 유명무실하게 되었다. 일본은 복합적 이해관계 속에서 자국의 이해관계를 적극 관철시켰고, 빠리평화회의를 계기로 가장 강력하게 반대하던 미국의 승인까지 이끌어냈다. 일본이 외교적 성과를 거둔 만큼 조선과 중국은 이 회의에서 독립청원운동과 영토 문제에서 성과를 거둘 수 없었던 것이다.

이처럼 1차대전은 유럽제국주의의 강대국 중심 질서가 파국으로 치달은 사례인 한편, 미국과 소련이 새롭게 신흥강국으로 등장해 약소국들에 민족자결을 약속하며 많은 기대를 불러일으킨 계기였다. 하지만 기대와 달리 공식적인 빠리평화회의는 미국의 권위를 빌려 주로 독일의 전후 처리를 하려던 것이었고, 이로 인해 동아시아에 대한 일본의 강력한 이해관계가 관철된 한계를 보였다.

그럼에도 불구하고 베르사유체제는 국제법적으로 독일 문제를 처리하는 과정에서 기존의 강대국 중심의 원칙과 달리 소수민족 보호, 민족자결, 국제연맹, 전쟁죄 조항 등 새로운 국제법적 조항들이 등장했다는 의미가 있다. 베르사유체제 이후 평등한 주권을 가진 주권국가들 사이의 국

1919년 1월 18일 빠리평화회의

빠리평화회의는 승전국 연합이 1차대전을 일으킨 중부유럽 국가와 평화협정을 체결하기 위해 개최한 회담이었다. 그러나 빠리평화회의의 결과물은 독일의 식민지 처리 문제를 제외하고는 식민지 문제나 민족자결 문제와는 거의 상관이 없었다. 식민지, 약소민족의 독립 문제는 열강과 일본 간의 현실주의적 타협으로 유명무실하게 되었다. 일본은 복합적 이해관계 속에서 자국의 이해관계를 적극 관철시켰고, 결국 조선과 중국은 독립청원운동과 영토 문제에서 성과를 거둘 수 없었던 것이다.

제관계가 확립되고, 인권과 민주주의를 보장하는 국제법과 국제기구에 의해 국제질서가 조절되는 현상이 본격화되었기 때문이다.

1917년의 러시아혁명과 1918년 윌슨의 14개조 선언

세번째 지구적 순간은 1917년의 러시아혁명과 1918년 1월 윌슨의 14개조 선언이다. 이는 1945년 이후 본격화되는 미소 냉전의 역사적 뿌리라고 할 수 있다. 이 시점의 미국과 러시아는 군림하는 초강대국이 아니었다. 유럽식 제국주의와 달리 더 평등하고 자유롭고 정의로운 시대를 약속하며 등장한 신흥강국들이었다.

앞서 살펴본 윌슨의 14개조 선언은 사실 러시아혁명에 대한 대응으로 등장한 것이었다. 1917년 러시아에서는 볼셰비끼혁명이 일어났고, 이는 세계사적 사건이었다. 이후 러시아는 독일과 평화조약을 맺고 전선에서 이탈했다. 또한 강대국 간 비밀협약을 폭로하고 제국주의 전쟁을 부정하며 민족자결 원칙을 제안함으로써 새로운 대안체제의 가능성을 알렸다. 볼셰비끼정부는 교전국에 즉각 휴전을 요구했고, 토지를 분배하고 공장 국유화 조치를 단행했다. 제정러시아를 구성하는 모든 민족의 정치적 평등과 자결권을 허용했다. 이는 국내외 약소민족들의 독립 욕구를 자극하고 지지를 얻는 조치였다.[18] 러시아혁명의 이런 급진적 조치들은 서구 열강들의 두려움을 촉발해 기존의 지배체제와 국제질서가 전복되는 데 대한 위기의식을 불러일으켜 서둘러 종전을 추구하게 영향을 미쳤다.

이러한 볼셰비끼의 조치에 대항해 자유주의 연합국 측에서 제안한 것이 윌슨의 14개조 선언이었다. 이 역시 종래의 비밀외교와 강대국 간 세력균형에 의한 세계 분할을 부정하는 것이었다. 모든 영토와 주권이 각 민족에게 귀속되어야 하고 영토 문제의 해결은 강대국 간의 타협이 아니라 국민의 이해와 복지, 의사에 따라 결정되어야 한다는 것이 민족자결 원칙의 중요 내용이었다.[19] 특히 5조에서 식민지의 민족자결을 선언하면서 조선을 비롯한 아시아 식민지 제 민족에게 독립의 전망을 주는 반향을 일으켰다.

서로 경쟁하는 두개의 초강대국은 제국주의와 강대국 질서로 유지되어온 유럽질서에서 더 나아가 자유주의와 사회주의라는 인본주의 비전들을 제시하며 더 많은 세력과 동맹국가들을 만들기 위해 노력했다. 미국은 '자유의 제국'을 꿈꾸었고, 소련은 '정의의 제국'을 약속했다.[20]

식민지배를 받고 있거나 아직 독립국가를 수립하지 못한 많은 국가들이 두 국가의 영향을 받으며 큰 기대를 했다. 그렇기에 베르사유체제가 결국 승전국들의 전후 처리에 불과하게 되자 민족자결에 큰 기대를 걸었던 여러 국가들은 미국에 깊은 실망과 불신을 갖게 되었다. 하지만 여전히 전후 국제질서를 주도하는 미국에 대한 기대를 저버리지는 못했다. 대신 1919년 3월 러시아가 꼬민떼른을 결성하고 식민지 민족해방운동을 지원하자 새로운 기대를 충족시키리라는 희망이 형성되었다. 3·1운동과 독립청원이 좌절된 후 한국의 민족지도자들과 지식인들 역시 러시아혁명을 통해서 새로운 독립의 가능성을 찾고자 했던 것이 그 실례다.[21]

결국 이 시기는 본격적 냉전이 시작되기 전, 냉전의 뿌리인 두개의 초강대국 질서가 부상하던 시기였다. 두 국가는 러시아 모델과 미국 모델로 비전을 제시했고, 기존 유럽질서와는 다른 약속을 제시하며 세계에 영향력을 확대했다.

이때부터 세계에는 세가지 인본주의 비전들이 본격적으로 등장하면서 경쟁하기 시작했다. 첫번째는 자유주의적 비전이었다. 이는 자유민주주의체제와 함께 미국과 서유럽에서 등장한 자유무역과 발전이라는 이상으로 확산되었다. 둘째는 소련의 설립으로 새로운 세계질서의 대안적 비전으로 등장한 공산주의였다. 소련은 제국주의와 자본주의에 반대하며 더 평등하고 정의로운 세계를 약속했다. 셋째는 독일과 일본으로 대표되는 극우와 파시즘운동이다. 이들은 정교한 세계질서 개념을 만들기보다는 대체로 기존 질서를 비판하면서 파시즘을 지지하는 권위주의적 정치구조와 금융네트워크를 기반으로 발전했다. 특히 사회적 다원주의와 인종적 위계를 주장했다.

이 세가지 이념들이 서구에서 등장해 유럽 밖으로 일방적으로 투사된 것은 아니었다. 대부분 유럽에서 기원한 이 이념체계들은 여러 지역에 선택적으로 적용되었고, 각 지역의 문제와 혼합되었으며, 지역 전통의 개념체계들과 연결되고 필요에 따라 전유되었다.[22] 그렇다고 하여 세 비전이 평화롭게 확산된 것도 아니었다. 1920년대 이후 경쟁하던 세 이념체계는 결국 2차대전으로 이어졌고, 파시즘과 극우의 이념이 패배한 이후에는 미국의 자유주의와 소련의 공산주의가 세계를 둘로 나누는 적대적 경쟁질서가 이어졌다. 20세기 후반은 줄곧 냉전의 시기였다.

지금까지 살펴본 세가지 지구적 순간들은 중층적이고 위계적인 20세기 국제질서를 창출했다. 최상층에 미국과 러시아가 새롭게 부상했고, 각 체제 모델을 구축하며 세계 보편 비전을 제시했다. 그 아래에서는 후발 제국 독일과 일본이 파시즘과 군국주의의 형태로 지역주의를 내세우며 팽창했다. 두 국가 내부에선 불안정한 권위주의적 민주주의가 도입되었지만, 사회적 제국주의의 형태로 발전해 이웃국가를 상대로 전쟁을 일으켜 전범국가로 귀결되었다. 미국, 소련, 독일, 일본에 비해 영국, 프랑스, 이딸리아 등의 유럽제국주의는 서서히 힘을 잃고 유럽의 이름으로 서로 연합하려는 시도를 보였다. 동유럽에서는 수많은 독립국가들이 탄생했고, 라틴아메리카와 중국에서도 불안정하지만 독립국 지위를 획득하고 공화주의적 혁명이 발생했다. 가장 하층에는 피식민국가인 인도, 이집트, 한국, 베트남, 인도네시아 등이 존재했고, 이들은 국제질서의 변화 과정에서 등장한 민족자결의 이념과 20세기의 새로운 정치적 비전들에 호응하며 독립운동과 건국운동을 시작했다.

이 글이 검토하고자 했던 3·1운동의 국제적 맥락, 즉 한국, 이집트, 인도, 중국이 대면해야 했던 국제질서의 변동은 바로 이러한 지구사적 변동의 결과와 과정의 산물이었다. 러일전쟁, 미국과 소련의 부상은 한반도와 피식민국가들에 지대한 영향을 미쳤고, 이러한 구조적 변동의 과정에서 각 국가들의 독립운동이 동시다발적으로 발생한 것이다.

세계사와 민족사의 결정적 조우

러일전쟁부터 1차대전, 러시아혁명과 미국의 윌슨주의에 이르기까지 세계질서가 재편되는 구조적 변동이 모든 지역과 국가들에 동일한 영향을 미쳤던 것은 아니다. 결론적으로 말해 어떤 지역에서는 실제로 민족자결 원칙이 실현되어 독립국가가 건설되었지만, 다른 지역은 그후로도 오랫동안 제국주의적 식민질서를 벗어나지 못했다. 동유럽과 동아시아의 차이는 이를 분명하게 보여준다.

1차대전과 동유럽의 독립: 20년간의 독립

동유럽에서는 베르사유조약 이후 크고 작은 민족국가들이 새롭게 형성되었다.[23] 1차대전 이후 독립한 동유럽 국가들은 모두 패전국 독일이나 오스트리아-헝가리제국의 지배하에 있던 국가들이었다. 1918년 11월 11일 정전협정이 체결되고 전쟁이 끝나자 제국들이 사라졌고, 사라진 제국들의 자리에 민족자결권이 처음으로 적용되기 시작한 것이다.[24]

앞서 살펴보았듯이 빠리평화회의에서 주로 논의된 문제는 독일 문제 혹은 중동부유럽에 관한 것이었다. 중동부유럽 국가들의 독립을 위한 시도는 이미 19세기부터 시작되었지만 1차대전이 종전되는 1918년 전까지는 온전히 이루어지지 못했다. 중동부유럽 국가들은 대체로 동쪽으로는 러시아와 싸워 독립을 이뤄야 했고, 남쪽에서는 터키와 평화협약을 맺고 1923년 영토 정리를 마무리 지은 후에야 온전한 독립을 이룰 수 있었다.

1918년에서 1923년 사이에 북부 지역의 발트삼국(에스토니아, 라트비아, 리투아니아)은 러시아와 독일 사이에서 독립국가를 수립했고[25] 폴란드는 독일제국의 붕괴로 독립을 쟁취할 수 있었다.[26] 체코슬로바키아[27]와 오스트리아,[28] 헝가리[29]는 오스트리아-헝가리제국의 붕괴로 수립되었다. 루마니아,[30] 유고슬라비아,[31] 불가리아[32] 등은 오스트리아-헝가리제국과 터키 사이에서 새로 형성되거나 기존보다 영토를 더 확장하게 되었다.

1차대전 시기 독립전쟁을 전개한 독립영웅들과 단체들은 대체로 독립 후 집권세력을 이루게 되었다. 하지만 대부분의 신생국가들에서는 왕정복고 움직임이 일거나 독립영웅들이 대통령제와 비상사태 권한 등으로 권위주의 독재체제를 수립하는 등 민주주의의 쇠퇴를 경험했다. 1929년 세계대공황 이후 등장한 파시즘과 나치즘의 압력 속에서 이런 경향이 심화되었으며, 러시아의 영향도 더 강화되었다. 세계대공황 이후부터는 독일이 다시 팽창하는 과정에서 2차대전의 격랑 속에 휩쓸리며 독일에 점령되거나, 냉전이 본격화되며 러시아의 영향력 아래 귀속되었다. 결국 동유럽의 민족주의적 독립국가 기획은 독일과 러시아 등 강대국의 지정학적 갈등에 의해 압도된 것이다.

동유럽 국가들의 독립 과정은 3·1운동을 이해하는 데 두가지 시사점을 주고 있다. 먼저 20세기에 보편화된 '독립된 민족국가의 수립'이라는 이념은 지구적 수준, 지역적 수준에서 강대국 간의 전쟁과 타협 등 지정학적 갈등에 압도적 영향을 받았다는 것이다. 동유럽 민족국가들의 독립은 구제국의 붕괴와 신흥강국인 미국과 러시아의 부상, 즉 일종의 권력 이행기라는 기회구조 속에서 이루어졌다. 하지만 후발 제국이던 독일이 다시 부상하고, 미국과 러시아가 더 강력한 힘을 갖고 서로 경쟁하게 되자 2차대전과 냉전이라는 양극체제가 도래했고, 동유럽 국가들은 다시 독립국가로서의 지위를 상실했다.

두번째 시사점은 그러한 지구적·지역적 권력 이행과 공백 시기에 독립국가를 건설한 경험이 남긴 국내의 정치적 유산에 대한 것이다. 동유럽 국가들이 독립국가를 수립하는 과정에서 다양한 독립운동과 독립전쟁을 주도한 세력들이 초대 정치권력의 다수를 점했다. 그런 기반에서 각 국가들은 민주주의, 공화주의, 자유주의, 사회주의 같은 시대정신을 실제로 구현하려고 시도했다. 하지만 정치적 불안정이 발생했고, 세계적 규모의 경제적 불안정이 겹치면서 곧 권위주의가 강화되었고 독립운동의 지도자들은 독재자로 변모해갔다. 국가 건설은 지정학적 차원의 힘이 작동하는 문제이지만, 건설된 국가의 운영은 단지 독립이라는 과거의 역사적 정당성만으로 정당화될 수 없는 문제였다. 보편적 비전을 현실에서 구현하기 위한 고통스러운 시행착오의 경험들을 토대로 국가적·사회적 역량을 키워나가는 시간을 필요로 했던 것이다.

3·1운동과 동아시아의 독립운동: 지연된 독립운동

동아시아는 동유럽과 다른 지정학적 조건에 처해 있었다. 물론 동유럽과 마찬가지로 동아시아에서도 20세기의 주도권을 다투던 세계 비전들이 대결하고 경쟁했다. 구시대의 왕정질서를 대체하기 위한 공화주의, 강대국 질서가 아니라 평등한 주권을 가진 민족국가를 건설하기 위한 민족주의, 서구의 다양한 이념이 유입되는 것에 저항하려던 전통주의, 새로운 정치제도로서의 민주주의, 가장 강력한 인본주의 이념으로서의 자유주의와 사회주의 등 다양한 이념들이 지역정치의 전개에 영향을 끼쳤다.

하지만 동유럽 국가들이 짧게나마 독립국가를 건설하고 20년간의 정치적·경제적 발전을 경험했던 것과 달리, 동아시아 국가들에서는 대부분 식민지배가 유지되었고 긴 독립운동의 시기로 들어가게 된다. 특히 동아시아에서는 일본의 식민지배가 본격화되었고, 미국과 영국, 프랑스 등의 식민지배도 지속되었다. 동아시아에는 아직 민족국가라는 정치체제가 실현되지 못했고, 강대국의 지정학이 지배했다.

1919년의 3·1운동은 이런 지정학적 조건에서 발생했다. 3·1운동은 국제적·지역적 수준, 국가적·국내적 수준의 다층적 상호작용을 통해 세계사와 민족사가 결정적으로 조우critical encounter하며 발생한 사건이다. 동아시아의 다른 국가들도 한국과 유사한 조건에서 독립운동을 전개했는데, 특히 1919년 2~5월 사이에 한국, 중국, 인도, 이집트 등에서 집중적으로 대규모 시위가 발생했다.

시간적으로 볼 때 가장 먼저 발생한 것이 한국의 3·1운동이다.[33] 3·1운동은 1919년 2월 말 고종 사망을 계기로 한국에서 폭발한 반일저항운동이었는데, 약 두달간 100만명 이상의 인원이 집중적으로 저항에 참여했고, 전국에서 수천명의 사상자가 발생했다.

3월 초에는 이집트에서도 긴장이 강화되었다. 식민지배를 하고 있던 영국 당국이 이집트 민족지도자를 체포했고, 그 결과 파업과 시위가 발생하여 소위 '이집트혁명'이 일어났다. 이에 대해 영국은 계엄을 선포했고, 진압 과정에서 약 800명의 이집트인이 사망했다.

4월에는 인도에서 사건이 발생했다. 인도는 빠리평화회의에 대표단을 파견하려 했는데, 정부가 재판 없이 구금 가능한 전시법을 연장하려 했다. 이에 간디가 총파업과 시민불복종의 형태로 저항운동을 전개했다. 4월 13일에는 영국군이 이 평화시위를 폭력적으로 진압하는 과정에서 암리차르 지역의 민간인 400여명이 학살되었다.

4월 28일에는 베르사유 회담의 결과 중국의 산둥성을 일본에 넘겨주는 결정이 내려졌다. 이에 격분한 중국인들은 5월 4일 베이징대 학생 5천여 명을 중심으로 대규모 시위를 벌였다. 이를 계기로 중국 민족주의운동이 확대되었다.

이 사건들은 모두 미국이 제시한 민족자결이라는 비전에 대한 기대에 부응하며 시작되었고, 베르사유 평화회담에 걸었던 높은 기대만큼 깊은 환멸을 느끼며 발생했다는 유사점이 있다. 이 사건들 모두에서 각 국가의 민족운동 세력들은 저마다의 국내적 맥락에서 민족자결이라는 담론을 전략적으로 활용·수용하고 효율적으로 대응했다. 세계적 관심이 집중된 국제 평화회담이라는 열린 국제정치 공간을 활용해 독립운동의 도미노 효과가 발생했던 것이다.

3·1운동의 주도 세력, 진행 경과 등의 내용은 이미 많은 3·1운동 관련 연구와 단행본들에서 밝히고 있으므로 이 글에서 자세히 다루지는 않겠다. 다만 1919년 3·1운동을 주도한 세력들의 요구가 무엇이었는지에 대해서는 되짚어볼 필요가 있다.

1919년 2월 만주와 러시아령의 박은식, 신채호 등 해외 독립운동가들이 독립선언서를 발표하는데, 통상「무오독립선언서」또는「대한독립선언서」라고 부른다. 이「대한독립선언서」의 내용에는 1) 군주제가 아닌 공화정체共和政體로서의 근대적 민족국가 수립을 강조하고 있고, 2) 외세의 지배가 아닌 자주독립국을 강조했으며, 3) 소위 '한일합병'의 무효와 대한독립을 선포하는 내용이 강조되고 있다. 근대적인 공화정체를 채택한 독립된 주권국가 수립을 제창한 것이었다. 이어서「대한독립선언서」는 4) 각국이 제국주의 침략을 중지할 것을 촉구하며 일본과 중국 모두가 침략 의도를 포기하고 자기 위치로 돌아갈 것을 강조했다. 아시아 각 국가들이 서양제국주의의 침략으로부터 벗어나기 위해 단결해야 한다는 것이었다. 이를 위해 5) 평화독립과 대동건설大同建設을 주장했는데, 이는 단지 독립국가 건설을 넘어서 제국주의와 식민주의가 아닌 평화로운 지역질서 구축에 대한 의지를 표명한 것이었다. 마지막으로「대한독립선언서」는 독립운동의 구심을 형성하기 위해 6) 한민족에 대한 호소, 계몽적 민족주의를 강조하고, 7) 단군의 후손이라는 대종교적 관점도 강조되었다. 이는 자유, 평등, 박애 같은 정치적 인권이나 인간의 권리로 나아가기 전에 역사주의와 계몽주의를 결합한 당시의 민족주의 핵심 요소들을 드러내주고 있다.

　결국「대한독립선언서」를 볼 때 1919년 3·1운동에는 공화주의적 근대국가 건설, 평등한 주권을 가진 독립국가 건설, 식민과 제국주의가 아닌 평화로운 동아시아 국제질서 구축 같은 열망들이 응축되어 있었다. 이렇게 아래로부터의 열망이 응축되어 있었기 때문에 비록 지도부가 체포된 이후에도 전국에서 모든 계층과 종교를 아우르는 운동이 자발적으로 발생했고, 이집트, 인도, 중국의 사례와 비교해도 참여인원과 사상자의 규

3·1운동 당시 만세를 외치며 행진하는 군중

1919년 3·1운동에는 공화주의적 근대국가 건설, 평등한 주권을 가진 독립국가 건설, 식민과 제국주의가 아닌 평화로운 동아시아 국제질서 구축 같은 열망들이 응축되어 있었다. 지도부가 체포된 이후에도 전국에서 모든 계층과 종교를 아우르는 운동이 자발적으로 발생했고, 이집트, 인도, 중국의 사례와 비교해도 참여인원과 사상자의 규모가 큰 혁명적 독립운동으로 전개되었다.

모가 큰 혁명적 독립운동으로 전개되었던 것이다.

이처럼 비교적 집중된 시기인 1919년 2~5월 사이에 한국, 중국, 인도, 이집트에서는 독립운동이 폭발적으로 분출했고, 빠리평화회의의 결정과 조응하는 국내정치적 맥락이 전개되고 있었다. 네 국가에서는 서로 다른 조건에서 독립운동이 촉발되었으며, 그 운동은 다른 전략과 다른 염원의 응축, 다른 결과들을 낳았다.

비교와 평가: 3·1운동의 이중과제

3·1운동은 동시대의 유사한 독립운동들과 마찬가지로 제국주의, 식민주의, 민족주의, 인종주의, 국가 탄압에 대한 저항, 비폭력, 무력저항 및 민주주의의 발전이라는 보편적 주제들과 연관되어 있다. 그런 점에서 제국주의에 저항해 자유와 민족 존엄을 요구한 독립운동은 1945년 이후 세계의 모든 지역에서 발생한 일과 연결지어 생각해볼 수 있다.[34]

특히 한국의 3·1운동, 이집트의 독립혁명, 인도의 독립운동, 중국의 5·4운동은 모두 1919년 2~5월 사이에 촉발되었고, 몇가지 공통점과 차이점을 보인다. 우선 구체적 계기와 양상, 이후의 결과를 개괄적으로 비교해보고자 한다.

당시 중국은 법적으로 독립국가였고 한국, 인도, 이집트는 피식민국가였다. 한국은 일본의 식민지배를 받고 있었고, 인도와 이집트는 영국의 지배를 받고 있었다. 이는 빠리평화회의의 참석 형태와 시도와도 관련되는데, 네 국가들은 모두 빠리에 자국 대표를 파견하여 회담에 참석하려 시도했다. 하지만 식민국가였던 영국과 일본은 인도, 이집트, 한국 대표단의 참석을 막거나 방해했다. 중국의 경우 이미 신해혁명(1911)으로 공화국을 수립한 상태에서 빠리평화회의에 공식 대표단을 파견했으나, 일

1919년 봄, 국가별 독립운동의 특성 비교

	식민국가	계기	형태	주요 인물 및 단체	이념	결과
중국	(일본)	베르사유조약의 산둥성 결정	베르사유조약 반대	베이징대학교 학생과 지식인	민족주의, 신문화운동	민족주의운동 확산, 베르사유조약 최종 협정 서명식 불참
이집트	영국	빠리평화회의 참석 시도와 자글룰 망명	독립선언	자글룰, 민중	민족주의	1922년 독립선언
인도	영국	전시법 연장 시도와 암리차르 학살	혁명	간디, 지방정부 인도인, 민중	진리 수호	선거, 정부 변화, 1947년 독립
한국	일본	고종의 죽음	독립선언, 평화집회, 전국 운동	집단지도, 지식인, 기독교, 대종교, 민중, 해외 독립운동 네트워크	공화주의, 주권, 강점 무효화, 반제국주의, 평등과 평화, 대동주의, 민족 계몽	전국 탄압, 문화정치, 독립운동, 노선 분화, 1945년 독립

본의 외교전에 의해 미국이 설득당해 산둥성의 권리가 일본에 넘어가자 민족주의적 운동이 폭발했다.

이집트에서는 영국의 방해로 빠리평화회의에 참석을 못 하게 된 민족주의 지도자 사드 자글룰Saad Zaghloul이 망명을 하면서 폭발적인 혁명이 발생했다. 인도의 간디는 처음에는 비교적 온건하게 영국과의 협력 속에서 발전을 도모했다. 전시법을 연장해 독립운동을 사전에 억압하려는 영국정부의 시도에 비폭력 총파업 등으로 대항하다가 군사 개입과 학살이 발생하자 더 폭넓은 전국적 저항으로 맞섰다.

한국은 일본에 의해 철저히 탄압을 받던 국내외의 독립운동 세력들이 '고종의 죽음'을 계기로 철저한 사전 준비를 통해 평화집회를 능동적으로 조직한 경우였다. 평화집회의 주동자들은 바로 체포되었지만, 이 사건이 촉매제가 되어 이후 전국단위 저항으로 자발적으로 확산되었다. 하지만 3·1운동은 대규모의 사상자를 낳으며 몇개월 후에 일본 본토에서 증

파된 헌병들에 의해 실질적으로 진압되었다.

이처럼 이집트, 인도, 한국은 모두 식민지배하에서 민족의 탈식민과 새로운 국가 건설을 요구한 독립운동이었는데, 이 운동에 응축된 공화주의적 열망과 독립 주권국가 수립의 열망은 서로 다른 과정을 거쳐 실현되었다. 흥미로운 것은 영국 식민지와 일본 식민지의 독립운동과 이후 민주주의 발전 과정의 차이다.

먼저 영국 식민지였던 인도와 이집트를 보자. 영국에서는 일찍부터 성숙한 의회민주주의가 자리 잡았고, 해외에서도 본국과 유사한 민주제도와 간접통치의 형태로 피식민지가 포섭되었다. 인도와 이집트에서는 1919년의 독립운동으로 수년 안에 형식적인 독립을 비교적 일찍 이루었지만, 영국의 간접적 영향력이 매우 오래 지속되면서, 민주주의의 발전이 오히려 더뎠다. 어떻게 보면 영국의 간접통치와 유사민주화 조치가 무력과 사법을 교묘하게 섞어가며, 독립시키고 포섭하고, 외교적 영향력을 행사하는 사이에 내부에서는 매우 점진적으로, 파편화된 독립이 진행된 것이다.

반면 일본은 본국도 민주주의가 온전하지 않았고 피식민지에서도 헌병통치를 하는 등 민주주의를 전혀 고려하지 않고 오로지 행정, 군사, 경찰로 지배했다. 식민지 지배기구는 민주주의-시민이라는 정치적 영혼이 없는 조직으로 구축되어 있었다. 따라서 일본으로부터의 독립이라는 것에 많은 의미들, 정치적 열망들이 응축되어 있었다. 3·1운동에는 공화주의와 주권국가라는 두 의미가 응축되어 있었는데, 식민지배에 저항하는 혁명에는 당연히 공화주의와 민주주의 그 이상의 염원들이 담기게 되었다. 무력으로 지배하는 일본에 대한 저항은 더욱 격렬하게 진행되었고, 문화통치가 약간의 차별을 완화했음에도 '탈식민'의 이념에는 민주, 주권, 평등 같은 진보적 열망이 응축될 수 있었다. 따라서 한국은 인도나 이집트보다 민주적 정치체를 수립하는 것이 늦었고, 중국과 비교해도 독립운동 이후 공화주의를 수립하기까지 오랜 시간이 걸렸지만, 지금은 한국이 가장 높은 수준의 민주주의를 이룩하고 있다.

나아가 분단이 지속되고 있는 현 상황에서 미래에 통일되고 독립된 국가로 한국을 수립할 계기를 생각할 때, 3·1운동은 여전히 한국역사에서 매우 중요한 정서적 경험[35]으로 남아 있다. 3·1운동은 이후 다양한 분파와 노선, 종교와 계급의 분화로 이어지기 전 민족대연합 전선이 형성된 순간을 기록하는 역사이기도 하다. 3·1운동은 정치적 입장, 종교, 계층의 차이를 잊고 세계에 독립된 민족의 운명을 요구했던 계기였으며, 기독교와 대종교, 불교의 연합은 동학과 서학이 연합한 것[36]이라는 평가도 가능하다. 3·1운동의 경험과 기억이 없었다면, 1943년 카이로선언에서 한국을 명시하며 곧 독립시킬 국가로 합의했던 것은 불가능했을 것이다.

하지만 우리는 동유럽과 동아시아 모두 독립과 독립운동의 경험을 뒤로하고 휩쓸려야 했던 어두운 지정학적 흐름을 기억하고 있다. 1차대전 이후에도 열강들은 팽창적 경쟁을 멈추지 않았고, 특히 일본과 독일은 각 지역에서 패권을 추구하며 지역주의가 대두했다. 결국 이런 경쟁은 2차대전으로 치달았다.

당시에는 세계 수준, 개별국가 수준, 지역 차원에서 열강들의 갈등을 막을 기제가 없었고, 각 국가들 역시 내부 위기에 대응하는 역량이 취약했다. 모든 국가들의 민주주의는 후퇴했고, 그럴수록 국가들은 전쟁으로 치달았다. 독일은 1939년 폴란드를 침공했고, 일본은 1931년 만주를 침공한 데 이어 1937년에는 중일전쟁을 개시[37]했으며, 난징대학살의 상처를 남겼다. 1941년 태평양전쟁을 본격적으로 시작하며, 진주만 침공, 일본군

위안부 문제, 히로시마와 나가사끼의 핵폭탄 투하라는 깊은 상처를 남기는 것으로 귀결되었다.[38]

미완의 과제 3·1운동

이 글은 3·1운동 100주년을 맞아, 3·1운동의 의미를 세계사적 맥락에서 짚어보려는 시도였다. 이러한 시도의 의의는 두가지 차원에서 정리할 수 있다.

첫번째는 3·1운동을 세계사적 맥락에서 검토하면, 운동이 발생할 당시의 세계질서 변동과 국제정세의 맥락을 더 폭넓게 이해할 수 있다는 것이다. 이 글은 3·1운동 당시에 지구적 수준의 질서 변동이 이루어졌으며, 이는 러일전쟁, 1차대전, 러시아혁명과 미국의 14개조 선언을 통해 살펴볼 수 있다고 보았다.

두번째로, 이러한 독법을 통해 3·1운동을 세계사적 맥락에서 검토하면, 동유럽과 동아시아 지역 간의 차이뿐 아니라, 동아시아 내에서도 한국과 이집트, 인도, 중국 사이의 차이점을 식별할 수 있다. 동유럽에서는 유럽의 제국질서가 붕괴하며 다양한 독립민족국가가 수립되었다. 하지만 동아시아에서는 유럽제국과 미국, 러시아가 강대국 질서를 유지하며 일본과 분점과 균형을 유지해 식민지배가 더 오래 지속되었다.

앞서 살펴보았듯이 3·1운동은 베르사유체제의 수립이라는 기회의 창이 열린 상황에서 발생한 독립운동이었다. 이집트, 인도, 중국에서도 유사한 동시대적 독립운동들이 발생했고, 이는 서로 다른 결과를 낳았다. 전국적 규모로 거행된 3·1운동은 조직, 운동의 유산에 있어 값진 역사적 경험과 결과를 남겼다. 당시 독립운동에는 다양한 정치적 열망들이 응축되어 있었는데, 3·1운동에는 크게 한반도 차원에서 공화주의와 평화로운 국제질서, 균등한 사회라는 염원이 응축되어 있었다. 분단체제론의 관점에서 보면 이는 여전히 미완의 과제로 남아 있다. 이러한 미완의 과제를 해결하기 위해 무엇을 해야 하며, 3·1운동이 오늘날 우리에게 주는 교훈은 무엇일까?

먼저 3·1운동은 시대의 전환과 새로운 시대정신이라는 화두를 던지고 있다. 오늘날 한국사회가 직면한 구조적인 도전은 크게 두가지다. 하나는 수십년간 누적된 냉전과 전쟁, 분단과 적대로 인한 외적 균열로부터의 압력에 대응해 한반도 평화와 통일의 길을 여는 것이다. 다른 하나는 산업화, 민주화, 지구화를 거치며 우리 사회에 누적된 정치·경제·사회적 균열과 이로 인한 다층적 양극화를 해소하는 역량을 기르는 일이다. 문제는 이 이중적 균열 중 어느 하나도 쉽게 해소되기 어려우며, 두 균열이 서로를 증폭시킨다는 점이다. 안팎의 도전에 동시에 맞서기 위해서는 이중적인 평화프로세스를 병행해야 한다.

둘째, 3·1운동은 다행히도 한반도 차원에서 분단 이전 통합의 순간에 대한 기억을 되살려준다. 우리의 '나라 만들기'는 100년 전부터 시작되었으며, 분단된 정부들이 수립되기 이전에 한반도 차원의 독립국가를 추구했던 시기가 있었다. 비록 3·1운동 자체에 대한 남과 북의 평가는 다를지라도, 한반도 차원의 독립국가라는 과거의 원형적 꿈을, 오히려 미래의 과제로 삼아 새롭게 그려갈 수 있다.

셋째, 3·1운동은 아시아적 차원에서 한반도 문제를 주변국들의 문제와 함께 생각하게 해준다. 3·1운동은 일본뿐 아니라 중국, 한국, 미국, 인도, 동남아시아가 상호작용한 현상이었다. 한세기가 지난 지금 우리는 과거의 제국, 식민, 냉전, 전쟁, 갈등의 유산을 넘어 서로에게 '좋은 이웃善隣'이 되는 시대로 나아가고 있는지 되묻게 한다.

　한반도 주변 강대국 간의 장기적인 갈등이 시작되는 오늘날, 오래된 분단과 냉전체제를 해소하고 평화를 향해가는 것은 3·1운동 당시 평화로운 국제질서를 외쳤던 것만큼이나 절실한 일이다. 또한 당시 우리가 처한 지정학적 현실에 맞설 실력이 부족했던 것을 철저히 복기해야 하는 상황이다. 따라서 3·1운동이 세계질서의 변동을 관찰하고 기회를 포착한 능동적 대응이었듯이, 3·1운동 100주년이라는 세기의 기회를 발판으로 지금과는 다른 대범하고 적극적인 실천을 모색해야 할 것이다. 실패의 지정학이 반복되는 것을 막기 위해서는 서로 경쟁하고 적대하며 작아지는 분단체제가 아니라, 서로를 포용하고 유연하게 협력하며 함께 실력을 키워가는 새로운 한반도 질서를 필요로 한다.

3·1운동 100주년이 말하는 것들

1 백낙청 「촛불혁명과 한반도, 하늘을 본 뒤에 무엇을 할 것인가」, 『경향신문』 2018. 12. 27.

2 안병직 『3·1운동』, 한국일보사 1975.

3 정용욱 「3·1운동사 연구의 최근 동향과 방향성」, 『역사와 현실』 110, 2018.

4 「다·만·세 100년, 안중근·신채호·안창호·홍범도⋯남북, 독립운동가 공통평가」; 「다·만·세 100년, "불법·무효·허위·날조"⋯한일합병, 남북 '데칼코마니' 기술」, 『경향신문』 2019. 1. 4.

5 조경달 「シベリア出兵と米騷動」, 『歷史地理敎育』 2018년 6월호.

3·1운동과 깃발*

• 이 글은 한국사회사학회와 '대통령직속 3·1운동 및 대한민국임시정부 수립 100주년 기념사업추진위원회'가 공동 주최한 학술대회 '3·1운동 100년, 한국 사회전환의 시공간 지평'(고려대 백주년기념관, 2018. 11. 2~3)에서 발표한 「3·1운동과 깃발」을 기초로 2018년 『동방학지』 185에 게재한 같은 제목의 논문을 수정·보완한 것이다.

1 1919년 3월 1일의 시위 사진은 서울에 특파원을 파견했던 『오오사까아사히신문(大阪朝日新聞)』 3월 5일(석간 2면)과 3월 6일(석간 1면)에 게재된 세장의 사진이 대표적이다. 이 세장의 사진에서 만세를 부르는 군중들은 어떤 깃발도 들고 있지 않다(윤소영 편역 『일본신문 한국독립운동기사집 1』, 독립기념관 한국독립운동사연구소 2009, 102~103면). 흔히 3월 1일의 장면이라고 알려진 광화문 기념비전 앞 군중의 사진은 『오오사까아사히신문』 3월 3일자에 실려 있으나 실제로는 예행연습일인 2월 28일 장면이다(같은 책 81면).

2   「정기환 등 9명 판결문 大正8年刑第635號」,「김석근 등 6명 판결문 大正8年刑第
    671號」.

3   국가보훈처 편『3·1運動 獨立宣言書와 檄文: 海外의 韓國獨立運動史料 25 日本篇
    7』, 국가보훈처 2002. 3·1운동 90주년이었던 2009년부터 학계에서 3·1운동의 근대성 문
    제를 본격적으로 논의하면서 운동 과정에서 동원된 매체와 시위의 양상을 분석하기
    시작해 최근 주목할 만한 연구들이 나오고 있다. 천정환「소문(所聞)·방문(訪問)·신
    문(新聞)·격문(檄文): 3·1운동 시기의 미디어와 주체성」, 박헌호·류준필 편『1919년
    3월 1일에 묻다』, 성균관대학교출판부 2009; 권보드래「선언과 등사(謄寫): 3·1운동에
    있어 문자와 테크놀로지」,『반교어문연구』40, 2015; 권보드래「 '만세'의 유토피아:
    3·1운동에 있어 복국(復國)과 신세계」,『한국학연구』38, 2015.

4   목수현「디아스포라의 정체성과 태극기: 20세기 전반기의 미주 한인을 중심으로」,『사
    회와 역사』86, 2010; 윤선자「독립운동과 태극기」,『역사학연구』, 35, 2009; 전우용「한
    국인의 국기관과 '국기에 대한 경례': 국가 표상으로서의 국기(國旗)를 대하는 태도와
    자세의 변화 과정」,『동아시아문화연구』56, 2014.

5   이기훈은 한국 근현대의 집회에서 다양한 깃발들의 등장과 의미 변화를 문화사적 맥
    락에서 추적한 시론을 내놓았다(이기훈「집회와 깃발: 저항 주체 형성의 문화사를 위
    하여」,『학림』39, 연세사학연구회 2017). 이 글에서 한국 근대의 깃발들은 문양과 기호
    외에 더 많은 텍스트를 담으려는 일반적 특징을 가지고 있으며, 이것은 정치적 상징성
    과 대표성이 빈약했던 근대 정치문화의 특성이라고 분석했다. 그러나 이 연구는 근현
    대 전체를 포괄하는 시론으로 구체적인 분석을 진행하지는 못했다.

6   권보드래「선언과 등사」;「 '만세'의 유토피아」.

7   조경달은 운동 과정에서 전통적인 공동체의 역할과 의사소통 과정을 중시한 반면(조
    경달『민중과 유토피아』, 허영란 역, 역사비평사 2009), 김정인은 3·1운동의 근대성에
    주목했다(김정인「기억의 탄생, 민중 시위 문화의 근대적 기원」,『역사와 현실』74,
    2009). 윤해동은 저항의 수단과 방식 사이의 패러독스를 지적하며 3·1운동의 양가성과
    중층성을 지적하고 있다(윤해동「 '압축된 시간'과 '열광': 3·1운동 연구를 위한 시론」,
    『동아시아문화연구』71, 2017).

8   '등사기 네트워크'의 중요성은 기존 연구에서 이미 지적한 바 있다(권보드래「선언과
    등사」).

9   「谷山騷擾 李景燮 외 6인 조서 사건이송서」,『韓民族獨立運動史資料集 13』, 국사편
    찬위원회 1990.

10 홍석정은 천도교 수안교구 교구장을 지낸 지역 천도교의 중심인물이며, 수안에서 만

세시위를 주도하여 3월 3일 시위현장에서 일본헌병의 총격으로 순국했다. 조규태「황해도 수안지역 천도교인의 3·1운동」,『숭실사학』23, 2009, 127~29면.

11 「金希龍 신문조서」,『韓民族獨立運動史資料集 13』.

12 「한병익 신문조서 제1회」,『韓民族獨立運動史資料集 11』;「金希龍 신문조서」. 한병익의 아버지 한청일은 1919년 2월부터 수안 지역 천도교 전교사로 활동하던 중 3·1운동을 주도했고, 3월 3일 시위에서 일본헌병의 총격을 받고 순국했다. 조규태, 앞의 글 123면, 127~29면.

13 김승태「의주에서의 3·1운동과 유여대 목사」,『기독교사상』715, 2018; 이용철「평안북도 의주지역의 3·1운동」,『한국독립운동사연구』61, 2018 참조.

14 「劉如大 신문조서」,『韓民族獨立運動史資料集 27』.

15 미디어를 종류별로 분류하면 천도교 교단에서 발행한『조선독립신문』과 이후 일련의 신문들을 동일한 '지하신문'의 범주에서 다루게 된다(국가보훈처 편, 앞의 책; 천정환, 앞의 글). 그러나 제작 과정과 활용의 수준, 메커니즘의 여러 측면에서『조선독립신문』과『진민보』『충복자유보』『반도의 목탁』등 등사판 신문들을 같이 비교하기는 어렵다. 서울, 광주 등지에서 발간된 많은 등사판 지하신문들은 깃발/격문 네트워크가 주도한 미디어로 이해해야 할 것이다.

16 권보드래「선언과 등사」.

17 「金希龍 신문조서」.

18 光成中學校『最新唱歌集 附樂曲』, 1914. 7. 25(국가보훈처 편『海外의 韓國 獨立運動史料 16』, 국가보훈처 1996).

19 「이인수 등 3명 판결문 大正8年刑公第84號」.

20 근왕주의적 경향이 대중 정서의 중심이었다고 볼 수는 없다. 1905년 고종황제가 실질적으로 정치권력에서 배제된 이후 충군논리와 근왕주의는 실질적인 대상을 상실했으며 정치운동으로서 구성되지 못했다. 3·1운동이 "애도"가 주류를 이뤄야 함에도 많은 경우 "독립축하"의 "축제"로 진행되었던 것은, 이런 정황을 반영하고 있다. 전남 광주의 3·1운동에 참가했던 최한영은 당시의 상황을 "얼떨결에 됫박을 든 채 행렬에 따라 나와 만세를 부르는 쌀장수도 있었고 평소 친일파라고 지목되던 사람들도 참가했으며 걸인들까지도 기뻐 날뛰"었다고 회상했다(『광주일보』1984. 3. 1).

21 「김선두 등 3명 판결문 大正8年刑控第857號」;「김지웅 등 31명 판결문 大正8年刑上第384號」.

22 「홍기황 등 20명 판결문 大正8年刑上第740號」.

23 「이영식 판결문 大正10年刑控第357, 358號」.

24 「김안식 등 12명 판결문 大正8年刑第350號」.

25 「騷擾事件ニ關スル件朝鮮總督府 內秘補 278: 秘第257號」.

26 「김안식 등 12명 판결문 大正8年刑上第168號」. 강진에서는 첫번째 시위를 준비하던 김안식 등이 3월 26일 체포된 이후 청년 학생과 기독교인들이 다시 「독립선언서」와 '독립가' 등을 등사하고 태극기를 준비해 4월 4일 만세시위를 벌였다(「이기성 등 14명 판결문 大正8年刑第398號」). 아마도 이들은 먼저 체포된 그룹과 함께 준비하다 체포를 모면한 사람들일 것이다.

27 목포에서는 정명여학교 학생들이 목판을 만들어 찍고 다시 채색을 했고(윤선자, 앞의 글 89면), 지역의 부호가 돈을 낸 경남 합천군 초계면에서는 목판인쇄 방식으로 태극기를 다량 제작했으며(이정은 『3·1독립운동의 지방시위에 관한 연구』, 국학자료원 2009, 225면), 전남 해남에서는 목판을 제작하여 종이 태극기 800여장을 만들어냈다(김진호·박이준·박철규 『국내 3·1운동 2: 남부』, 독립기념관 한국독립운동사연구소 2009, 225면). 상당한 비용과 시간이 드는 일이라 자금을 따로 모으거나 후원자가 없다면 어려웠다.

28 「구여순 등 9명 판결문 大正8年刑控第444 445號」.

29 「정방직 등 4명 판결문 大正8年刑控第369號」.

30 「김서룡 판결문 大正8年刑控第456號」; 「한병표 등 4명 판결문 大正8年刑控第434 435 436號」.

31 「조인환 등 8명 판결문 大正8年刑控第596號」. 황하운은 28세의 기독교도로 1920년대 신창리 교회에서 성경학교 교사 등을 맡았다. 「신천성경야학」 『동아일보』 1924. 1. 15.; 「신창여자강습부흥」 『동아일보』 1922. 12. 28.

32 「조인환 등 8명 판결문 大正8年刑控第596號」.

33 「朴老英 신문조서」, 『韓民族獨立運動史資料集 14』.

34 염상섭 「3·1운동 당시의 회고」, 한기형·이혜령 엮음 『염상섭 문장전집 3』, 소명출판 2014, 262면.

35 「이윤석 등 26명 판결문 大正8年刑控第325號」.

36 「김태호 판결문 大正8年刑控第1034號」; 「김성갑 등 7명 판결문 大正8年刑第101號」.

37 「장약운 등 3명 판결문 大正8年刑控第258號」; 「한장번 등 5명 판결문 大正8年刑控第236號」, 「이윤석 등 26명 판결문 大正8年刑控第325號」; 「문삼언 등 11명 판결문 大正8年刑上第270號」; 「최명극 판결문 大正8年刑控第347號」 등.

38 이정은 「경남 함안군 3·1 독립운동」, 『한국독립운동사연구』 27, 2006; 이정은, 앞의 책 '사례검토 II-2'.

39 「獨立運動에 관한 건(제39보) 高 第10371號」; 「홍범섭 등 5명 판결문 大正8年公第
　143號」.

40 「전성순 판결문 大正8年刑第135號」; 「정일택 판결문 大正8年刑第254號」.

41 「이계창 등 30명 판결문 예심종결결정」; 「鄭浩錫 訊問調書, 1919년 3월 8일」.

42 「박형인 등 4명 판결문 大正8年刑控第647號」.

43 「안지호 등 판결문 大正8年刑 455」.

44 「朝鮮總督府 內秘補 536; 全南地秘149號 騷擾ニ關スル件」.

45 「이인정 등 34명 판결문 大正8年刑控第977 978 979 980 981號」.

46 천정환, 앞의 글 135~39면.

47 박종린 「효성 김원벽의 생애와 민족운동」, 『동방학지』 184, 2018, 10~11면.

48 「電報: 전국 각지의 3월 22日 시위운동 및 파병 상황 密 第102號 其106/朝特 第58號/
　第80號」.

49 「공판시말서(4)」, 『韓民族獨立運動史資料集 19』; 「장채극 등 15명 판결문 大正8年刑
　第000號」.('0'표기는 판독불능인 숫자.)

50 양곡 마을은 군위군 외량리(外良里) 동부1리(東部1里)로 남양 홍씨가 세거한 마을이
　다. 홍종현은(1890~1977)은 양곡 출신으로 이때는 영천에 거주했다. 자는 내문(乃文),
　호는 치당(痴堂).

51 「홍종현 판결문 大正8年刑控第481號」. 홍종현은 이후 의성군으로 옮겨 거주했고,
　1926년 6월 8일에도 상경하여 종이로 태극기를 제작하고 6월 10일 장례식에서 대한독
　립만세를 고창했다(「大正15年刑控第920號」). 이 재판에서 그는 "부자유친, 군신유의
　는 인륜의 대의. 대한민족으로서 대한독립만세를 부른 것은 진리이고 당연한 일"이라
　고 주장했다(「홍종현 등 판결문 大正15年刑上第98號」).

52 「감낙헌 판결문 大正8年刑第1013號」. 그의 출신 면민들로 구성된 결사대가 시위에 참
　여했다고 한다.

53 「地方民心ノ傾向等ノ件報告朝鮮總督府 內秘補 889; 秘第405號」.

54 「이형기 판결문 大正8年刑控第569號」.

55 「안용갑 판결문 大正8年刑第653號」.

56 「이창수 신문조서」, 『韓民族獨立運動史資料集 14』.

57 권보드래 「미래로의 도약, 3·1운동 속 직접성의 형식」, 『한국학연구』 33, 2014, 68~72면.

58 「양봉식 판결문 大正8年刑控第491號」.

한국의 민주화운동과 '3·1운동 기억'[*]

- 이 글은 한국사회사학회와 '대통령직속 3·1운동 및 대한민국임시정부 수립 100주년 기념사업추진위원회'가 공동 주최한 학술대회 '3·1운동 100년, 한국 사회전환의 시공간 지평'(고려대 백주년기념관, 2018. 11. 2~3)에서 발표한 「3·1운동의 기억과 한국의 민주」를 기초로 2018년 『동방학지』 185에 게재한 논문 「한국의 민주화운동과 '3·1운동 기억'」을 수정·보완한 것이다.

1 허영란 「3·1운동의 지역성과 집단적 주체의 형성: 경기도 안성의 사례를 중심으로」, 『역사와 경계』 72, 2009, 176면.

2 한국 민주화운동의 범위는 기준에 따라 다양하게 설정할 수 있으나, 짧게 잡으면 1960년 3·4월의 학생시위로부터 1987년 6월항쟁에 이르는 약 27년 정도를 생각할 수 있다(민주화운동기념사업회 연구소 엮음 『한국민주화운동사 1』, 돌베개 2008, 13~14면).

3 전진성 『역사가 기억을 말하다: 이론과 실천을 위한 기억의 문화사』, 휴머니스트 2005, 44면.

4 「대회장에 정체 모를 호소문: 공명선거 추진하자는 문구 넣어」, 『동아일보』 1960. 3. 2.

5 안동일·홍기범 편저 『기적과 환상: 사일구학생운동기』, 영신문화사 1960, 108~10면.

6 학민사편집실 편 『4·19의 민중사: 4월혁명 자료집』, 학민사 1989, 162면.

7 정종현 「유관순 표상의 창출과 전승: 해방 이후 제작된 유관순 영화와 내러티브를 중심으로」, 『한국문학연구』 36, 2009; 정상우 「3·1운동의 표상 '유관순'의 발굴」, 『역사와 현실』 74, 2009 참조.

8 안동일·홍기범 편저, 앞의 책 168면.

9 이재영 『4·19혁명과 소녀의 일기』, 해피스토리 2011, 125면.

10 정종현, 앞의 글 187면.

11 김원벽은 연세대의 전신인 연희전문학교 출신으로 3·1운동 초기 서울에서 전개된 만세시위를 주도하다가 체포, 투옥되었던 인물이다. 출옥 후 모교인 연희전문학교에 재직하기도 했다(한국민족문화대백과사전, http://encykorea.aks.ac.kr/Contents/Index?contents_id=E0010033, 검색일: 2018. 11. 13).

12 「삼일정신을 계승한 시위: 백총장 학생 데모대에 격려」, 『연세춘추』 1960. 4. 27.

13 김진만 「십년·삼십오년」, 『경향신문』 1980. 3. 1.

14 임종명 「설립 초기 대한민국의 3·1 전용(轉用)·전유(專有)」, 『역사문제연구』 22, 2009, 244면.

15 이승만 정권기 3·1운동 기억이 민주주의와 결합하는 양상에 대해서는 오제연 「이승만

정권기 3·1운동의 정치적 소환과 경합」, 『한국사연구』 183, 2018 참조.

16 4·19혁명은 '3·1운동' 외에 '프랑스대혁명'과도 자주 비교되었다. "지난 사월 내가 직접 참여코 목격한 한국의 혁명은 어떠하였는가? 시대와 장소가 다르다 뿐 그 본질에 흐르고 있는 저류와 성격은 완전히 불란서혁명과 합치되는 것이었다"(양우근(고려대생) 「불란서 혁명처럼…」, 현역일선기자동인 편 『사월혁명: 학도의 피와 승리의 기록』, 창원사 1960, 29면)는 기록이나, "노(怒)한 젊은이의 군상들, 그들이 이루어놓은 혁명은 '불란서대혁명'과 본질적으로 같다. 다만 다르다면 시대와 장소와 혁명의 주동세력, 유혈의 정도뿐 등이다. '라마르세유' 대신 '애국가'를, '삼색기' 대신 '태극기'를, '바스티유' 대신 '경무대'로, 젊은이의 노호(怒號)는 근본적으로 '인간존재로서의 의미'를 확보하자는 것이었다"(이진일(해인대생) 「인간정신에의 투철을」, 안동일·홍기범 편저, 앞의 책 359면) 등의 표현이 그 대표적인 사례다.

17 조화영 편 『사월혁명투쟁사: 취재기자들이 본 사월혁명의 저류』, 국제출판사 1960, 247~48면.

18 학민사편집실 편, 앞의 책 214면.

19 「사설」, 『외대학보』 1960. 4. 30(육일회 편 『4월민주혁명사』, 제3세대 1992, 153~55면에서 재인용).

20 김윤경 「삼일정신의 재현: 민주주의 혁명운동」, 『연세춘추』 1960. 4. 27.

21 유홍렬 「다시 4·19를 맞으며: 그 민족사상의 의의」, 『동아일보』 1965. 4. 17.

22 「사설: 사일구의 반성」, 『동아일보』 1971. 4. 19.

23 노명식 「사일구: 역사적 평가」, 『동아일보』 1974. 4. 19.

24 「혁명 후 첫 삼일절 기념식 성대」, 『동아일보』 1961. 3. 1.

25 민주회복국민회의 「국민에게 보내는 메시지」(1975. 2. 28.)

26 「4·19와 문화」, 『동아일보』 1970. 4. 18.

27 안동일·홍기범 편저, 앞의 책 23면.

28 같은 책 25면.

29 이 글은 '계보학'(genealogy)을 글자 그대로 "선후 사건 간의 계승 관계"를 의미하는 용어로 사용했다. 반면, 불연속적인 다양한 힘의 작용을 보여줌으로써 본질을 해체하고 권력의 작동을 드러내고자 한 니체-푸코적 의미에서의 '계보학'과는 관계가 없다.

30 배항섭 「1920~30년대 새로운 '동학농민전쟁상'의 형성」, 『사림』 36, 2010, 198면.

31 박종린 「해방 직후 사회주의자들의 3·1운동 인식」, 『서울과 역사』 99, 2018, 138~41면.

32 오제연 「1960~70년대 박정희 정권과 대학생의 '동학농민전쟁' 인식」, 『역사문제연구』 33, 2015, 179~83면.

33 「가을의 수확 3: 시인 신동엽 씨」, 『동아일보』 1966. 9. 10.

34 「사일구 10년(8)」, 『동아일보』 1970. 4. 25.

35 「사설: '순국학생위령제'를 맞으며」, 『동아일보』 1960. 5. 19.

36 이희승「역사를 창조한 학생들에게: 학생 제군에게 고한다」, 조화영 편, 앞의 책 451~ 52면.

37 박정희『우리민족의 나갈 길: 사회재건의 이념』, 동아출판사 1962, 114~15면. 상대적으로 학생운동의 성격이 강한 '광주학생항일운동'은 박정희와 군사정권이 활용한 계보학 속에서 드물게 언급되었다(「민족정기의 발현: 박의장 기념사」, 『경향신문』 1962. 4. 19).

38 「박대통령 취임사」, 『경향신문』 1963. 12. 17.

39 박정희『국가와 혁명과 나』, 지구촌 1997, 291면. 이 책은 34년 만에 재발간되었다.

40 김영탁「민족적 민주주의의 과제」, 『공화논총 제1집: 이념과 정책』, 민주공화당 1964, 36~39면.

41 오제연「1960~70년대 박정희 정권과 대학생의 '동학농민전쟁' 인식」, 190~92면.

42 「사설: 통일헌법과 10월 유신」, 『경향신문』 1972. 10. 28.

43 「굴욕외교에 분노한 지성」, 『연세춘추』 1964. 3. 30.

44 「서울대 세국주의사 민족반역사 화형식행식 선언문」, 『대학신문』 1964. 3. 26.

45 서울대「선언문」(1965. 2.)

46 「저지선에 부딪혀 白熱의 진퇴」, 『동아일보』 1965. 6. 23.

47 「구호로 본 데모」, 『경향신문』 1965. 7. 3.

48 「민족반역체제 제거하라」, 『대학신문』 1964. 5. 21.

49 전국대학생연맹「백서」(1970. 4. 19.)

50 서울대 문리대 학생총회「구국투쟁 선언문」(1971. 5. 6.)

51 서울대 상아탑수호대학생연맹「학원 자유를 찾아서」(1971. 11. 5.)

52 연세대「구국선언서」(1977. 10. 12.)

53 고려대「선언문」(1978. 11. 9.)

54 김삼웅 편『민족·민주·민중선언: 한국 근현대사 100년 자료집』, 한국학술정보 2001, 226면.

55 전남대학교 교수 11인「우리의 교육지표」(1978. 6. 27.)

56 민주회복국민회의는 1974년 11월 27일 이병린, 함석헌, 천관우, 강원룡 등 재야와 종교계 인사 71명이 모여「민주회복국민선언」을 발표한 뒤, 12월 25일 창립총회를 개최함으로써 정식 출범했다. 민주회복국민회의 출범은 개신교의 조직적 참가, 천주교의 새

로운 참여, 지식인의 자유실천운동 확대라는 측면에서 반유신 민주화운동의 발전을 보여준다. 민주회복국민회의는 출범 3개월 만에 7개 시도지부와 20여개의 시군지부가 결성되는 등 전국적인 연결망을 갖추었다. 주요 활동은 운동의 정당성과 방향을 제시하는 선언문 또는 성명서를 발표하는 소위 '성명전'에 집중되었다(김대영 「반유신 재야 운동」, 『유신과 반유신』, 민주화운동기념사업회 2005, 414~22면).

57 「거국적 민족·민주운동 전개」, 『동아일보』 1975. 2. 28.

58 「'고문정치종식선언'의 파장」, 『동아일보』 1975. 2. 28.

59 민주회복국민회의 「국민에게 보내는 메시지」(1975. 2. 28.)

60 「민주적 개헌으로 3·1정신 재현을」, 『동아일보』 1975. 3. 1; 「"구국은 민주회복뿐"」, 『동아일보』 1975. 3. 1.

61 「민주회복 통성기도」, 『동아일보』 1975. 3. 1.

62 이문영 「말함이 시작함이다」, 『새롭게 타오르는 3·1민주구국선언』, 사계절 1998, 165면.

63 「교역자들 가두데모」, 『동아일보』 1975. 3. 3.

64 「8일 동안 기도」, 『동아일보』 1975. 3. 3.

65 강인철 『저항과 투항: 군사정권들과 종교』, 한신대학교출판부 2013, 174면.

66 함세웅 「유신체제에 일격을 가한 3·1명동사건」, 『암흑 속의 횃불 2』, 기쁨과희망사목연구소 1996, 23면; 문동환 「은둔자를 통일의 왕초로 만든 사건: 3·1사건의 한 다른 면모」, 『새롭게 타오르는 3·1민주구국선언』, 117~19면; 이태영 「3·1민주구국선언 사건의 동지들」, 같은 책 241~43면.

67 함석헌 외 「3·1민주구국선언」(1976. 3. 1.) 단, 윤선자는 「3·1민주구국선언」이 "통일이 언급되고 통일문제가 공론화될 수 있는 토대를 마련"했고, "1980년대에 통일논의가 이전 시기보다 심화되고 활발하게 전개될 수 있었던 것도 3·1민주구국선언에서 그 시작을 끌어낼 수 있다는 점에서" 큰 의미를 갖는다고 평가했다(윤선자 「1970년대의 통일운동과 '3·1민주구국선언' 사건」, 『전남사학』 19, 2002, 520면).

68 이우정 「3·1민주구국선언 사건의 부스러기 이야기들」, 『새롭게 타오르는 3·1민주구국선언』, 254면.

69 구춘회 「해외에서 본 3·1민주구국선언 사건」, 같은 책 332~33면.

70 김대영, 앞의 글 427~28면.

71 민주주의와 민족통일을 위한 국민연합(의장 윤보선, 함석헌, 김대중) 「민주구국선언」 (1979. 3. 1.)

72 최은진 「대한민국정부의 3·1절 기념의례와 3·1운동 표상화(1949~1987)」, 『사학연구』

128, 2017, 455~58면.

73 같은 글 460~64면.

74 「긍지 갖고 힘찬 전진: 박대통령 3·1절 경축사 요지」, 『경향신문』 1967. 3. 1.

75 이지원 「역대 한국 정부의 3·1절 기념사를 통해 본 3·1운동 표상과 전유: 정신적 측면을 중심으로」, 『서울과 역사』 99, 2018, 261면.

76 「신분·종파 초월… 총화 굳게」, 『경향신문』 1975. 3. 1.

77 「정신무장으로 국가수호」, 『경향신문』 1976. 3. 1.

78 「사설: 시대착오적인 정치극」, 『경향신문』 1976. 3. 13.

79 「민주적 개헌으로 3·1정신 재현을」, 『동아일보』 1975. 3. 1.

80 「"구국은 민주회복뿐"」, 『동아일보』 1975. 3. 1.

81 「계급·당파사관은 불용」, 『동아일보』 1973. 3. 1.

82 「자주정신 이어 민족정통성 수호」, 『경향신문』 1978. 3. 2.

83 「평화통일 노력 결코 포기 안해」, 『경향신문』 1979. 3. 2.

84 「신민당 헌법 공청회」, 『동아일보』 1979. 12. 27.

85 「신민 개헌 2차 공청회」, 『동아일보』 1980. 1. 11.

86 「공화·신민 새 헌법안」, 『경향신문』 1980. 2. 11.

87 「사설: 국회 개헌특위에 바란다」, 『동아일보』 1980. 4. 29.

88 「'개헌방향'에 반응 착찹」, 『동아일보』 1980. 3. 15.

89 김성식 「정치인들 역사의식 가져야」, 『동아일보』 1980. 3. 25.

90 「민주당 개헌 시안 주요내용」, 『동아일보』 1987. 7. 13.

91 「사설: 개헌 논의 속의 제헌절」, 『동아일보』 1987. 7. 17; 「민정의총, 열기의 개헌 토론」, 『경향신문』 1987. 7. 23.

92 「대학가 비민주 성토 주야 계속」, 『동아일보』 1980. 5. 9.

93 민주헌법쟁취 국민운동본부 「결성선언문」 (1987. 5. 27.)

94 「6월항쟁 총정리」, 『노동자신문』 1987. 7. 31.

95 민주쟁취국민운동본부 「국민운동」 호외5호, 1987. 12. 22.

96 안병직 「삼일운동에 참가한 사회계층과 그 사상」, 『역사학보』 41, 1969, 22~23면.

97 「민중 착취의 한국 근대사」, 『동아일보』 1975. 3. 3.

98 진덕규 「3·1운동의 바탕은 민중의식」, 『경향신문』 1980. 2. 29.

99 「대학가의 음영 7: 편향된 역사시각」, 『경향신문』 1981. 12. 18.

100 역사문제연구소 민족해방운동사연구반 엮음 『쟁점과 과제 민족해방운동사』, 역사비평사 1990, 236면.

101 강만길 「독립운동 과정의 민족국가 건설론」, 『한국 민족주의론』, 창작과비평사 1982, 106면; 역사문제연구소 민족해방운동사연구반 엮음, 같은 책 242면.

102 김정인 「3·1운동과 임시정부 법통성 인식의 정치성과 학문성」, 『서울과 역사』 99, 2018, 230면.

3·1운동과 감옥에 갇힌 여성 지식인들*

· 이 글은 한국사회사학회와 '대통령직속 3·1운동 및 대한민국임시정부 수립 100주년 기념사업추진위원회'가 공동 주최한 학술대회 '3·1운동 100년, 한국 사회전환의 시공간 지평'(고려대 백주년기념관, 2018. 11. 2~3)에서 발표한 「3·1운동과 감옥에 갇힌 여성 지식인들」을 기초로 2018년 『동방학지』 185에 게재한 같은 제목의 논문을 수정·보완한 것이다.

* 엘렌 식수 「메두사의 웃음」, 『메두사의 웃음/출구』, 박혜영 옮김, 동문선 2004, 20면.

** 최은희 『한국 근대여성사 중: 추계 최은희 전집 2』, 조선일보사 1991, 104면.

1 최은희 『근역의 방향』, 을유문화사 1961, 48~49면.

2 최은희 「후기」, 『한국 근대여성사 하: 추계 최은희 전집 3』, 조선일보사 1991, 346~47면.

3 최은희 『여성 전진 70년: 추계 최은희 전집 5』, 조선일보사 1991, 115~200면 참조.

4 최은희는 근우회 창립 시기 유영준, 황신덕과의 우정을 다음과 같이 회상한다. "둥근 물건은 세발로 괴어놓아야 자리가 안정되는 것처럼, 둥근 지구를 너희들 세 사람이 버티고 일어서면 세계의 평화는 유지될 것이다 하고 농담 섞인 축복을 들었을 정도로 세 개의 솥발이 솥을 괴듯 우리는 무슨 일에든지 서로 힘을 합해나갔던 것이다." 같은 책 208면.

5 1930년 신간회 해소 이후 근우회도 제4회 정기대회 소집에 실패하고 해소하게 된다. 최은희는 1932년 이후부터 조선일보사에서도 퇴직하고, 사회적 활동을 일절 중단한다. 이때 최은희의 결혼 및 출산 등 근황에 대한 추측성 기사가 발표되기도 하지만, 모두 사실과 달랐다. 최은희는 1932년 가슴막염을 앓아 신문사를 그만둘 수밖에 없었고, 1942년 남편이 병사한 이후 바느질 등으로 생계를 책임졌다고 밝혔다. 이와 관련해서는 「行方探索」, 『삼천리』, 1932. 7; 「청춘에 寡守된 新女性記」, 『삼천리』, 1935. 9; 이균영 『신간회 연구』, 역사비평사 1993; 박용옥 『한국 여성 근대화의 역사적 맥락』, 지식산업사 2001; 최은희 『한국 근대여성사 상: 추계 최은희 전집 1』, 조선일보사 1991; 김경일 외, 『한국 근대여성 63인의 초상』, 한국학중앙연구원출판부 2015 등을 참조.

6 이옥수 『한국근세여성사화 상』, 규문각 1985, 142면.

7 최은희 『한국근대여성사 중: 추계 최은희 전집 2』, 조선일보사 1991, 284~94면 참조.

8 같은 책 293면.

9 최은희『한국개화여성열전: 추계 최은희 전집 4』, 조선일보사 1991, 420면.

10 최은희「여성도 대폭 등용하라: 장내각에 충고한다」,『조선일보』 1960. 11. 5(최은희『여성 전진 70년』, 291면에서 재인용-).

11 최은희『한국근대여성사 중』, 262~73면 참조.

12 같은 책 272면.

13 경성가정여숙 학생이었다가 조선여자근로정신대에 지원했던 김금진의 증언에 따르면, 박순천은 황신덕과 함께 '제자를 정신대로 보낸 사람'이었다. 각 학교마다 두명씩 정신대에 보내지 않으면 폐교한다는 압력을 받자 학생들에게 정신대에 갈 것을 종용하는 연설을 황신덕과 함께 했다. 이와 관련해서는 친일인명사전편찬위원회『친일인명사전』, 민족문제연구소 2009 참조.

14 박순천「나의 이력서」,『한국일보』 1974. 11. 16~1975. 1. 18; 최정순『박순천 연구』, 백산서당 2015, 107~66면 참조.

15 박순천의 활동에 대해서는 최은희『한국근대여성사 중』, 359~64면 참조.

16 최은희「여성도 대폭 등용하라: 장내각에 충고한다」(최은희『여성 전진 70년』, 291~94면 재인용-).

17 프랑스혁명기에 남성들은 국부와 국모의 목을 치고 형제애를 통해 절대주의 왕정과 단절을 도모했다. 왕정에서 공화정으로의 전환은 남성연대에 기반을 둔 형제애 사회가 누이살해를 진행하는 과정이기도 했다. 여성의 주권을 주장했던 올랭쁘 드 구즈가 1793년 처형당했고, 1801년 급진 공화주의자였던 실뱅 마레샬은「여성이 읽는 법을 배우는 것을 금지시키는 법률을 위한 계획안」을 아버지, 남편들에게 설파하기도 했다. 여성들이 읽고, 쓰고, 출판하고, 판화를 만들고, 그림 그리는 것을 금지시키는 것을 목표로 한 이 계획안은 법안으로 상정되지는 않았지만, 여성에 대한 공화주의적 관점을 마레샬이 단순하게 환원시킨 것으로 분석할 수 있다. 이와 관련해서는 린 헌트『프랑스혁명의 가족 로망스』, 조한욱 옮김, 새물결 1999; 조앤 W. 스콧『페미니즘 위대한 역설』, 공임순·이화진·최영석 옮김, 앨피 2006 참조. 한편, 거다 러너는 역사의 개혁기마다, 변동과 혁명의 시기를 지나고 나면 여성들에 대한 억압과 탄압은 더욱 공고해졌다고 주장한다. 종교개혁기의 마녀사냥, 프랑스혁명 후의 나폴레옹 법전, 계몽시대 철학자들의 여성 교육관이 그 대표적인 예들이다. 어떤 운동이든 개혁 성향이 강할 때에는 여성들의 참여와 활동을 고무시키다가, 혁명이 성공을 이루고 난 후 그 조직의 권위가 강력해지자마자 제도적으로든 심리적으로든 여성들의 사회활동을 탄압하는 한편 출산과 양육 및 가정으로의 복귀를 강조하는 움직임이 역사에서 반복되었다고 분석한다. 이

와 관련해서는 거다 러너 『역사 속의 페미니스트: 중세에서 1870년까지』, 김인성 옮김, 평민사 2007 참조.

18 정운현은 2016년 1월까지 국가로부터 포상을 받은 독립유공자는 1만 4262명이며 그 가운데 여성 독립유공자는 270명에 불과하다고 지적했다. 이와 관련해서는 정운현 『조선의 딸, 총을 들다: 대갓집 마님에서 신여성까지, 일제와 맞서 싸운 24인의 여성 독립운동가 이야기』, 인문서원 2016, 6면 참조.

19 서주홍 「일제 시기 여기자 최은희의 여성인식」, 숙명여자대학교 석사학위논문 2008, 17~20면 참조.

20 최은희 『한국근대여성사 중』, 349면.

21 같은 곳.

22 자끄 랑시에르는 민주주의가 몫 없는 이들에게 몫을 찾아주는 과정임을 논증했으며, 정치적인 참여에 아무런 자격이 필요하지 않다고 주장했다. 랑시에르에게 주체화란 프롤레타리아나 여성 혹은 이주자 등의 계급들이 사회에서 잘못된 존재로 규정되어온 과정을 밝히는 동시에 몫 없는 이들이 자신의 몫을 획득하는 과정이다. 이와 관련해서는 자크 랑시에르 『불화: 정치와 철학』, 진태원 옮김, 길 2015 참조.

23 최은희 『여성 전진 70년』, 372면.

24 최은희 자신이 밝힌 집필 과정의 난관들과 관련해서는 최은희 『한국근대여성사 하』, 345~49면 참조.

25 최은희 『한국 근대여성사 중』, 114면.

26 공헌사는 남성 중심 사회에서 여성 지위 향상을 도모하는 여성운동의 대표적인 예로 노예제 폐지 운동, 참정권 운동 등의 역사 서술이 가지는 특징으로 분석된다. 공헌사 및 여성사 쓰기의 변화와 관련해서는 다음의 연구 참조. 거다 러너 『왜 여성사인가: 한 역사가의 치열한 삶과 사상을 들여다보며』, 강정하 옮김, 푸른역사 2006; 정현백 「'여성사 쓰기'에 대한 (재)성찰」, 『역사교육』 102, 2007, 164면; 김정인 「한국 근대 여성사 연구의 변화 추이와 전망」, 『한국여성학』 32, 2016, 185~215면.

27 거다 러너, 같은 책 390면.

28 정종현은 해방기부터 박정희 시대까지 유관순이 식민지기 수난과 저항을 대표하는 여성 영웅으로 상징성을 확보하고 전승하게 된 과정을 유관순 영화를 중심으로 날카롭게 분석한다. 정종현은 유관순이 반공이데올로기와 충과 효 및 민족주의가 결합된 박제된 영웅의 이미지에서 내면의 공포를 극복하고 인류 보편의 가치를 실현해간 주체적인 인간으로 재평가받을 때 역사성을 확보하게 될 것이며 또한 그것이 유관순이 받아야 할 합당한 평가임을 주장한다. 이와 관련해서는 정종현 「유관순 표상의 창출과 전

승: 해방 이후 제작된 유관순 영화의 내러티브를 중심으로」, 『한국문학연구』 36, 2009, 155~206면 참조. 한편 유관순 전기를 집대성하고 오류를 잡은 연구들로는 다음을 참조. 이정은 『불꽃같은 삶, 영원한 빛 유관순』, 류관순열사기념사업회 2005; 김기창 「유관순 전기문(집)의 분석과 새로운 전기문 구상」, 『새국어교육』 66, 2003.

29 최은희 『한국개화여성열전』, 217면.

30 여성의 수난과 고통이 식민지의 민족서사로 동원되는 젠더정치학에 대해서는 권명아의 연구를 참조. 권명아 「여성수난사 이야기와 파시즘의 젠더정치」·「수난사 이야기로 다시 만들어진 민족이야기」, 『문학 속의 파시즘』, 삼인 2001; 「여성수난사 이야기의 역사적 층위」, 『상허학보』 10, 2003.

31 김마리아의 생애와 애국부인회사건과 관련해서는 다음의 연구를 참조. 박용옥 『김마리아: 나는 대한의 독립과 결혼하였다』, 홍성사 2003.

32 최은희 『한국개화여성열전』, 184면.

33 3·1여성동지회문화부 『한국여성독립운동사: 3·1운동 60주년 기념』, 3·1여성동지회 1980, 483면.

34 박화성 『새벽에 외치다: 송산 황애덕 선생의 사상과 생활』, 휘문출판사 1965, 87면.

35 박화성은 1960년 유관순 전기 『타오르는 별』을 문림사에서 출간한 바 있다.

36 식민지시기 근대감옥의 처벌체계에 관한 연구로는 이종민 「식민지하 근대감옥을 통한 통제 메카니즘 연구: 일본의 형사처벌 체계와의 비교」, 연세대학교 박사학위논문 1998 참조.

37 황애덕의 수감생활과 관련해서는 최은희 『한국 개화여성열전』, 181면 참조. 실제 황애덕은 1919년 애국부인회사건으로 체포된 후 3년 동안의 수감생활 경험을 1931년 10월 『동광』에 수기 형식으로 발표하기도 한다. 황애덕 「대구여감의 0141호」, 『동광』 27, 1931. 10. 3·1운동 참가자들 가운데 서대문형무소의 투옥 실태 및 3·1민족대표들이 옥중에서 가족에게 보낸 편지를 분석한 연구로는 양성숙 「3·1운동기 서대문형무소 투옥실태」, 『민족사상』 2(2), 2008, 165~200면 참조. 옥중기는 근대 감옥제도가 생겨나기 전에도 이미 존재했다. 이승만은 한성감옥에서 자신의 옥중체험을 글로 남긴 바 있다. 이와 관련해서는 유영익 『젊은 날의 이승만: 한성감옥생활(1899~1904)과 옥중잡기 연구』, 연세대학교출판부 2002 참조.

38 황애덕, 같은 글.

39 나혜석의 독립운동 관련 자료는 다음을 참조. 이상경 『인간으로 살고 싶다: 영원한 신여성 나혜석』, 한길사 2000; 박환 「나혜석의 민족의식 형성과 민족운동」, 『여성: 역사와 한계』, 국학자료원 2001; 이송희 「신여성 나혜석의 민족의식과 민족운동」, 『여성연구

논집』17, 2006.

40 박순천도 김마리아와 황애덕을 만나기 위해 대구를 방문했던 일을 다음과 같이 회고
   했다. "전국적으로 3·1독립운동이 터지고 나서 일경에 붙잡혀 짧은 옥고를 치른 후 대
   구 감옥에 갇혀 있던 김마리아, 황애시덕 등을 면회하러 갔다가 역전에서 학교로 나를
   찾아왔던 그 남자분과 마주치게 됐어요. 그분은 반갑게 내 손을 잡더니 '내가 이갑성이
   요.' 하고 자기 이름을 대더군요." 백성남 「여류 정치의 미 박순천」, 『당대 거물과 청년
   시인의 마지막 대화』, 지학사 1985, 207~208면.

41 전병무 「신자료 '김마리아방문기'를 통해 본 나혜석의 삶」, 『나혜석연구』7, 2015 참조.

42 최은희 『한국개화여성열전』, 351~52면.

43 최은희 『한국근대여성사 중』, 373~74면.

44 최은희 『한국근대여성사 상』, 346면 참조.

45 최은희 『한국개화여성열전』, 52면.

46 최은희 『여성 전진 70년』, 363~65면.

47 해방 후 3·1운동 계승을 둘러싼 좌우파의 정치투쟁과 이념갈등에 관해서는 공임순
   「3·1운동의 역사적 기억과 배반, 그리고 계승을 둘러싼 이념정치: 3·1운동의 보편(주
   의)적 지평과 과소/과잉의 대표성」, 『한국근대문학연구』24, 2011, 197~236면 참조. 공
   임순은 특히 이광수가 『나의 고백』을 발표하는 시점에 주목했다. 대한민국에 의한
   3·1운동과 임정 법통의 체제 내화는 『나의 고백』이 발표된 1948년 12월의 시점과 긴밀
   히 맞물려 돌아가는 것이라고 공임순은 분석했다. 그는 친일협력의 자전적 고백을 이
   광수가 그 시점에 발표한 것은 대한민국의 체제 수립을 민감하게 인식했다는 증거라
   고 주장한다. 임정 수립에 깊이 관여한 자신의 활동상과 함께 이광수는 한반도에 공산
   주의자가 대두된 상황을 거론한다. 자신은 공산주의자와 언제나 거리를 두었으며 무
   엇보다 돈이나 권세나 명예가 생기는 일이 아니었지만 민족을 위해서 친일을 했다는
   논리를 펼쳤다. 이광수의 『나의 고백』이 발표된 시점이 민주주의가 반공주의와 동일시
   되는 과정과 연동된다는 공임순의 분석에 전적으로 동의한다.

48 최은희 『여성 전진 70년』, 361면.

49 1967년 5월 3·1녹원 식수 거행식 초대장에는 "3·1운동에 참가했던 할머니들을 세칭
   3·1할머니라 합니다"라는 안내문구와 함께 최은희 3·1할머니, 최매지 3·1할머니, 김성
   무 3·1할머니 등이 개식사, 경과보고, 기념사, 만세삼창 등의 행사 진행을 맡았다. 이와
   관련해서는 같은 책 404면 참조.

50 같은 책 405면; 한국 근대공원의 형성 과정 및 공공성을 둘러싼 논의에 관해서는 하시
   모토 세리 「한국 근대공원의 형성: 공공성의 관점에서 본 식민과 탈식민의 맥락」, 성균

관대학교 박사학위논문 2016 참조.

51 같은 책 426면.

52 박화성, 앞의 책 305면.

53 최은희『여성 전진 70년』, 21면.

54 같은 책 257~58면.

55 황신덕과 관련해서는 김경일 외, 앞의 책 500~11면 참조.

56 최은희『한국근대여성사 중』, 101면.

57 최은희『여성 전진 70년』, 517~18면.

58 자기서사의 의미와 그 정치적 가능성에 대해서는 주디스 버틀러『윤리적 폭력 비판: 자기 자신을 설명하기』, 양효실 옮김, 인간사랑 2013 참조.

3·1절과 '태극기 집회'*

• 이 글은 한국사회사학회와 '대통령직속 3·1운동 및 대한민국임시정부 수립 100주년 기념사업추진위원회'가 공동 주최한 학술대회 '3·1운동 100년, 한국 사회전환의 시공간 지평'(고려대 백주년기념관, 2018. 11. 2~3)에서 발표한「3·1절과 '태극기 집회' 잃어버린 민중의 기억에 대하여」를 수정·보완한 것이다.

1 http://blog.daum.net/3332han/7087583.

2 「전광훈 목사 3·1절 범국민대회에 한국교회 참여 촉구: 김승규 장로 "교회가 반드시 하나 되어 영적 싸움에 나서야"」,『크리스챤연합신문』 2018. 2. 19.

3 2018년 3·1절 구국기도회 및 범국민대회 포스터의 제목은 '교회여 일어나라'다.

4 「대한민국 바로 세우기 위한 천만 서명운동 돌입」,『기독일보』 2018. 1. 24.

5 2003년과 2017년은 노무현, 문재인 정권기의 적폐청산운동이 한창이던 때였기에 개신교 보수주의 세력의 위기감이 대단히 높았다. 한편 2014년은 그 전해 8월 터진 이석기 내란음모사건을 기화로 2014년 12월 통진당 해산에 이르는 '종북몰이'가 최절정에 있던 시기였다. 2014년 3·1절 광장예배는 "남한 종북주의자들의 뿌리를 뽑아야 한다"라는 슬로건이 말해주듯 개신교를 '증오의 정치'로 동원하려는 스펙터클한 이벤트로 기획된 것이었다.

6 안인섭「3·1운동 100년, 한국교회의 역사적 의미」,『기독신문』 2018. 2. 12.

7 장로교보다는 훨씬 소수지만 성결교회의 성직자들 일부도 신사참배 거부운동에 적극 참여했다.

8 최상도「순교담론의 패러다임」,『한국기독교와 역사』 40, 2014, 116~18면, 124면.

9 한국기독교순교자유족회『한국교회 순교자』, 기독교문사 1992.

10 『한국기독교 순교자 기념관』, 한국기독교선교100주년기념사업협의회 2001.

11 1920년대 신문기사들에 의하면 선천군과 읍내의 인구 중 개신교 신자가 40~50퍼센트에 이른다고 하였다(한규무 「1930년대 평북 선천의 교육, 산업과 기독교」, 『이화사학연구』 38, 2009, 각주2). 한규무는 1929년 선천의 총인구수와 1932년 선천 기독교 신자의 총수를 소개하고 있는데, 이에 의하면 기독교 신자의 비율이 16퍼센트로 40~50퍼센트라는 기사들이 매우 과장된 수치임을 알 수 있다. 그럼에도 선천은 인구 대비 개신교 신자의 비율에서 평양을 앞선, 전국 제일의 "기독교의 왕국"이라고 불렸다(같은 글 각주3). 한편 이 지역의 교회들 중 절반 가까이는 평양대부흥운동과 백만명구령운동 시기인 1907~11년에 설립되었다(같은 글 99면). 즉 1907년과 그 직후의 대부흥 현상을 평양대부흥운동이라고 부르지만, 교세 팽창의 관점에서만 보면 선천대부흥운동이라고 불러도 될 만큼 이 시기 선천 개신교의 약진은 놀라울 정도다. 그러나 대부흥 현상의 전국적 영향이라는 차원에서 보면 평양의 역할이 지대하다.

12 김명배 「휘트모어의 선천 선교사역과 평북 지역 기독교 확장에 관한 연구」, 『선교와 신학』 44, 2018 참조.

13 이재근 「매코믹신학교 출신 선교사와 한국 복음주의 장로교회의 형성, 1888~1939」, 『한국기독교와 역사』 35, 2011 참조.

14 1918년 파크대학에 입학한 백낙준, 1923년에 입학한 김마리아 등은 이 학교의 학풍을 시사한다. 파크대학 출신 선교사 휘트모어는 선천을 포함하는 평안북도 지역을 맡은 미국 북장로회 선교사인데, 그를 포함한 이 지역 개신교계는 학교 설립에 큰 힘을 기울였다. 하여 종교계 사립학교의 90퍼센트 이상이 개신교계 학교였는데, 평북 지역은 99퍼센트가 개신교계(121개 중 120개)였다.

15 '근본주의'라는 명칭은 1920년대 미국 개신교 내에서 벌어진 논쟁 때 등장했지만 그 명칭이 탄생하기 이전인 19세기 말부터 그 내용을 담지하고 있는 신앙운동이 활발하게 전개되었다. 그러므로 1920년대 이전의 근본주의적 운동과 신학을 '초기 근본주의'라고 부르기도 한다(홍철 「20세기 미국 근본주의 운동의 역사적 고찰: 미국 장로교를 중심으로」, 『역사신학 논총』 13, 2007 참조). 그러므로 20세기 초 조선에 유입된 매코믹 출신 선교사들의 종교적 성향을 '근본주의'라고 부르는 것은 시대착오적 해석이 아니다.

16 양전백은 휘트모어 선교사와 함께 신성중학교와 보성여학교를 설립했다.

17 105인사건으로 기소된 123명 중 선천 지역 출신이 46명으로 가장 많았다는 사실은 그 중심에 양전백이 있다는 사실과 무관하지 않을 것이다(윤경로 『105인 사건과 신민회 연구』, 한성대학교출판부 2012, 70면 참조).

18 옥성득은 평양대부흥운동에서 가장 중요한 영성 수행 양식으로 정착한 새벽기도와

(성)경 읽기가 도교적 영성이 개신교 영성에 접맥된 것으로 해석한다(옥성득「평양대부흥운동과 길선주 영성의 도교적 영향」,『한국기독교와 역사』25, 2006, 75~79면). 근본주의 신앙은 세속적인 것과 분리시킨 영적인 것을 고수하려는 신앙운동인데, 매코믹신학대학 출신 선교사들의 근본주의에서 세속적인 것은 피선교사회의 문화와 종교성이었다. 그런 점에서 도교적 영성과 근본주의가 접맥된다는 것은 모순적이다. 하지만 선교사들이 다분히 밀의적 성격이 있는 도교적 영성 수행법을 알았을 리 없었기에, 길선주의 영성은 근본주의라는 필터에 걸러지지 않았을 것이다.

19 같은 글 80~82면.

20 백종구「영계 길선주 목사(1869~1935)의 민족주의」,『선교신학』13, 2006, 161면.

21 옥성득, 앞의 글 참조.

22 1961년 인도 뉴델리 3차 총회 이후 세계교회협의회(WCC)는 한국사회 변혁운동에 본격적인 영향을 미치게 되는데, 그해 WCC와 관계를 맺는 한국 측 기독교 대표기관 역할을 했던 한국기독교교회협의회(NCCK)의 총무가 바로 길진경이었다. 그리고 NCCK 가맹 교단 가운데 진보적 담론과 활동을 가장 적극적으로 수용한 교단은 한국기독교장로회(기장)였는데, 그 무렵 '기장'의 총회장이 길진경이었다.

23 김형오「참여(engagement)와 탈각(detachment)의 딜레마(dilemma)에 선 지식인: Bourdieu의 '자율적' 지식인론을 중심으로」, 서강대학교 석사학위논문 1999 참조.

24 민경배『일제하의 한국기독교 민족·신앙운동사』, 대한기독교서회 1991, 279면.

25 같은 책; 김유준「에드워즈의 '성향'(habitus) 개념으로 본 민경배의 역사방법론」,『한국기독교신학논총』102, 2016 참조.

26 민경배는 주기철의 신사참배 거부운동을 '저항의 현상학'이라고 불렀다(같은 글 93면).

27 김유준「1920~30년대 길선주의 종말론적 부흥운동: 종말론적 내연과 신사참배 저항의 외연을 중심으로」,『대학과 선교』31, 2016.

28 신지은「장소의 상실과 기억: 조르쥬 페렉의 장소 기록에 대하여」,『한국사회학』45(2), 2011, 247면.

29 길선주, 김익두, 이용도, 정남수, 유석홍 등 1920~30년대 대표적인 부흥사들의 다수가 서북 지역 출신이었다.

30 이연숙「해방 직후 좌·우익의 역사 만들기와 기념 투쟁」,『역사연구』32, 2017, 157~58면; 서희경「헌법적 쟁점과 대한민국의 국가정체성(1945~1950)」,『한국정치학회보』48(2), 2014, 255면.

31 우파의 3·1절 집회에는 청년, 학생, 부인, 종교단체에서 우위를 보였고, 좌파의 집회에

는 언론, 예술, 농민과 노동자 조직에서 앞섰다. 그러나 그 규모는 우파가 압도했다. 박명수「1946년 3·1절: 해방 후 첫번째 역사논쟁」,『한국정치외교사논총』38(1), 2016, 101면.

32 미군정 당국이 추산한 두 집회의 인파는 좌파 기념식에 1만 5천명, 우파 기념식에 10~20만이었다. 같은 글 117면.

33 박명수「1947년 3·1절에 나타난 임정법통론과 인민혁명에 대한 미군정의 대응」,『한국정치외교사논총』39(1), 2017 참조.

34 1947년 7월 이후에는 남한의 좌익세력이 주도한 대중동원 투쟁은 사라졌다. 정호기「국가의 형성과 광장의 정치: 미군정기의 대중동원과 집합행동」,『사회와 역사』77, 2008, 185면.

35 강정인·한유동「이승만 대통령의 국가기념일 활용에 관한 연구: 반공국민을 만드는 국민의식」,『현대정치연구』7(1), 2014, 205면.

36 '1948년체제'에 대하여는 박찬표「민주주의 관점에서 본 48년 체제의 특성과 유산」,『시민과세계』14, 2008 참조. 이 글은 참여사회연구소가 주최한 공동토론회 '대한민국사의 재인식: 48년체제와 민주공화국'(2008. 8. 18)에서 발표된 글이다. 비록 '48년체제'라는 용어를 명시적으로 사용하지는 않았지만, 반공체제로서의 '48년체제'의 형성에 관해 보다 명료한 시각을 보여주는 글로 김동춘「한국의 분단국가 형성과 시민권: 한국전쟁, 초기 안보국가 하에서 '국민됨'과 시민권」,『경제와사회』70, 2006 참조.

37 강정인·한유동, 앞의 글 205면.

38 최은진「대한민국정부의 3·1절 기념의례와 3·1운동 표상화(1949~1987)」,『사학연구』128, 2017, 445면.

39 강인철『한국의 개신교와 반공주의』(중심 2007)의 제10장「남한교회와 월남 개신교인(1): 재조직화와 종교권력 접근」 참조. 이 현상은 주로 장로교를 축으로 하여 전개되었다. 장로교는 남한 개신교에서 수적으로도 압도적으로 많았고(대략 70퍼센트 가까운 이들이 장로교도였다) 신앙의 기조나 논쟁의 성격도 주도했다. 그런 점에서 남한 개신교 주류세력의 형성 과정은, 특히 해방 이후부터 1950년대까지는, 남한 장로교의 형성 과정의 연장에 지나지 않는다고 해도 과언이 아니다. 한편 서북계 장로교가 월남 개신교도 전체의 80퍼센트 이상을 점유했다는 점에서 월남 개신교를 논하는 것은 서북계 장로교를 중심으로 보아도 무방하다. 그리고 서북계 장로교 지도자들의 이념적·종교적 스펙트럼은 대단히 다양했지만, 남한 개신교 주류세력의 형성은 근본주의자들이 주도했다.

40 이들은 후에 '한국기독교장로회'라는 상대적 소수의 교단세력으로 결속된다.

41 '고려파'와 '재건파'의 이탈과 분열에 대하여는 김정일 「해방 후 재건교회의 탄생 배경 연구: 출옥성도 김린희, 최덕지 행적을 중심으로」, 『한국개혁신학』 46, 2015 참조.

42 이진구 「일제하 신사참배 논쟁과 기독교: 신사비종교론과 신사종교론을 중심으로」, 『일본학』 31, 2010 참조.

43 안종철 「중일전쟁 발발 전후 신사참배 문제와 평양의 기독교계 중등학교의 동향」, 『한국문화』 48, 2009; 류대영 「신사참배 관련 소수파 의견: 헤럴드 핸더슨의 사례」, 『한국기독교와 역사』 39, 2013 참조.

44 이진구, 앞의 글 83면.

45 정상우 「3·1운동의 표상 '유관순'의 발굴」, 『역사와 현실』 74, 2009 참조.

46 같은 글 257면.

47 이 글은 『기독교사상』(1975. 4)에 실렸다.

48 이 선언의 원문을 보려면 다음을 참조. https://namu.wiki/w/3.1%20%EB%AF%BC%EC%A3%BC%EA%B5%AC%EA%B5%AD%EC%84%A0%EC%96%B8%20%EC%82%AC%EA%B1%B4.

49 최근 민중신학 연구자들 사이에서 안병무에게서 민중과 민족의 균열이 있음이 논의되고 있다. 1975년 3·1절 때 발표된 글의 주47에서 시작해서 1984년 「예수사건의 전승모체」(김진호·김영석 편저 『21세기 민중신학: 세계의 신학자들, 안병무를 말하다』, 삼인 2013)에 이르는 일련의 논의 과정에서 안병무의 민중론이 '탈민족'의 관점으로 발전했다는 것이다. 하지만 1975년의 글에서는 그 균열이 아직 맹아적으로만 존재하고 있다(같은 책에 수록된 김진호의 두편의 글 「안병무 해석학 시론: '내면성의 발견'과 '민중의 타자성' 개념을 중심으로」와 「민중신학과 '비참의 현상학': 오늘의 오클로스를 묻다」 참조). 한편 1976년의 「3·1민주구국선언」은 한국의 민중민주문제를 전세계에 알리는 기폭제 역할을 했다는 점에서 공적 기억에 적지 않은 타격을 입혔다(강만길 「3·1민주구국선언의 역사적 성격」, 『새롭게 타오르는 3·1민주구국선언』, 사계절 1998, 29면).

50 최은진의 연작 논문인 「대한민국정부의 3·1절 기념의례와 3·1운동 표상화(1949~1987)」와 「대한민국정부의 3·1절 기념의례와 3·1운동 표상화(1988~2017)」, 『사학연구』 131, 2018 참조.

51 앞 절에서 논했듯이 길선주는 도교적 수행법을 접맥시켜 대중의 폭발적인 영성적 반향을 불러일으켰다. 길선주처럼 한국의 부흥사들은 기의가 비워진 강렬한 기표를 통해 대중의 공감을 극대화했다. 그 빈 기의의 자리에 근본주의가 파고들 수 있었다. 그로 인해 한국 개신교의 담론의 장은 교파의 분열이 극심함에도 불구하고 놀라울 정도로

균질적 특성을 지닌다.

52 「3·1절 서울도심 태극기집회, 500만명 모인다!: 탄기국, 기독교계, 애국단체협의회 '광화문 촛불' 에워싼 채 태극기행렬」, 『뉴데일리』 2017. 3. 1.

53 평통연대 홈페이지(http://cnpu.kr/22/?q=YToyOntzOjEyOiJrZXl3b3JkX3R5cGUiO3M6MzoiYWxsIjtzOjQ6InBhZ2UiO2k6Mjt9&bmode=view&idx=814476&t=board).

54 「한기총 이영훈 대표회장, 3·1절 기도회 관련 "억울해" "탄기국 집회 장소서 진행돼 오해 산 것"… 한교연 "한기총 잘못"」, 『M뉴스앤조이』 2017. 3. 8.

55 「전광훈 목사 3·1절 범국민대회에 한국교회 참여 촉구」, 『크리스챤연합신문』 2018. 2. 19.

56 김진호 「극우에서 중도로, '수상한 평화'를 질문하다: 탈냉전 시대 보수주의 개신교의 변화 읽기」, 『가톨릭평론』 17, 2018 참조.

57 일본의 맑스주의적 성서학자 타가와 겐조오는 한글 성서에서 별 특색 없는 대중을 지칭하는 단어인 '무리'로 번역된 그리스어 '오클로스'를 「마가복음」의 용례에서는 '속하지 못한 자'라는 함의로 쓰였다는 주장을 편다. 즉 그들은 민족에 속하지 못한 자, 종교에 속하지 못한 자, 관습과 규범체계에서 정상의 질서에 속하지 못한 자 등을 가리킨다. 안병무는 최초의 복음서인 「마가복음」에 예수 기억이 기록되기 이전에 구술(口述)로 전한 대중의 계층적 성격도 오클로스로 볼 수 있고, 그들은 동시에 예수 주변의 대중의 주요 성격이기도 했다고 해석한다. 그런 점에서 「마가복음」의 예수 기억은 예수 당대에서부터 유래한 오클로스의 예수 기억의 산물이라는 것이다. 이는 예수와 오클로스는 기억 속에서 분리할 수 없다는 논지로 이어진다. 즉 '예수는 민중(오클로스)이고 민중은 예수'라는 성서학계의 충격적인 어젠다가 제시된 것이다. 이것은 오늘날 우리 시대의 오클로스인 난민, 노동이주자, 결혼이주자, 나아가 비정규직 노동자, 홈리스, 신용불량자, 범죄자 등 사회적 경계 밖의 존재로 간주된 '내부의 외부인(타자)' 속에서 예수가 발견된다는 민중신학적 주장의 근거가 된다.

58 권보드래 「'만세'의 유토피아: 3·1운동에 있어 복국(復國)과 신세계」, 『한국학연구』 38, 2015; 윤해동 「압축된 시간과 열광: 3·1운동 연구를 위한 시론」, 『동아시아문화연구』 71, 2017 참조.

59 안수강 「'예수교회'(Jesus Church) 신학 분석」, 『한국기독교신학논총』 103, 2017; 안수강 「1930년 전후 한국교회 신비주의 고찰: 신비주의 발흥과 장로교의 대응을 중심으로」, 『한국기독교신학논총』 107, 2018 참조.

민족문학의 '정전 형성'과 3·1운동 *

- 이 글은 한국사회사학회와 '대통령직속 3·1운동 및 대한민국임시정부 수립 100주년 기념사업추진위원회'가 공동 주최한 학술대회 '3·1운동 100년, 한국 사회전환의 시공간 지평'(고려대 백주년기념관, 2018. 11. 2~3)에서 발표한 「민족문학의 '정전체계'와 미당 퍼즐」을 기초로 『창작과비평』 2018년 겨울호에 게재한 「민족문학의 '정전형성'과 미당 퍼즐」을 수정·보완한 것이다.

1 19대 대선이 치러지기도 전인 이른 시기에 '촛불'의 혁명적 새로움을 간파하고 그 진화 경로를 정확히 예측한 글로는 백낙청의 「'촛불'의 새 세상 만들기와 남북관계」(『창작과비평』 2017년 봄호)를 들 수 있다. 그는 잇단 남북정상회담과 북미정상회담 이후의 한반도가 이미 '낮은 단계의 남북연합'에 돌입했음을 최근의 글 「어떤 남북연합을 만들 것인가: 촛불혁명시대의 한반도」(『창작과비평』 2018년 가을호)를 통해 명료하게 분석하기도 했다.

2 최초로 평양에서 연설한 남한 대통령은 이승만이다. 그는 한국전쟁 발발 4개월 만인 1950년 10월 29일 평양시청 앞에서 5만여 군중이 모인 가운데 평양수복(1950.10.20)을 자축하는 기념연설을 했다.

3 3·1운동의 국제적 영향에 대해서는 이 책에 실린 김학재의 논의가 상세하다. 그는 3·1운동이 "세계사와 민족사가 결정적으로 조우하며 발생한 사건"으로 평가한다. 김학재 「3·1운동의 한세기: 20세기의 비전과 한반도 평화」, 이 책 242면.

4 안창호 「미주에 재류하는 동지 여러분께」(1929.2.8), 『도산안창호전집 1권』, 도산안창호선생기념사업회 2000, 254면. 박만규 「이광수의 안창호 이해와 그 문제점: 『도산 안창호』를 중심으로」, 『역사학연구』 69, 2018, 283면에서 재인용.

5 그는 1926년 7월 8일의 연설에서 다음과 같이 말함으로써 자신의 점진론이 흔히 자치주의의 유혹에 빠지곤 하는 단계론과 다르며 일종의 중도 좌우합작 노선임을 천명한 바 있다. "오늘날 우리의 혁명이란 무엇인고? 나는 말하기를 민족혁명이라 하오. 그러면 민족혁명이란 무엇인가? 비민족주의자를 민족주의자 되도록 하자는 것인가? 아니오. (…) 우리가 일본을 물리치고 독립하여 세울 국체 정체는 무엇으로 할고. 공산주의로 할까? 민주제를 쓸까? 복벽하여 군주국으로 할까? (…) 그러나 나는 말하기를 지금은 그것을 문제 삼아 쟁론할 시기가 아니오." 「오늘의 우리 혁명」, 『독립신문』 1926.9.3; 『도산안창호전집 6권』, 도산안창호선생기념사업회 2000, 793면.

6 박만규, 앞의 글 참조.

7 최원식 「프로문학과 프로문학 이후」, 『민족문학사연구』 21, 2002, 21~22면. 인용문에 삽입된 커밍스의 발언은 『브루스 커밍스의 한국현대사』, 김동노 외 옮김, 창비 2001,

235면 참조.

8 　백낙청「한반도에서의 식민성 문제와 근대 한국의 이중과제」, 이남주 엮음『이중과제
　　론』, 창비 2009, 30~31면.

9 　최원식「식민지 지식인의 발견여행」, 염상섭『만세전』, 창작과비평사 1987, 181면.

10　염상섭「이중해방(二重解放)」,『삼광』1920년 4월호; 한기형·이혜령 엮음『염상섭 문
　　장전집 1』, 소명출판 2013, 74면. '□' 표기는 판독불능인 글자. 같은 책 '일러두기' 참조.

11　같은 곳.

12　염상섭「3·1 전후와 문학운동」,『신민일보』1948. 2. 29; 한기형·이혜령 엮음『염상섭 문
　　장전집 3』, 소명출판 2013, 71면.

13　같은 곳 편주 37번.

14　같은 책 73~74면.

15　같은 곳.

16　이광수는 해방 후 반민특위에 체포되어 조사받는 과정에서 자신의 행위에 대해 "나는
　　민족을 위해 친일했소. 내가 걸은 길이 정경대로(正經大路)는 아니오마는 그런 길을
　　걸어 민족을 위하는 일도 있다는 것을 알아주오"라고 진술했다.

17　김춘식「'신인(神人)'의 운명애에서 속의 체념과 포기까지: 미당 시의 문제적 지점과
　　현재적 가치에 대한 단상」,『시작』2015년 봄호. 미당은 "니체적 호흡"이라는 표현으로
　　자기 시와 니체의 운명애(amor fati) 개념의 상관성을 설명한 바 있는데, 김춘식은 이
　　글에서 "(미당 시의 ― 인용자) 체념, 종천순일 등은 니체의 운명애, 의지 등과는 아주
　　반대되는 양상을 지니고 있지만, 어떤 점에서는 서로 일맥상통하는 공통점을 지니고"
　　있으며 "이 둘은 모두 하나의 '포즈'이며 '태도'이고 궁극적으로는 하나의 형식으로 귀
　　결"된다는 점을 지적하고 있다.

18　김춘식「친일문학에 대한 '윤리'와 서정주 연구의 문제점: 식민주의와 친일」,『한국문
　　학연구』34, 2008.

19　같은 글 224면.

20　같은 글 232면.

21　황현산「서정주 시세계」,『말과 시간의 깊이』, 문학과지성사 2002, 456면.

22　고은「미당 담론」,『창작과비평』2001년 여름호.

23　같은 글 305면.

24　『미당 서정주 전집 4: 시』, 235면.

25　「역려」,『귀촉도』『미당 서정주 전집 1: 시』, 107면.

26　「만주에서」, 같은 책 100면.

27　미당의 만주 체험에 대해서는 자전연작시집 『팔할이 바람』(1988)에 수록된 「만주에
　　서」(전집 4권 208~12면) 참조.

28　황현산, 앞의 글 461~62면.

29　「밤이 깊으면」, 『귀촉도』, 『미당 서정주 전집 1: 시』, 103~104면.

30　「무제」, 같은 책 74면.

31　「헌시: 반도학도 특별지원병 제군에게」, 『매일신보』 1943. 11. 16.

32　「재롱조」, 『신라초』, 『미당 서정주 전집 1: 시』, 187면.

3·1운동의 한세기*

●　이 글은 한국사회사학회와 '대통령직속 3·1운동 및 대한민국임시정부 수립 100주년
　　기념사업추진위원회'가 공동 주최한 학술대회 '3·1운동 100년, 한국 사회전환의 시공
　　간 지평'(고려대 백주년기념관, 2018. 11. 2~3)에서 발표한 「3·1운동의 한세기」를 수
　　정·보완한 것이다.

1　3·1운동에 대해서 당시 중국의 각 신문들이 보도했다. 5·4운동을 주도한 천두슈도 조
　　선독립운동을 진실하고 비장하다고 높이 평가했고 조선과 비교하면 부끄럽다고 언급
　　했다. 강수옥 「근대 중국인의 한국 3·1운동에 대한 인식과 5·4운동」, 『한국근현대사연
　　구』 79, 2016.

2　한승훈 「3·1운동의 세계사적 의의의 불완전한 정립과 균열」, 『역사와 현실』 108, 2018.
　　빠리 신문의 보도는 이옥 「3·1운동에 대한 불·영의 반향」, 『3·1운동 50주년 기념논문
　　집』, 동아일보사 1969, 553면; 정용대 『대한민국임시정부외교사』, 한국정신문화연구원
　　1992, 106~107면 참조.

3　Cemil Aydin, "A Global Anti-Western Moment? The Russo-Japanese War,
　　Decolonization, and Asian Modernity," Sebastian Conrad and Dominic
　　Sachsenmaier, *Competing Visions of World Order: Global Moments and
　　Movements 1880s-1930s*, Palgrave Macmillan 2007, 213~29면.

4　실제로 일본은 한편으론 러시아 짜르군대와 교전하면서, 다른 한편으론 1905년 당시
　　러시아 내부에서 발생한 '피의 일요일' 사건 때 레닌으로 대표되는 혁명세력에 공작금
　　100만엔을 주고 무기를 구입하게 하여 철도 마비 사태를 유도했다.

5　Sebastian Conrad and Dominic Sachsenmaier, 앞의 책 11~13면.

6　이매뉴얼 C. Y. 쉬 『근현대 중국사: 인민의 탄생과 굴기 上』, 조윤수·서정희 옮김, 까치
　　2013, 208~468면.

7　1909년 7월 일본 각의를 통과해 천황의 재가를 얻은 「한국병합에 관한 건」의 제1항에는

'한국병합의 단행이 일본의 실력을 확립하는 가장 확실한 방법이며, 이는 일본제국 백년의 장계'라고 되어 있다. 하라다 게이이치 『청일·러일전쟁』, 최석완 옮김, 어문학사 2012, 292면.

8 서구로부터 영향을 받은 근대에 적응하면서도 이를 극복하려는 두가지 과제를 동시에 수행해야 한다는 입장으로 상세한 설명은 백낙청 「한반도에서의 식민성 문제와 근대 한국의 이중과제」, 이남주 편 『이중과제론: 근대적응과 근대극복의 이중과제』, 창비 2009 참조.

9 Bernd Martin, *Japan and Germany in the Modern World*, Berghahn Books 1995, 79면.

10 오스발트 슈펭글러는 1차대전을 경험한 후 출간한 저서에서 서구문화와 문명사를 고찰하며, 서구문명도 무제한적으로 팽창할 수 없으며, 역사적으로 모든 문명이 제국주의라는 형태로 팽창하다가 쇠락했음을 지적했다. Oswald Spengler, *The Decline of the West I: Form and Actuality*, tr. Charles F. Atkinson, Alfred A. Knopf 1926, 36~39면.

11 국제법상 민족자결권의 전개와 한국에 미친 영향을 검토한 글로는 이재승 「제주4·3항쟁, 자결권, 점령법」, 『제주4·3 70주년: 정명 학술대회 자료집』, 2018 참조.

12 Frank Schorkopf, "Versailles Peace Treaty (1919)," *The Max Planck Encyclopedia of Public International Law*, Oxford University Press 2010 (online edition).

13 유럽사에서 베르사유체제는 중요한 역사적 변곡점으로 수많은 연구가 진행되어 있다. 대표적인 연구로는 Manfred F. Boemeke, ed., *The Treaty of Versailles: A Reassessment after 75 Years*, Cambridge University Press 1998; M. Dockrill and J. Fisher, *The Paris Peace Conference 1919*, Palgrave Macmillan UK 2001; Heinhard Steiger, "Peace Treaties from Paris to Versailles," *Peace Treaties and International Law in European History: From the Late Middle Ages to World War One*, Cambridge University Press 2004, 59~99면; Alan Sharp, *The Versailles Settlement: Peacemaking after the First World War, 1919-1923*, Red Globe Press 2008. 2019년은 100주년을 맞아 더 다양한 국제회의와 전시회, 이벤트와 새로운 연구물들이 출판될 것으로 보인다. 국내의 가장 최근의 연구는 임상우 「베르사유 조약과 유럽 평화의 이상」, 『통합유럽연구』 9(2), 2018; 이동기, 『현대사 몽타주: 발견과 전복의 역사』, 돌베개 2018.

14 김학재 『판문점 체제의 기원』, 후마니타스 2015, 77~93면.

15 베르사유조약은 총 15부, 440조, 지도와 의정서로 이루어진 200페이지 분량의 매우 방

대한 국가 간 합의문이다. 조약은 주로 국제연맹에 관한 조항(1부 1~26조)으로 시작되며 독일영토에 관한 조항(2~4부)에 의해 독일 주변국들과의 국경이 재조정되었고 (27~30조), 비무장지대, 제3자의 협약 수용, 국민투표, 소수민족 보호에 관한 다양한 정치적 의무가 해당 국가들에 부과되었다(31~117조). 독일은 몇몇 지역의 영토관할권을 포기했고, 오스트리아의 독립이 보장되었다(80조). 4부(118~158조)에서는 주로 독일, 오스트리아-헝가리제국의 해외영토와 식민지에 대한 조항들이 포함되었다. 이밖에 5부(159~213조)에서는 독일의 군사 비무장화에 대한 조항들이 포함되었으며, 보상과 포로, 민간인, 공동묘지 등이 6부(214~226조)에 포함되었다. 그밖에 7부(227~230조)에서는 전쟁범죄에 대한 처벌과 특별법정 수립에 대해 다루었으며, 8부(231~247조)에서는 전쟁죄 조항(231조)을 포함해 독일의 다양한 배상과 재정·경제·교통 문제를 다루었다. 10부(264~312조)는 수많은 경제 관련 조항들이 포함되었다. 이밖에도 항공 (11부), 인프라·교통(12부), 점령 및 보장(14부) 조항이 포함되었다.

16 전상숙 「파리강화회의와 약소민족의 독립문제」, 『한국근현대사연구』 50, 2009, 23면.

17 전상숙 「제1차세계대전 이후 국제질서의 재편과 민족지도자들의 대외 인식」, 『한국정치외교사논총』 26(1), 2004, 315면.

18 전상숙 「파리강화회의와 약소민족의 독립문제」, 18면.

19 같은 글 19면.

20 Odd Arne Westad, *The Global Cold War*, Cambridge University Press 2005, 8~39면.

21 전상숙 「파리강화회의와 약소민족의 독립문제」, 32면.

22 Sebastian Conrad and Dominic Sachsenmaier, 앞의 책 7~8면.

23 임상우, 앞의 글 24면.

24 Oscar Halecki and Andrew L. Simon, *Borderlands of Western Civilization: A History of East Central Europe*, Simon Publications 2000, 395~405면.

25 김학재 「발트3국의 윌슨적 순간: 독립과 민주주의의 역사적 유산」, 정근식 외 『탈사회주의 체제전환과 발트3국의 길』, 서울대학교출판문화원 2018.

26 안성호 「동유럽과 러시아간 갈등과 협력의 역사연구」, 『사회과학연구』 28(2), 2011, 49면.

27 김장수 「토마시 개리그 마사리크의 정치활동: 1890년대부터 체코슬로바키아 독립국가 등장 이후까지를 중심으로」, 『서양사론』 111, 2011, 175~209면.

28 조현 「제1차세계대전에 대한 오스트리아의 성찰과 교훈」, 『글로벌정치연구』 7(1), 2014, 113~27면.

29 김지영 「1차 세계대전 이후 헝가리의 '정상화' 시도」, 『세계 역사와 문화 연구』 22, 2010,

155~83면.

30 Oscar Halecki and Andrew L. Simon, 앞의 책 438~41면.

31 김철민「유고슬라비아 왕국 하에서의 크로아티아」,『슬라브연구』24(2), 2008, 95~107면.

32 Oscar Halecki and Andrew L. Simon, 앞의 책 415~56면.

33 연구사 정리는 신용하「3·1운동 연구의 현단계와 과제」, 국사편찬위원회 편『한민족독립운동사 12』, 국사편찬위원회 1993, 239~91면 참조.

34 Frank P. Baldwin, "The March First Movement: Korean Challenge and Japanese Response", Ph.D. diss., Columbia University 1969, 11면.

35 같은 글 223면.

36 신용하『3·1운동과 독립운동의 사회사』, 서울대학교출판부 2001, 179면.

37 가토 요코『만주사변에서 중일전쟁으로』, 김영숙 옮김, 어문학사 2012.

38 요시다 유타카『아시아 태평양 전쟁』, 최혜주 옮김, 어문학사 2012.

사진 출처 및 제공

이 책은 다음의 단체 및 저작권자의 허가 절차를 밟았습니다.
이미지를 제공해주신 분들께 진심으로 감사드립니다.
수록된 사진은 대부분 저작권자의 사용 허가를 받았으나,
일부 저작권자를 찾지 못한 경우는 확인되는 대로 허가 절차를 밟겠습니다.

경향신문 112, 121
독립기념관 39
문화재청 97
연합뉴스 61
조선일보 129, 149, 160
AMSZ 235
Columbia University Libraries 245
NARA 190, 192
University of Southern California University Libraries 29